tea pratica
376

Brett Kahr

Indovina chi viene a letto?

Traduzione di
Valentina Abaterusso e Pietro Formenton

TEA

TEA - Tascabili degli Editori Associati S.p.A., Milano
Gruppo editoriale Mauri Spagnol
www.tealibri.it

Prima edizione presso Ponte alle Grazie, ottobre 2007

First published 2007

Titolo originale
Sex & the Psyche

Prima edizione TEA Pratica ottobre 2010

Dedicato a Kim
"metà preghiera,
metà canzone"

nulli secundus

La mente di ogni uomo è ciò che egli è.

Samuel Pepys

Credo che a tutti noi piaccia conoscere i segreti degli altri, in modo da poter convivere con i nostri.

Jonathan Ames, *Sveglia, sir!*

Sommario

Avvertenza su prudenza e riservatezza

«Chi non è in grado di sopportare le passioni altrui, non riuscirà a governare le proprie».

Benjamin Franklin, *Poor Richard's Almanack*

Questo libro raccoglie una notevole quantità di materiale *sessualmente molto esplicito*: oltre mille fantasie sessuali. Alcune di quelle riportate in queste pagine sono così intime che potranno sconvolgervi o disgustarvi; altre vi lasceranno freddi e insensibili, altre ancora vi indurranno a provare pietà, disprezzo o un superiore distacco; ma alcune, per non dire molte, vi solleticheranno, o magari stimoleranno una vera e propria eccitazione a livello dei genitali. Nel leggere alcune di queste storie potreste addirittura raggiungere l'orgasmo.

Queste fantasie provengono dai più intimi recessi mentali di *normali* e *comuni* adulti britannici, uomini e donne, dai diciotto agli oltre novant'anni d'età, scelti a caso in diverse contee, diversi gruppi sociali, diversi orientamenti religiosi e da quasi qualsiasi professione immaginabile: dagli avvocati ai camionisti, dai panettieri alle donne d'affari, dagli agricoltori agli operai, dai medici ai lattai, dagli impiegati agli ecclesiastici, dai superimpegnati ai disoccupati. Sebbene una minima percentuale degli anonimi interpellati in questo studio ogni tanto si sia rivolta ai professionisti della salute mentale, nessuno di loro soffre di disturbi psicotici invalidanti; di conseguenza, queste testimonianze non si possono liquidare sommariamente come le farneticazioni di un malato. Ciascun uomo e donna le cui fantasie appaiono in questo libro conduce una vita ragionevolmente sana. Nessuno dei partecipanti vive in una prigione o in un istituto psichiatrico. Chi ha prodotto queste fantasie vive liberamente nella società.

Questo materiale non è mai apparso prima su stampa. Fino a ora, queste originali creazioni della mente britannica erano rimaste prudentemente confinate nella testa di quanti hanno partecipato alla mia ricerca su vasta scala. Anzi, prima d'ora circa il 95% dei soggetti non aveva mai rivelato le proprie fantasie sessuali ad anima viva, nemmeno ai rispettivi partner di lunga data (coniugali o meno) o agli amici più intimi.

Alcuni dei partecipanti a questo progetto di ricerca hanno presentato le loro fantasie in forma scritta, altri le hanno registrate a voce su mini-disc; tra l'altro, questi diversi metodi nella raccolta dei dati spiegano in larga misura l'ampia gamma di differenze stilistiche dei racconti. Sebbene siano stati pubblicati fedelmente all'originale, tuttavia, nel caso di uomini e donne che abbiano riportato le loro fantasie in forma scritta, ho corretto alcuni evidenti errori ortografici che avrebbero potuto ostacolare la lettura; allo stesso modo ho inserito qua e là dei segni di punteggiatura, al solo scopo di agevolare la scorrevolezza delle frasi. Per il resto ho cercato di rispettare il linguaggio utilizzato dagli autori.

Un solo cambiamento di rilievo è stato apportato a tutti i testi: nell'interesse della riservatezza ho cambiato i nomi dei partecipanti. Le fantasie sessuali estremamente autentiche e dirette presenti in questo libro appaiono tutte con l'esplicito permesso scritto degli uomini e delle donne britanniche che le hanno generate. Ognuno delle migliaia e migliaia di partecipanti alla ricerca ha firmato un contratto, redatto da uno o più avvocati noti in materia, che mi autorizza a pubblicare le sue fantasie, a patto che io non riveli alcuna informazione biografica che lo possa rapidamente o ragionevolmente identificare. Per esempio, non mi è permesso scrivere qualcosa del genere: « Questa fantasia appare per gentile concessione della signora Jane Maria Bloggs, commercialista cinquantunenne e madre di due figli che vive nella Old Rectory su High Street a Coventry, Warwickshire ». Nella gran parte dei casi io stesso non ho mai saputo il vero nome degli autori, in particolare di quegli uomini e donne che hanno risposto a un dettagliato questionario computerizzato che garantiva l'anonimato. Per quanto riguarda gli adulti che ho intervistato di persona, è probabile che al nostro primo incontro molti dei partecipanti alla ricerca mi abbiano effettivamente detto il loro vero nome; in questi casi ho senz'altro modificato la loro identità, per il semplice motivo che ancora oggi le fantasie sessuali (specialmente le fantasie private masturbatorie) sono trattate come un argomento tabù dal punto di vista culturale, pertanto mi ritengo moralmente obbligato a difendere la riservatezza di quanti hanno condiviso i loro pensieri più intimi come parte di un progetto di ricerca psicologica. Alcuni dei partecipanti alle mie interviste di studio si sono forse presentati con uno pseudonimo.

Nella mia qualità di psicoterapeuta professionista che ha trascorso molti anni di pratica clinica a tempo pieno, ho lavorato con un gran numero di persone che mi hanno confidato le loro storie più private. Quando richiedono un'assistenza terapeutica, i pazienti o i clienti che si sottopongono a una psicoterapia *pretendono* e allo stesso tempo *meritano* un'assoluta riservatezza, in modo da poter rivelare nella loro interezza le proprie storie spesso tormentate, senza timore di rappresaglie o di pubblica esposizione. Ci sono occasioni in cui i pazienti comunicano informazioni estremamente allarmanti, che possono minacciare la loro stessa vita o forse la vita di altri, e in questi casi la riservatezza va estesa ulteriormente, per proteggere tutte le parti coinvolte. Per esempio, se un paziente mi informa di un complotto in fase avanzata per uccidere la regina, il mio codice etico professionale mi impone di riferire la cosa alle autorità competenti. Per fortuna, in oltre vent'anni di lavoro clinico non ho mai dovuto infrangere il vincolo di confidenza in tal senso. Sempre nell'ottica di riconoscere l'importanza della privacy, soprattutto in quest'epoca di riprese a circuito chiuso e Google impazzante, ho evitato di utilizzare in una formale veste psicoterapeutica qualsiasi fantasia sessuale *dettagliata* proveniente dai miei pazienti e dai clienti con i quali lavoro oppure ho lavorato.

Il mio studio è ovviamente servito da indispensabile laboratorio nel quale ho appreso il *tipo* e i *meccanismi* della fantasia sessuale, ma a causa delle limitazioni imposte dal vincolo di segretezza medico-paziente (il fondamento che permette alle rivelazioni più segrete di emergere nelle sedute psicoanalitiche) le fantasie sessuali dei miei pazienti devono restare una questione privata. Perciò, a parte qualche breve abbozzo non identificabile, tutte le storie che seguono *non* derivano dalla mia attività *clinica*, ma dal mio lavoro di *ricerca* con individui che mi hanno offerto il loro consenso informato, e che mi hanno permesso di condurre degli intensi colloqui di ricerca psicodiagnostica nella prospettiva di veder pubblicate le loro fantasie, alla comprensibile condizione di non divulgare il loro nome o il loro indirizzo. Dopo aver completato l'analisi dei dati per questo progetto, ho fatto in modo di distruggere le registrazioni audio originali e le relative trascrizioni.

Introduzione

> «La scriteriata lussuria fomenta un coraggio disperato, semina l'oblio, mette in fuga la ragione».
>
> William Shakespeare, *Venere e Adone*

Per oltre vent'anni ho lavorato come psicoterapeuta. In altre parole, non sono che uno tra le molte decine di migliaia di professionisti britannici dell'igiene mentale, i quali dedicano le loro giornate alla cura di persone che soffrono di un'ampia gamma di problemi psicologici, o lottano contro di essi. Ho portato a termine un lungo periodo di formazione e apprendistato, che ha significato anni e anni di istruzione universitaria su teoria clinica e metodi di ricerca, anni e anni di lavoro in ospedali psichiatrici e comunità d'igiene mentale, anni e anni di lavoro psicoterapeutico sotto supervisione; inoltre ho affrontato io stesso un'intensa psicoanalisi, e tutto questo è servito a prepararmi per la mia professione.

Ho un piccolo e discreto ufficio a Londra: uno studio, nascosto nel minuscolo cortile di un'ex scuderia, dotato di un lettino e alcune comode poltrone. Vi giungo piuttosto presto, alle 6.45 del mattino, giusto il tempo di aprire le finestre per far entrare un po' d'aria fresca e sprimacciare i cuscini; da lì in avanti e per tutto il giorno, a partire dalle 7, vengono a trovarmi uomini e donne di ogni età, aspetto e colore, per appuntamenti privati nel corso dei quali discutere le loro più intime questioni psicologiche. Spesso nel mio studio, i clienti scoppiano a piangere, quando si tratta di rivelare i loro segreti più vergognosi o di affrontare le decisioni più laceranti. Alcuni soffrono di gravi disturbi mentali, altri se la cavano benissimo nella loro vita *pubblica*, conservando senza problemi lavoro e famiglia, ma talvolta *in privato* sono cocainomani o vanno con le prostitute. Alcuni di questi coraggiosi individui covano segreti dolorosi, che tengono ben nascosti ai loro mariti, mogli o partner. Alcuni serbano segreti che celano persino a loro stessi.

Invariabilmente, i problemi che presentano implicano in un modo o nell'altro la sessualità. Diciamo che alle 7 del mattino di un giorno qualunque della settimana vedo la «signora Smith», la quale ammette che lei e il marito non hanno rapporti sessuali da *trent'anni*. La cosa può apparire scioccante, ma nella mia professione mi capita piuttosto spesso di ascoltare storie di anestesia sessuale come questa, nel contesto di matrimoni o relazioni di lunga data. Tutte le amiche della signora Smith credono che lei e suo marito vivano un matrimonio perfetto, ma in realtà lei odia lui per le sue molte infedeltà; e adesso che finalmente i figli sono andati via di casa lei vuole il divorzio. Tutte le notti la signora Smith si sveglia in preda all'angoscia per avere sposato il signor Smith quando era ancora un'adolescente e arrivava al matrimonio da casa dei suoi, senza perciò aver mai vissuto da sola in tutta la sua vita. Il pensiero di divorziare dal marito donnaiolo non la riempie di sollievo o aspettative, piuttosto la terrorizza. Stringendo blocchi di fazzoletti di carta presi da una scatola riposta nello scaffale più basso della mia libreria, posta a pochi centimetri dalla poltrona del paziente, la signora Smith mi implora di dirle che cosa deve fare. Mi si spezza il cuore sapendo che non posso né voglio darle un consiglio tanto dispositivo. Sappiamo entrambi che per trovare la giusta soluzione dovremo analizzare il suo dilemma per un certo periodo di tempo, perché malgrado lei odi il marito e voglia andarsene, continua a nutrire un profondo attaccamento nei suoi confronti e ha la sensazione di non poter andare avanti senza di lui.

La signora Smith esce alle 7.50. Infatti vedo tutti i miei pazienti o clienti individuali per cinquanta minuti esatti, una pratica che si è sviluppata a Vienna negli anni '20, quando Sigmund Freud, il fondatore della psicoanalisi, decise di ridurre la durata delle sedute da sessanta a cinquanta minuti per potere ospitare anche un tirocinante psichiatrico americano, venuto in Austria allo scopo specifico di imparare i nuovi metodi del professore per alleviare il dolore psicologico. Questa pratica dell'« ora di cinquanta minuti » si è consolidata in tutto il mondo per l'intero secolo scorso, e devo confessare che è una soluzione davvero perfetta; un periodo di tempo sufficientemente lungo perché la storia del paziente venga esplorata e analizzata nei dettagli, senza che il paziente stesso o lo psicoterapeuta arrivino a sentirsi troppo gravati o esausti.

Tra le 7.50 e le 7.59 ho nove minuti prima che arrivi il cliente successivo; questo breve intervallo mi serve a raccogliere i pensieri, controllare i messaggi sulla segreteria telefonica e magari bere un sorso d'acqua o mangiare uno spicchio di mela. Iniziando così di primo mattino, ho di rado il tempo per una colazione vera e propria, ma dopo molti anni di questa routine sembra che il mio organismo si sia adattato in qualche modo a questi ritmi; tanto è vero che per quanto ami mangiare, il pensiero di affrontare una tipica colazione inglese prima del lavoro mi dà la nausea. Gli psicoterapeuti iniziano a lavorare con i pazienti molto presto in modo da permettere alle persone di venire alle sedute prima di andare al lavoro. Sorprendentemente, le 7 e le 8 del mattino si dimostrano orari particolarmente graditi, e malgrado ci sia chi esiterebbe, io trovo del tutto naturale sedermi alla mia scrivania alle 6.45, in attesa del campanello, dopo aver già riguardato le mie note e acceso il riscaldamento (oppure, nelle rare giornate britanniche di caldo estivo, il ventilatore).

Alle 8 ecco di nuovo l'acuto rumore del campanello, e questa volta entra nel mio studio il «signor Jones», che parla con voce sommessa ed è socialmente maldestro. A differenza della signora Smith, che si siede di fronte a me sulla poltrona di cuoio, il signor Jones viene diverse volte la settimana e preferisce sdraiarsi sul lettino, proprio come facevano i pazienti di Freud un secolo fa. Ritiene di potermi parlare con maggiore franchezza e concentrazione se resta sdraiato e non mi guarda in faccia. Io sto seduto in ascolto dietro il lettino, in una poltrona di pelle rossa dallo schienale avvolgente. A differenza della signora Smith, che ha appena celebrato il suo trentacinquesimo anniversario di matrimonio, il signor Jones non si è mai sposato; a dire il vero non ha mai avuto neppure una ragazza, e nemmeno un ragazzo, se è per quello. Il signor Jones si autodefinisce «l'unico cinquantenne vergine di Londra»; non ha mai fatto sesso, neppure se limitato a un bacio o una palpatina. La vita erotica del signor Jones ruota esclusivamente attorno alla sua masturbazione quotidiana. Mi ha spesso spiegato di preferire la masturbazione al sesso con un partner, ma a volte, quando si sente più vulnerabile, aggiunge: «Ma naturalmente, essendo io vergine, in realtà non lo posso sapere, giusto?» Mentre si masturba il signor Jones fa invariabilmente delle fantasie, ma a dispetto dei miei garbati tentativi di fargli esplicitare il contenuto, non mi dice nulla. Mi sono spesso chiesto se le sue fantasie, qualora messe in pratica, lo farebbero andare in prigione. In realtà il signor Jones vive in un altro tipo di prigione, quella che sta dentro la sua testa, e ci si tormenta, solo e pieno di vergogna. Le sue difficoltà nel relazionarsi con me in modo aperto, rilassato e impegnativo sono senz'altro indicative dei suoi contrasti interpersonali più in generale, visto che tutti i suoi colleghi d'ufficio lo evitano e lui non riceve mai neppure un invito a pranzo, a una festa, a una serata per pub o ad altre occasioni d'incontro pubblico.

Anche se ho cambiato i nomi della «signora Smith» e

del «signor Jones», non ho inventato le loro storie; anzi, la signora Smith e il signor Jones si sorprenderebbero di sapere che io ho incontrato, nel corso degli anni, molti altri pazienti che presentavano *esattamente* lo *stesso* tipo di problemi riguardanti l'intimità e la sessualità. La gente scherza spesso sul fatto che gli «strizzacervelli» sono ossessionati dal sesso, il che può forse essere vero; ma se in effetti è dimostrato che noi parliamo di sesso e riflettiamo su di esso più di quanto facciano i dentisti o i vigili urbani, la colpa non è nostra, perché nei nostri studi privati o nelle nostre cliniche sentiamo parlare di sesso, *soprattutto di sesso andato a rotoli*, quotidianamente.

Anche se la seduta con il signor Jones termina alle 8.50, di solito lui ci mette due o tre minuti a infilarsi il cappotto, e la cosa mi dimostra penosamente quanto si sia depresso e appesantito nel corso degli anni, tanto che persino il semplice atto di indossare un indumento gli comporta un carico di tempo e di sforzo. Alle 8.53 il signor Jones si trascina fuori dal mio studio e io controllo di nuovo i messaggi in segreteria. Alle 8.59 ho finalmente terminato di mangiare la mia mela, in tempo per il mio appuntamento delle 9, e così si prosegue fino al mio ultimo appuntamento delle 6.35, il che significa che non lascio lo studio molto prima delle 7.30 di sera. Naturalmente durante il giorno faccio delle pause, e alterno il mio programma di visite private con altri impegni come l'insegnamento e le conferenze, oltre al lavoro in una vicina clinica d'igiene mentale e, un giorno la settimana, in un ospedale psichiatrico. Ma la maggior parte del mio tempo la trascorro nel mio studio, ad ascoltare storie. Cerco di *non* farlo in modo *normale*, ma piuttosto con il mio «terzo orecchio», un termine introdotto da uno dei più creativi tra i seguaci di Freud, lo psicoanalista viennese Theodor Reik, il quale sosteneva che *chiunque* è in grado di ascoltare con *due* orecchie, ma che lo psicoanalista deve ascoltare con *tre*, concentrandosi non solo su quello che il paziente dice ma anche su quello che non dice, provando incessantemente a decifrare i significati nascosti dei dilemmi del paziente, significati che restano oscuri persino al paziente stesso.

Per gran parte della mia carriera ho lavorato con persone come la signora Smith e il signor Jones su un piano strettamente individuale, ma qualche tempo fa ho deciso di tornare alla «scuola degli strizzacervelli» per intraprendere cinque ulteriori anni di specializzazione post-laurea in «psicoterapia coniugale». Questo orientamento nasceva dal mio lavoro con giovani adulti, uomini e donne, che avevano subito danni cerebrali e che necessitavano di un enorme carico di assistenza da parte di genitori non più giovanissimi. Di tanto in tanto incontravo questi anziani genitori, oltre l'80% dei quali viveva matrimoni estremamente tesi. Il peso di assistere un figlio disabile richiede spesso un alto prezzo, e io mi sentivo del tutto inesperto nel trovare il modo migliore per supportare questi genitori nel loro disagio coniugale, aiutarli allo stesso tempo nella loro funzione di assistenza. Oltre a questo, stava diventando sempre più evidente che molti dei miei pazienti non-disabili soffrivano anch'essi dello stesso problema, e desideravo migliorare la mia capacità di aiutarli.

Per quanto all'epoca fossi impegnato a tempo pieno come psicoterapeuta individuale, riuscii a destreggiarmi per soddisfare gli ampi requisiti del corso post-laurea, fino a ottenere la qualifica di psicoterapeuta coniugale, un ramo molto specialistico nel campo dell'igiene mentale, e unirmi così alla minuscola pattuglia, composta da soli trenta colleghi circa in tutta la Gran Bretagna, che aveva completato un percorso formativo così esaustivo (e a volte snervante). Sebbene il mio diploma fosse in Psicoterapia coniugale, i nuovi studenti che si laureano in questa materia ricevono un diploma in Psicoterapia di coppia. A questo proposito i miei colleghi e io abbiamo deciso che, considerando il fatto che ormai lavoriamo con un crescente numero di persone che convivono senza mai essersi scambiate un anello nuziale, il concetto di «psicoterapia coniugale» è decisamente sorpassato e il termine «psicoterapia *di coppia*» riflette meglio la realtà. Inoltre ci troviamo a lavorare con molte coppie gay e lesbiche, e sebbene molte di queste persone si considerino di fatto sposate, molte altre preferiscono definirsi «impegnate in un'intima relazione di coppia». Comunque, anche se sono ufficialmente registrato come «psicoterapeuta di coppia», spesso mi sbaglio e mi autodefinisco con il termine più antiquato di «psicoterapeuta coniugale», dal momento che ho curato la maggior parte delle mie coppie utilizzando questa qualifica superata.

Lavorare con le coppie mi ha portato a essere assorbito dalle questioni sessuali ancor più rispetto a prima. Una paziente può passare un'intera seduta di cinquanta minuti dicendomi quanto odia il suo malvagio e persecutorio capufficio; oppure c'è il paziente che si lancia in un monologo sugli orrori del figlio adolescente. Ma quando si tratta di coppie, di persone che vengono da me perché non possono più vivere sotto lo stesso tetto o dividere lo stesso letto, non si può evitare il problema della sessualità. Ne ho viste ormai dozzine e dozzine, ma stento a ricordarne una che abbia iniziato una terapia di coppia potendo contare su una normale vita sessuale. Anche se non ce ne rendiamo del tutto conto, il sesso è forse il barometro più sensibile della solidità della relazione tra moglie e marito, o tra due amanti; e quando i germi dell'infedeltà o del disinteresse o altre forme di crudeltà si insinuano nella relazione, la conseguenza è che la vita sessuale ne soffre. Molti partner in preda alla disperazione ricorrono a biancheria intima, candele profumate, olii da bagno esotici e accessori simili nel fiducioso tentativo di riaccendere la passione in camera da letto, ma come sanno bene i terapeuti di coppia l'autentica eccitazione sessuale ritorna solo quando entrambi i coniugi hanno avuto modo di discutere a fondo i molteplici risentimenti che si sono accumulati nel corso dei mesi e degli anni; e spesso questo percorso di guarigione avviene solo con la guida di un professionista dell'igiene mentale. Come esclamò qualche anno fa uno dei miei pazienti coniugali: « Bisogna essere in due per rompere un matrimonio, e in tre per aggiustarlo ».

Oggi sono arrivato a un punto della mia carriera in cui praticamente nulla di quanto una coppia mi racconta è in grado di sorprendermi o scioccarmi, perché ho scoperto che quando i matrimoni o le relazioni iniziano a crollare, tendono a farlo in modi piuttosto prevedibili. Esaminiamo i seguenti casi tipici tratti dal registro di un comune terapeuta di coppia. Per ovvie ragioni di riservatezza ne ho modificato i cognomi.

- Gli Aronson hanno smesso di fare sesso dopo la nascita della loro prima figlia, perché la signora Aronson passa parecchio tempo ad allattare la piccola Alison e non tollera il pensiero che il marito le tocchi i capezzoli sempre più irritati. Il signor Aronson ha riferito di sentirsi geloso della figlia, malgrado si renda conto di avere avuto un accesso molto più intimo e adulto al corpo della moglie. L'intimità che si è manifestata tra la signora Aronson e la figlia ha inconsciamente richiamato alla mente del signor Aronson il senso di esclusione che provò da bambino dopo la nascita della sorellina.
- I Bentley hanno smesso di fare sesso perché il signor Bentley ha iniziato una relazione con la sorella della moglie, Berenice. Alla fine il segreto è stato scoperto e la signora Bentley ha minacciato il divorzio. Nel corso della psicoterapia è diventato sempre più evidente che il signor Bentley non si era portato a letto la cognata in seguito a una primordiale attrazione sessuale per Berenice, ma in larga misura come vendetta premeditata nei confronti della moglie, da lui ormai considerata una donna sempre più narcisista e castrante che non riversava più alcun amore o affetto sul marito, come invece aveva fatto con tanta prontezza ai tempi del loro corteggiamento.

- I Cameron non hanno più rapporti sessuali perché negli ultimi tempi la signora ha iniziato a essere perseguitata dai ricordi degli abusi sessuali subiti da bambina a opera del padre, e adesso che è una donna adulta non può sopportare la vista del corpo nudo del signor Cameron e in particolare del suo pene, in quanto secondo lei gli organi genitali del marito sono identici a quelli del padre.
- Il signor Dean e il signor Drummond, una coppia omosessuale, hanno smesso di fare sesso perché il signor Drummond ha sviluppato un'ossessione per i film di una certa «superstar» della pornografia gay e passa tutto il suo tempo libero a masturbarsi davanti ai video, tanto che non riesce più a sopportare di farsi toccare dal signor Dean. Il signor Drummond ama la pornografia omosessuale ad alto contenuto sadomasochistico, e nutre un autentico terrore che il suo partner, il signor Dean, rimarrebbe sconvolto se sapesse la verità. Il signor Dean ha recentemente scoperto il nascondiglio della «scorta» pornografica del signor Drummond, e questo ha innescato sia una pesante lite coniugale sia la decisione di ricorrere alla psicoterapia di coppia.

Questi quattro bozzetti rappresentano solo un piccolo campione degli svariati modi in cui le relazioni sessuali possono essere aggredite dai cambiamenti e dalle transizioni, a volte dai traumi, e a volte dalle *fantasie* che si manifestano con grande impatto nel contesto del matrimonio o della relazione.

Quando ci lamentiamo della nostra vita con gli amici e la famiglia, spesso ci ritroviamo a lamentarci dei conti della carta di credito, o dell'incompetenza dei nostri colleghi d'ufficio, o del partito laburista; ma quando andiamo dallo psicoterapeuta i tormenti si fanno di gran lunga più intimi, e io passo le mie giornate di lavoro ad ascoltare uomini e donne adulte, ma anche adolescenti in età post-puberale, i quali lottano contro problemi che ritengono talmente imbarazzanti da non riuscire quasi a trovare le parole per descriverli. Queste persone, per nulla diverse da voi o da me, vengono a parlarmi della loro incapacità di raggiungere un'erezione, o della loro ripugnanza per la fellatio, o della loro insopprimibile necessità di fare sesso almeno cinque volte al giorno a esclusione di tutto il resto, o del loro terrore della penetrazione vaginale, o di quanto odiano i peli sul proprio corpo, o di quel che volete; preoccupazioni e ansie sessuali che trasformano le loro menti, per il resto assolutamente sane, in antri di disperazione.

Non solo i miei pazienti parlano delle loro difficoltà nell'affrontare la *concretezza* anatomica del sesso (per esempio, « le ho accarezzato il clitoride tutta la notte, eppure non è riuscita a venire », oppure « mi ha eiaculato su tutto il viso e ho dovuto precipitarmi a lavarmelo »), ma alcuni dei miei clienti più coraggiosi mi raccontano anche le loro più intime paure sessuali e le loro più nascoste *fantasie*, quegli scenari che ci balenano nella mente in modo spesso non richiesto e inaspettato.

Le paure sessuali sono spesso piuttosto elementari. Non dimenticherò mai la signorina Stein, una donna molto attraente di ventotto anni che si muoveva con la flessuosità di Nicole Kidman. Al solo guardarla era naturale immaginarsi che la signorina Stein godesse di una piacevole vita sessuale. Eppure, malgrado ricevesse proposte quotidiane da un gran numero di uomini, questa giovane donna mi annunciò un giorno che non sopportava di essere toccata, e che trovava ripugnante il contatto fisico. La signorina non ricordava di avere subìto abusi sessuali da bambina; piuttosto, riconduceva il suo odio anche per i semplici abbracci al ricordo di una madre dispotica, e in età adulta riusciva a sentirsi psicologicamente sicura solo evitando del tutto l'intimità fisica.

Le fantasie sessuali, invece, possono essere fonte non solo di intenso piacere, ma anche di profonda vergogna. Spesso le nostre fantasie stimolano allo stesso tempo eccitazione e ripugnanza, e questo produce notevoli sconvolgimenti psicologici. Nella mia qualità di psicoterapeuta, ascolto i miei clienti riferire un numero considerevole di fantasie sessuali che spesso li aiutano a raggiungere orgasmi eccezionali, ma in molti altri casi le stesse provocano disperazione. Dopo quasi un quarto di secolo di pratica clinica, a volte credo di avere ascoltato ogni tipo di racconto immaginabile, finché naturalmente non arriva il cliente successivo, il quale mi rivela una fantasia erotica di cui ignoravo l'esistenza. Nel corso di una giornata di lavoro i miei pazienti mi affidano un'autentica cornucopia di ciò che la loro immaginazione produce nella profondità delle loro menti: a volte ne consegue un piacere ma più spesso un acuto senso di disgusto e disprezzo per se stessi:

- Quando la signora Elphinstone si masturba lo fa pensando al fratello maggiore e anche al nipote diciassettenne, Claude, entrambi dotati di petti molto irsuti, che lei adora. Non sopporta di pensare al signor Elphinstone, il marito dal petto liscio, che ha il corpo «di un pollo spennato». La signora Elphinstone, devota cattolica, crede che andrà all'inferno a causa di questi pensieri, ma nel momento in cui le sue dita penetrano nella vagina durante la masturbazione, il pensiero dei petti villosi del fratello e del nipote le sibila in testa, provocandole al tempo stesso piacere e dolore. Secondo quanto dice la signora, «so che non dovrei lasciarmi turbare da cose di questo genere (dopotutto siamo nel ventunesimo secolo), ma mi sento davvero sporca e sono convinta di essere una depravata. Voglio dire, non sarebbe un gran male se provassi desiderio per un operaio dal petto villoso, ma perché mio fratello e mio nipote? Crede che sia matta?»
- Quando il signor Franciosi penetra la moglie, pensa alla neo-assunta diciannovenne del suo ufficio. Un giorno, vedendola piegarsi sopra la fotocopiatrice, aveva intravisto le sue mutandine e si era ritrovato con un'erezione istan-

tanea. « È un classico, lo so » ha ammesso il signor Franciosi « ma ho avuto un'erezione talmente violenta che ho dovuto scappare di corsa in bagno e provvedere subito ». Adesso, mentre fa sesso con la signora Franciosi, non pensa ad altro che a « una bella scopata da film porno con questa ragazza, da dietro, sopra la fotocopiatrice ». Il signor Franciosi, marito fedele da diciannove anni, è scoppiato in lacrime spiegandomi che malgrado non abbia mai tradito la moglie, *né mai lo farebbe*, la giovane donna del suo ufficio ha iniziato a ossessionarlo, tanto che spesso non riesce a concentrarsi sulle sue proiezioni finanziarie. Crede inoltre di essere diventato « mentalmente infedele » alla signora Franciosi, specie adesso che è costretto a pensare alla sua giovane collega per ottenere un'erezione quando è a letto con la moglie.

Come ho già sottolineato, ascolto un gran numero di fantasie sessuali nella mia pratica clinica, e ho il sospetto che quelle di cui vengo a conoscenza siano alquanto diverse da quelle che potremmo condividere con gli amici o con i nostri partner. In quest'era di apparente illuminismo sessuale, non ci costa davvero un granché ammettere in pubblico le nostre passioni per star del cinema o della musica. Ricordate quell'episodio della serie americana *Sex and the City* in cui le giovani protagoniste femminili confrontano le loro fantasie sessuali? Una delle giovani donne chiede alle altre il nome della loro principale fantasia sessuale, e le altre rispondono tutte in coro: « Russell Crowe ». Al giorno d'oggi è molto improbabile che ammettere una fantasia su Russell Crowe comporti grossi rischi; parecchie donne (e forse anche qualche uomo) trovano l'attore australiano molto attraente. Personalmente definisco questo tipo di confessione una « fantasia da bar », cioè quella che non esiteremmo a condividere con i nostri coetanei in un contesto sociale. Ma quando ascolto le fantasie nel mio studio, di solito vengo a conoscenza di qualcosa di molto più privato, molto più vergognoso, molto più insidioso, come nel caso della donna che era sì eccitata da Russell Crowe, ma solo dal pensiero di esserne violentata al punto da sanguinare, cosa che di certo non aveva raccontato alle amiche alla maniera di *Sex and the City*.

Molte di queste fantasie producono un'estasi ineffabile, altre tuttavia generano dolore e disperazione. Quelle che ho riferito fin qui rappresentano comunque solo la punta dell'iceberg, perché sebbene io senta effettivamente parlare di molte e diverse fantasie sessuali, la grande maggioranza dei miei pazienti, ma anche dei pazienti in cura dai miei colleghi, non ha mai riferito una sola fantasia sessuale. Come osservò uno dei miei pazienti, «lei non ascolterà mai i miei pensieri masturbatori, perché sono davvero troppo ignobili da condividere e lei perderebbe ogni rispetto per me».

Sono ormai diversi anni che ho iniziato la mia ricerca in questo campo, e ho raccolto dati su oltre 19.000 fantasie sessuali britanniche, molti per mezzo di interviste individuali e molti altri tramite la compilazione di esaustivi questionari anonimi, senza contare la quantità di informazioni che ho accumulato nel mio studio durante le sedute di terapia. Nel capitolo che segue mi propongo di esplorare il terreno delle fantasie sessuali un po' come farebbe un antropologo che si sia imbattuto in una tribù remota e relativamente incontaminata, nella speranza che attraverso il resoconto del mio viaggio terapeutico e di ricerca riusciremo a ottenere una migliore valutazione di cosa costituisca la normale sessualità umana, quali aspetti richiedano un aiuto e un supporto professionale e quali, se ce ne sono, richiedano la prigione. Può darsi che scopriremo che le nostre fantasie generano in alcuni casi sofferenza e in altri piacere, a volte possano forse costituire una minaccia o magari una grave dipendenza. Tuttavia, sul fatto che siano o meno un bene per noi non abbiamo ancora un'idea sufficientemente chiara; è vero che possono indurre il più potente degli orgasmi, ma se così facendo ci soffermiamo sulla signora Kidman o il signor Crowe, significa forse che la nostra relazione tra le mura domestiche è in pericolo? E queste sono solo alcune delle molte domande imbarazzanti sollevate da questo studio.

Mi sorprende molto ritrovarmi a scrivere un libro sulla psicologia segreta delle fantasie sessuali. Non mi ero mai immaginato che questa materia sarebbe diventata l'oggetto delle mie ricerche per molto tempo, ma dopo circa venticinque anni di lavoro clinico con individui sia sani sia sofferenti non potevo più evitare l'argomento; si tratta di un tema che è letteralmente balzato nel mio studio in modo più esplicito nel corso del lavoro con coppie di lunga data: così ho passato gli ultimi anni della mia professione sforzandomi di capire il significato segreto del mondo sotterraneo delle nostre fantasie sessuali, un'arena della mente che tendiamo a tenere nascosta ai nostri coniugi, ai nostri partner, ai nostri amici, ai nostri confessori e ogni tanto persino a noi stessi.

Prima parte

La ricerca

«Dal momento che siamo destinati a passare
tutta la vita nella prigione della nostra mente,
il nostro unico dovere è di arredarla come si deve».

Peter Ustinov, *Photo Finish*

1. Perché facciamo l'amore a luci spente

«Si dipinge col cervello et non con le mani».

Michelangelo Buonarroti

Jasper e il DVD tedesco

Jasper fa una vita davvero invidiabile. Manager ventinovenne di una banca d'investimento, con stipendio a sei cifre e bonus annuali altrettanto cospicui, vive in un lussuoso attico nel quartiere dei Docklands a Londra, con vista sul Tamigi. Bello ed elegante, con un fisico scolpito in palestra che supera il metro e ottanta, questo playboy uscito dall'Università di Cambridge ottiene da sempre le adoranti attenzioni di donne stupende. Dopo avere «provato» una serie di splendide ragazze, alcune delle quali volevano sposarlo, Jasper ha finito per intrecciare una relazione molto appagante con la ventiquattrenne Lucy, attrice e modella part-time. Di stordente bellezza e dal fisico pieno di curve, Lucy letteralmente stravede per Jasper, non solo per i suoi bei lineamenti e la sua personalità vincente, ma anche perché lui è il primo uomo in assoluto che riesce a portarla all'orgasmo *ogni singola volta* che fanno l'amore. Jasper è enormemente gratificato dai continui elogi di Lucy e dall'esuberante apprezzamento che lei dimostra per le sue tecniche sessuali; ogni mattina, quando esce dall'appartamento di Lucy diretto al suo elegante ufficio nella City, si crogiola al pensiero della sua buona stella e dei suoi molti privilegi.

Passa quasi tutte le sere con Lucy, godendosi romantiche e costose cenette a due, oppure girando per locali notturni insieme ai loro numerosi amici; tuttavia, prima di uscire con Lucy per una serata di divertimento, Jasper segue una routine molto rigida e ampiamente prevedibile. Alle 6 del pomeriggio o giù di lì riordina meticolosamente i documenti sulla sua scrivania cromata, augura la buonasera alla sua segretaria e va in palestra ad allenarsi per quarantacinque minuti, per lo più correndo a velocità molto sostenuta sul tapis roulant. Quindi si fa la doccia e torna nella sua casa dei Docklands, prima di vedersi con Lucy alle 8.30, l'orario abituale dei loro appuntamenti. Ma anche quando è già vestito e pronto per la serata, a Jasper resta un'ulteriore attività da svolgere, prima di andare alla scoperta della vita notturna di Londra in compagnia della sua splendida e invidiabile ragazza. Quello che Jasper deve eseguire è in effetti un *rituale segreto* sul quale, a quanto pare, non riesce a esercitare alcun controllo.

Tornato dalla palestra e fresco di doccia, Jasper chiude a due mandate la porta dell'appartamento e si assicura la perfetta chiusura delle veneziane metalliche a controllo elettronico che circondano le finestre panoramiche del suo attico. Poi si versa un drink molto generoso (un whisky di malto Glenlivet o qualche altra marca di lusso) e lo sorseggia lentamente, mentre con un telecomando abbassa le luci del suo imponente soggiorno. A questo punto si accerta di avere abbassato il volume della segreteria telefonica e di avere spento il cellulare. Preparata l'atmosfera con grandissima cura e precisione, fa un salto in cucina e apre la credenza in finto marmo che contiene grossi barattoli di zucchero, farina e altri ingredienti. Dal barattolo con l'etichetta «Caffè» Jasper estrae un sacchetto di plastica dove ha nascosto tre DVD, recentemente acquistati durante un viaggio di lavoro a Berlino. Stringendo in mano il suo bottino segreto Jasper torna in soggiorno e si china davanti al suo costosissimo impianto di home-entertainment, regalo di qualche ricco cliente giapponese.

Fortificato dal whisky e ben certo di avere sprangato le porte e chiuso le tapparelle, infila nel lettore uno dei suoi DVD tedeschi e inizia ad aprire la cerniera dei pantaloni del suo abito di seta nera firmato, abbassandoli fino alle caviglie insieme alle sue mutande Umbro. Mentre il DVD ronza nella posizione iniziale, Jasper torna a sprofondarsi sul divano Chesterfield e inizia a masturbarsi. Sullo schermo della tv appare un titolo in tedesco: *BOXEN-FRAUEN* (*Donne che fanno la boxe*). Appagato dalla mera fisicità del precedente esercizio in palestra e lievemente intontito dall'alcol, Jasper sente lo stress e la tensione del suo lavoro da top-manager iniziano scivolare via, e continua a fissare lo schermo con la massima concentrazione. Dopo i titoli di testa, sottolineati da una squallida musica elettronica, sullo schermo appaiono due prosperose ragazze sui venticinque anni con i capelli lunghi, una bionda e l'altra bruna ed entrambe vestite con attillate e sgargianti tenute da boxe di seta, le mani coperte da guantoni di cuoio piuttosto logori. Attraverso il tessuto delle loro canottiere Jasper può appena intravedere i contorni dei capezzoli. Un arbitro maschio suona il fischietto e le due donne iniziano a saltellare alla maniera di Mohammed Ali, scambiandosi colpi ben piazzati sui rispettivi caschetti.

La sola vista dei guantoni da boxe provoca l'immediata eccitazione di Jasper, che afferrandosi il pene sempre più eretto cerca di scacciare dalla mente un pensiero fastidioso: «Con Lucy non mi eccito mai così tanto, né così in fretta». In pochi attimi Jasper è totalmente immerso nel film, e immagina di trovarsi a bordo ring a guardare le gocce di sudore che imperlano le sopracciglia delle sue *Fräulein*, che ha ribattezzato Helga e Ulla dal nome di due donne dal fisico straordinario che ha conosciuto nel corso del suo ultimo viaggio di lavoro in Germania, mentre beveva da solo al bar dell'hotel. Al procedere del film l'attività masturbatoria di Jasper raggiunge un ritmo frenetico, finché, generalmente dopo dieci minuti, sfocia in un orgasmo che lui definisce come « la sega più potente della mia vita ». Sottolinea che « l'esplosione è così intensa che al termine continuo ad avvertire un formicolio sulla punta del pene per almeno venti minuti ».

Dopo qualche altro sorso di Glenlivet e una doccia molto energica (la terza della giornata) Jasper si veste in modo più informale e va a prendere Lucy per uscire a cena con lei. Di solito, durante il pasto si scola un'intera bottiglia di vino d'annata (Lucy non beve, con grande dispiacere di lui) e dopo cena la coppia va nell'appartamento di Lucy per fare sesso. Lei si eccita piuttosto in fretta, tanto che Jasper riesce a portarla all'orgasmo nei primi cinque minuti di rapporto limitandosi a massaggiarle i genitali con un lubrificante che Lucy tiene sul comodino. Pur adorando il viso decisamente fotogenico di lei, in camera da letto Jasper insiste sempre nello spegnere le luci, perché questo lo aiuta a pensare a Helga e Ulla, le due pugili berlinesi. Nel richiamare alla mente le immagini di quelle giovani donne Jasper raggiunge un'immediata erezione, si infila rapidamente un profilattico e inizia a penetrare la sua ragazza. Mentre Lucy grida il nome di Jasper, spesso sussurandogli che lo ama, Jasper la zittisce dolcemente, perché i vocalizzi di lei interferiscono con la personale colonna sonora dei suoi pensieri più intimi. È solo quando le luci sono spente e Lucy resta in silenzio che Jasper può trasferirsi nel personalissimo film della sua mente.

Mettendo in scena le immagini del DVD nella sua testa, Jasper *non* si vede nel letto di Lucy con le lenzuola di seta, ma al centro di un affollato e rumoroso ring tedesco. Dopo molto pratica Jasper ha imparato a coordinare le sue spinte pelviche con i pugni di Helga e Ulla, fino a raggiungere a tempo debito il secondo orgasmo della sua giornata; tuttavia, dentro di sé soffre per la consapevolezza di non avere ricavato dal suo orgasmo *coitale* nel letto di Lucy la stessa soddisfazione fisica ottenuta con il suo orgasmo *masturbatorio* di qualche ora prima, nel santuario privato del suo soggiorno. Dopo due orgasmi, un generoso bicchiere di whisky e una bottiglia di vino, Jasper cade in un sonno profondo tra le braccia di Lucy. Dorme bene per diverse ore, ma spesso si sveglia nel cuore della notte in un bagno di sudore, urlando. Lucy lo conforta accarezzandogli i capelli, e dopo pochi minuti Jasper si riaddormenta fino al suono della sveglia, che scatta alle 6.15 del mattino seguente.

Diretto in ufficio alla guida della sua auto sportiva verde bottiglia, nel traffico dell'ora di punta, Jasper riflette sulla sua vita. Nel complesso, è molto soddisfatto di sé: salute perfetta, appartamento lussuoso, ragazza stupenda, lavoro di alto livello, un sacco di amici e denaro da spendere. Sa che molti suoi compagni di università invidiano la sua fortuna. Eppure, avverte un dolore in fondo allo stomaco; non un dolore fisico vero e proprio, piuttosto una sensazione di inquietudine e fastidio che a volte rasenta la nausea, la stessa sensazione che lo fa svegliare urlando nel cuore della notte, sudato fradicio. E questo perché, a dispetto dei molteplici successi esteriori, nel privato Jasper soffre di un profondo senso di vergogna e di colpa per la sua *fantasia sessuale segreta.*

Sempre nel tragitto verso l'ufficio, Jasper si ferma a prendere un Frappuccino* nella vicina caffetteria alla moda e se lo porta in macchina. Con la radio sintonizzata su Magic FM che strepita in sottofondo, il fastidio allo stomaco si fa sempre più acuto, mentre inizia a farsi domande molto sgradevoli sulla sua fantasia sessuale delle donne pugili, Helga e Ulla. «Sono forse una specie di pervertito a eccitarmi con delle donne che si picchiano?» Nella sua vita di tutti i giorni Jasper detesta qualunque tipo di violenza. Non

* Sorta di cappuccino freddo aggiunto di ghiaccio tritato, panna, noccioline e cereali a scelta, servito nel classico bicchierone di carta. (*N.d.T.*)

ha mai alzato un dito su nessuna delle sue ragazze, né lo farebbe mai; anche da ragazzino non si è mai cacciato nei guai e non ha mai preso nessuno a cazzotti. Ma nella sua *fantasia*, prova un enorme piacere al pensiero di un pugno vigoroso che infligge dolore. Anzi, più aspri sono i colpi che si scambiano Helga e Ulla e maggiore è l'erezione di Jasper, il cui pene si gonfia come non mai.

Jasper si agita ulteriormente al ricordo delle rare occasioni in cui ha tentato di penetrare Lucy *senza* pensare alle pettorute boxeur. Ogni volta che ha abbandonato la sua fantasia ha finito per restare praticamente moscio. A questo pensiero Jasper è sinceramente terrorizzato, e si chiede spesso se non è un po' *perverso*, nel migliore dei casi, o nel peggiore decisamente *folle.*

Mentre l'auto gira attorno alla Cattedrale di St. Paul, un altro pensiero inquietante si affaccia alla sua mente già sovraffollata. « Visto che riesco a eccitarmi solo pensando alla scena di boxe, significa forse che *in realtà non amo Lucy*? Il fatto di pensare ad altre donne non è una crudeltà nei suoi confronti? È davvero il caso che la sposi? Non finirà tutto in un disastro? » Tra l'altro, si chiede se Lucy lo lascerebbe se venisse a conoscenza del reale contenuto del barattolo etichettato « Caffè », per non parlare del contenuto dei suoi pensieri.

Il lavoro si dimostra un notevole sollievo da questo fastidioso monologo interiore, e sebbene gli capiti di lanciare un'occhiata a un paio di colleghe d'ufficio in minigonna, magari immaginando come apparirebbero su un ring di boxe, la catena ininterrotta di frenetiche telefonate e il diluvio di e-mail e di fax lo aiutano a bandire dalla mente i complicati pensieri sessuali. Ma alle 6 del pomeriggio il suo irremovibile rituale inizia da capo; Jasper scappa in palestra per aggredire un'altra volta il tapis roulant, quindi torna a casa e si dedica alla furtiva seduta masturbatoria con il DVD tedesco. Quando il senso di vergogna e disgusto inizia a gorgogliare nei suoi pensieri, afferra il telecomando e spegne il DVD, dicendosi che *questa volta* penserà *a Lucy* e a nessun'altra. Ma per quanto ritenga Lucy fisicamente molto attraente e gli piaccia molto toccarla e sentirne l'odore, il suo pene non si indurisce a sufficienza, a dispetto della frenetica autostimolazione. Alla fine, con un profondo sollievo dipinto sul volto, Jasper riaccende il DVD, e con la disperata eccitazione dell'eroinomane che si è appena fatto un buco dopo una lunga astinenza si gode i pugni di Helga e Ulla, che gli facilitano l'orgasmo.

Più tardi quella stessa sera, dopo una cena con Lucy e alcuni amici comuni, la coppia ha un altro rapporto sessuale. Jasper a questo punto si rende conto che il ricorso alle immagini private delle sue pugili tedesche ha raggiunto le proporzioni di una malattia compulsiva, tanto che proprio non riesce a penetrare Lucy senza pensare alle sue « altre ragazze ».

A mano a mano che passano le settimane e i mesi Jasper e Lucy sono sempre più innamorati l'uno dell'altra; Lucy propone di andare a vivere insieme e caldeggia l'ipotesi che sia lui a vendere il suo appartamento, considerando che è quello più lontano dal centro. A questo pensiero Jasper è terrorizzato; sebbene gli piaccia l'idea che un giorno lui e Lucy si possano sposare e avere dei bambini, inizia subito a preoccuparsi che se vivessero insieme per lui sarebbe molto più difficile indulgere alla sua segreta tendenza alla masturbazione. Inoltre, non può fare a meno di chiedersi dove potrebbe nascondere la sua collezione pornografica, se dividesse una casa o un appartamento con Lucy.

Una volta Lucy aveva telefonato a Jasper nel bel mezzo del suo rituale con il DVD, in un'occasione nella quale si era dimenticato di azzerare il volume della segreteria telefonica; così, con suo grande fastidio, aveva sentito la voce di lei penetrare nel soggiorno: « Jasper, amore, sei a casa? Al cellulare non rispondi. Mi chiedevo se potevamo vederci un'ora prima del solito, perché domani ho una seduta fotografica molto importante e devo andare a letto presto ». Jasper avrebbe potuto benissimo saltare in macchina e soddisfare il desiderio della sua adorabile ragazza, eppure era rimasto inchiodato sul divano continuando a masturbarsi. Questo mancato adempimento alla più che ragionevole richiesta di Lucy gli aveva provocato un fortissimo senso di colpa; invece di dare una mano alla sua innamoratissima ragazza, aveva dovuto raggiungere l'orgasmo in compagnia di due anonime pugili tedesche di celluloide. Ancora una volta si era chiesto se soffriva di una grave dipendenza clinica.

L'intenso piacere originato dalle sue fantasie sessuali inizia a sconcertare Jasper con ansia crescente. Quasi tutti i suoi amici più stretti amano vantarsi dei loro presunti exploit sessuali «normali», durante i quali penetrano le loro ragazze normalmente. Jasper è certo che nessuno di loro possiede una collezione segreta di materiale pornografico palesemente eccentrico. Una volta aveva chiesto a Dominick, il suo migliore amico, se gli capitasse mai di utilizzare la pornografia, e con grande sgomento di Jasper Dominick l'aveva liquidato rispondendogli semplicemente: «Solo se sono alla canna del gas, amico». Al commento di Dominick Jasper aveva sorriso, come a dire «Be', anch'io, naturalmente», ma dentro di lui si era sentito molto disturbato, molto anormale.

Jasper ha anche iniziato a chiedersi perché mai trovi tanto erotico il *pugilato*; dopotutto, «non è che mia madre fosse una donna pugile o cose del genere». Jasper desidererebbe molto parlare con qualcuno della sua situazione, ma sa che Lucy ne uscirebbe distrutta se scoprisse la sua raccolta segreta di materiale pornografico; inoltre, per quanto numerosi siano i suoi amici maschi, nessuno di loro è sufficientemente fidato da avere la sensibilità di ascoltare la sua storia senza ridere o prenderlo in giro. In preda alla disperazione, Jasper ha telefonato chiedendo aiuto a me, uno psicoterapeuta, convinto di essere un autentico pervertito.

Nella mia qualità di professionista dell'igiene mentale, mi rattrista molto sapere che Jasper ha provato tanta vergogna e sofferenza a causa del suo mondo interiore, dominato da una fantasia sessuale molto imbarazzante. Nel corso della mia carriera ho conosciuto molte persone come Jasper, ognuna convinta di essere il solo individuo «perverso» a nutrire fantasie tanto insolite, particolari e sinistre. Non voglio insinuare che la fantasia di Jasper vada subito diagnosticata come «disturbata», ma neppure voglio suggerire che la si possa considerare «sana», in parte perché tanto gli studiosi di scienze sociali quanto gli psicologi professionisti non hanno ancora studiato le fantasie sessuali con il grado di approfondimento che ci si potrebbe aspettare; di conseguenza, qualsiasi giudizio circa la relativa sanità o infermità delle nostre fantasie sessuali appare prematuro.

Domande penetranti

Il caso di Jasper solleva una serie di domande molto importanti:

- Che cos'è una fantasia sessuale?
- Che cosa costituisce una fantasia sessuale «normale»?
- Perché, tanto per cominciare, abbiamo delle fantasie sessuali?
- A quale scopo o a quali scopi servono le nostre fantasie sessuali?
- Tutti hanno delle fantasie sessuali?
- Dobbiamo preoccuparci se non abbiamo *alcuna* fantasia sessuale?
- Dobbiamo condividere le nostre fantasie con i partner?
- Dobbiamo condividere le nostre fantasie con gli amici?
- È prudente mettere in atto le nostre fantasie sessuali con i nostri amanti?
- Le nostre fantasie possono rivelarsi dannose o pericolose?
- Se le nostre fantasie riguardano il sesso «normale», significa che siamo dei tipi noiosi?

- Se abbiamo delle fantasie particolarmente bizzarre, significa che siamo mentalmente squilibrati?
- Se nel corso del sesso o della masturbazione abbiamo delle fantasie sul nostro partner, significa che abbiamo un buon rapporto?
- Se nel corso del sesso o della masturbazione abbiamo delle fantasie su altre persone, significa che la nostra relazione è in pericolo?
- Se abbiamo delle fantasie su qualcosa di «illegale», significa che corriamo il rischio di metterle in pratica?
- Le nostre fantasie rappresentano solo episodi di divertimento privato o hanno implicazioni più profonde su come viviamo la nostra vita?
- Come possiamo spiegare la gamma di fantasie che presentano gli esseri umani? In altre parole, perché alcuni preferiscono essere baciati e abbracciati mentre altri prediligono infliggere un dolore fisico spesso lancinante?
- Possiamo cambiare le nostre fantasie?
- Con quale frequenza mentiamo sulle nostre fantasie sessuali?
- Le nostre fantasie sessuali sono diverse dai sogni a occhi aperti o dai sogni veri e propri?
- C'è una differenza tra le fantasie che abbiamo mentre facciamo sesso con un partner e quelle che utilizziamo in privato durante la masturbazione?
- Siamo noi a controllare le nostre fantasie o sono loro a controllare noi?

Le fantasie sessuali (i nostri intimi pensieri segreti) ci possono procurare un immenso piacere, ma possono anche attanagliarci la mente e provocare ansia, vergogna, senso di colpa, disgusto o confusione. Sebbene molte persone sostengano di godere incondizionatamente delle loro fantasie, sulla base dei miei numerosi anni di lavoro come psicoterapeuta specializzato in problemi sessuali, dei risultati di questo progetto di ricerca su larga scala, sono giunto alla conclusione che una significativa maggioranza di persone adulte ha un rapporto di fortissimo disagio con le proprie fantasie sessuali, malgrado il fatto che quasi tutte culminino nell'orgasmo. Ho pensato di riferirmi a questa tensione nella psicologia umana con il termine di «*paradosso masturbatorio*», per descrivere come le nostre fantasie ci procurino piacere a livello del corpo e degli organi sessuali, ma allo stesso tempo, paradossalmente, inquietudine e ansia a livello mentale.

Ho il sospetto che molti britannici di entrambi i sessi, proprio come Jasper, preferiscano fare l'amore a luci spente non solo perché l'oscurità nasconde la pancetta e altre imperfezioni estetiche di cui ciascuno di noi si lamenta, ma anche perché una camera da letto buia permette di dar vita al mondo della fantasia. Non a caso, quando andiamo al cinema o a teatro ci aspettiamo che la direzione abbassi le luci in modo che la nostra attenzione si concentri interamente sullo schermo o sul palcoscenico. Anche in camera da letto, quindi, molte persone preferiscono fare l'amore al buio in modo che il «film segreto» delle loro menti si possa dispiegare pienamente e senza interruzioni.

In camera da letto, molti britannici si devono trasformare non soltanto in aspiranti tecnici della luce, ma a quanto pare anche in tecnici del suono, intenti a controllare il volume dei gemiti e dei lamenti dei loro partner. Una volta ho intervistato una donna di mezza età la quale si lamentava con me del fatto che durante l'atto sessuale il marito pretendeva che lei restasse completamente immobile, e con la bocca ben chiusa. Se lei riusciva a restare completamente muta il marito raggiungeva una notevole erezione e la penetrava perfettamente; ma se la signora faceva tanto di emettere il più piccolo suono, anche solo un rantolo pre-orgasmico, il marito perdeva l'erezione istantaneamente. Per quanto questa donna amasse il sesso, si sentiva frustrata dal fatto che il marito non le permettesse di parlare. Non avendo mai intervistato il coniuge non sono certo del perché insistesse nell'obbligare la moglie a tenere la bocca chiusa, ma ho il forte sospetto che lui riuscisse a ottenere un'erezione solo assecondando una fantasia sessuale privata che davvero lo eccitava (una fantasia che magari non comprendeva la moglie) e se lei si fosse messa a parlare, interrompendo la fantasia, gli avrebbe spezzato il ritmo.

Un altro paziente preferiva infilare un paio di calze di nylon arrotolate nella bocca della sua ragazza e sigillarle le labbra con del nastro adesivo, il tutto per farla restare in silenzio mentre facevano l'amore. Sebbene la ragazza acconsentisse a questo trattamento ai limiti del sadomasochismo, il paziente spiegava che se lei non chiudeva « quella cazzo di bocca » lui non riusciva ad ascoltare la « colonna sonora » nella sua testa; una colonna sonora crudele, nella quale il paziente sentiva delle voci che gridavano ai quattro venti i molti abusi che voleva infliggere alla sua amante, ed era in parte per questo motivo che si era rivolto a una cura psicoterapeutica.

Un altro paziente ancora, sebbene più mite e affettuoso, rimproverava comunque la moglie se lei parlava durante il rapporto sessuale. Per quanto l'amasse teneramente, questo signore mi raccontò che dopo vent'anni di matrimonio la vista dei seni cadenti e dei glutei afflosciati della moglie iniziavano a ripugnarlo, e che preferiva pensare a una segretaria del suo ufficio poco più che ventenne. La fantasia su questa donna più giovane permetteva al marito di raggiungere un'erezione sufficiente a penetrare la moglie con successo, facendole raggiungere l'orgasmo; ma se la moglie parlava la sua voce rovinava la fantasia del marito, di qui la sua insistenza nel farla restare zitta.

Con questo non voglio suggerire che ogni volta che facciamo l'amore a luci spente, e senza rumori di sottofondo, lo facciamo allo scopo di assecondare intime e sovversive fantasie sessuali, ma sembra che in molti casi il motivo sia esattamente questo.

Questi brevi ritratti (soltanto tre delle diverse centinaia

in cui mi sono imbattuto nei miei anni di pratica clinica) ci obbligano a porci una domanda molto spinosa, e cioè: *chi dorme nella nostra testa?* Il nome della persona nel nostro *letto* lo conosciamo quasi sempre, ma i nostri partner non saprebbero dire con esattezza il nome della persona nella nostra *testa.*

Nel capitolo che segue conto di esplorare più nel dettaglio i fastidiosi problemi summenzionati e le questioni riguardanti la fantasia sessuale, nella speranza di dare qualche risposta a quesiti tanto complessi. Benvenuti nel mondo affascinante e spesso proibito delle fantasie sessuali.

2. La scienza delle impronte digitali psicologiche

> «L'essenza della scienza è questa: fai una domanda impertinente e sei sulla buona strada per ottenere una risposta pertinente».
>
> Jacob Bronowski, *The Ascent of Man*

Il piede rotto di David Beckham e altre segrete fantasmagorie

Immaginate di avere passato tutta la vostra infanzia completamente ossessionati dal calcio, e che la cosa che più desiderate al mondo sia di essere George Best o David Beckham. Vi allenate in continuazione finché le dita dei piedi vi fanno male, tappezzate la stanza di poster e altri cimeli, contate i giorni fino al momento in cui vostro padre vi porta a vedere una partita dell'Inghilterra. Seduti in macchina, tornando a casa, iniziate a fantasticare a occhi aperti, immaginando che dai suoi potenti microfoni lo speaker dello stadio inizi a parlare: «Signore e signori, siamo dolenti di annunciarvi che il signor Beckham si è rotto un piede. Ma non temete, al suo posto entrerà Jamie Greene di Huddersfield, di dieci anni, la più giovane stella calcistica della Gran Bretagna». La folla applaude, e nella vostra fantasia voi salvate la situazione, segnando gol a raffica e sorridendo estatici mentre i vostri compagni vi issano sulle spalle, per portarvi in trionfo davanti alla tribuna centrale. Rigirandovi nel letto quella sera rivivete la fantasia, fino a scivolare in un sonno tranquillo. Che si tratti di calciatori, stelle del cinema, direttori d'orchestra, divi del rock o grandi amatori, quanti di noi non si sono abbandonati a fantasie simili da bambini, o magari da adulti?

Qual è il modo migliore per definire una fantasia? E quale può essere la differenza tra una fantasia *normale* e una fantasia *sessuale*?

Psicoanalisti e psicologi dell'età evolutiva ipotizzano da tempo che la capacità di generare pensieri privati e interiori inizia come minimo dalla nascita, e forse da qualche settimana prima, nel terzo trimestre di gravidanza. Se studiamo un neonato con attenzione, possiamo imparare davvero molto sul suo mondo di fantasie inespresse. Per esempio, se un bambino inizia a strillare, come fanno spesso i bambini, e una madre affettuosa se lo porta al seno per calmarlo e soddisfare la sua fame di latte, possiamo ragionevolmente dedurre che il neonato abbia nutrito una *fantasia* per il latte, o per qualche altra sostanza nutritiva che in precedenti occasioni aveva magicamente eliminato il dolore dallo stomaco del piccolo? Gli psicoterapeuti freudiani come me sosterrebbero che anche in questa primissima età la nostra mente contiene un gran numero di pensieri e desideri, che in gran parte non condividiamo con gli altri, e che in molti casi non riusciamo del tutto a comprendere.

Passando dall'infanzia ai primi passi, le nostre fantasie si rivolgono sempre meno al latte vero e proprio, materno o in bottiglia, che ci tiene in vita e iniziano invece a trasformarsi e a riguardare aspetti più simbolici degli antichi oggetti d'amore. Per esempio, un ragazzino può desiderare ardentemente un determinato giocattolo come regalo di compleanno o per Natale, e spera con tutte le sue forze che la madre o il padre sappiano del suo acuto desiderio o fantasia, e quindi agiscano di conseguenza. Quando cresciamo ancora un po', non solo desideriamo oggetti esteriori e concreti, come un orsetto, una Barbie o un carro armato giocattolo, ma in più aneliamo a nuove identità. I ragazzini possono desiderare con tutto il cuore di diventare Harry

Potter, svolazzando su un manico di scopa ed eseguendo rudimentali numeri di magia, mentre le ragazzine si mettono a saltare su e giù con una spazzola in mano per imitare le stelle del pop, nutrendo il sogno di diventare Britney Spears.

Più diventiamo grandi e più le nostre fantasie si sviluppano in forme ancora più complesse. Un ragazzo diciassettenne, tormentato dal pensiero degli esami scolastici, può fantasticare di ottenere un risultato sufficiente a farlo ammettere in qualche antica università di prestigio; la sorella diciottenne, invece, appena tornata da uno stage estivo di tennis, può nutrire la struggente fantasia di diventare la prossima Martina Navratilova o Anna Kournikova. Alla vigilia del nostro matrimonio possiamo fantasticare che il nostro amore duri per sempre e che avremo due bei bambini sani, un maschio e una femmina. Possiamo fantasticare di diventare presidenti del consiglio d'amministrazione, oppure di diventare miliardari, o ancora di diventare famosi. Qualunque ne sia l'oggetto, per tutta la vita ogni singolo essere umano dotato di senso si dedica al processo di creare fantasie, spesso in quantità innumerevole.

A mio parere la capacità di fantasticare è da ritenersi *assolutamente normale.* Anzi, sarei molto preoccupato di imbattermi in un paziente che non è in grado di farle, perché questo potrebbe indicare un depauperamento della funzionalità mentale, elemento decisamente caratteristico delle più gravi forme di malattia mentale. Una delle più vivide descrizioni del fantasticare si trova nel classico romanzo ottocentesco *Madame Bovary.* La giovane eroina Emma Rouault, in seguito Emma Bovary, era cresciuta in un convitto ottusamente provinciale presso il villaggio di Caux, un luogo desolato dal quale lei non vedeva l'ora di fuggire. Da scolaretta si divertiva ad ascoltare le storie che le raccontava una vecchia domestica in visita al suo convento, o che trovava nei «lunghi capitoli» dei libri che leggeva in segreto.

Secondo Flaubert:

> Erano storie che parlavano d'amore e innamorati, fanciulle appassionate in preda al martirio che si consumano in casette sperdute, cocchieri uccisi a ogni chilometro, cavalli che galoppano fino a sfiancarsi in ogni pagina, foreste oscure, cuori spezzati, promesse, sospiri, baci e lacrime, piccole barche al chiaro di luna, usignoli sugli alberi, *gentiluomini* coraggiosi come leoni, teneri come agnelli, virtuosi come un sogno, sempre ben vestiti e che piangono come fontane. All'età di quindici anni, per sei mesi Emma si immerse nei cimeli delle vecchie biblioteche ambulanti. Di conseguenza, maturò da Walter Scott una passione per le vicende storiche, sognando un mondo pieno di scrigni, celle di prigione e menestrelli. Avrebbe voluto vivere in un antico maniero, come quelle castellane dai lunghi corpetti, sotto i loro archi gotici trilobati, che passano i giorni con i gomiti sul parapetto e il mento sulla mano a guardare lontano, al di là dei campi, in attesa di vedere il cavaliere dalle piume bianche galoppare verso di loro su un cavallo nero.

In mancanza di CD, DVD, iPod, palmari, lettori MP3, e-mail, fax, banda larga e altri gadget tecnologici che la tenessero occupata, si può forse biasimare Emma Bovary per essersi messa a fantasticare di leggende storiche, immaginandosi nei panni di un personaggio dell'*Ivanhoe* di Sir Walter Scott, assecondando quelle che Gustave Flaubert definì in modo assai intrigante le sue «segrete fantasmagorie»? Naturalmente, le distrazioni tecnologiche non impediscono la fantasia; anzi, spesso i DVD la scatenano, come abbiamo visto nel caso di Jasper descritto nel capitolo precedente. Ma lo squallido scenario della vita di Emma, tanto esteriore quanto interiore, aveva senz'altro contribuito alla sua propensione alle fantasticherie.

Nel caso di Madame Bovary ci rendiamo conto con grande chiarezza di come la fantasia ci offra un consapevole piacere, una fuga dalle restrizioni cui ci costringe la vita di tutti i giorni. Che si tratti del decenne Jamie Greene di Huddersfield, che sogna di essere David Beckham, o della quindicenne Emma Roualt, che vuole diventare l'eroina di un'avventura gotica, tutti quanti facciamo delle fantasie, e lo facciamo abitualmente. A volte le definiamo *sogni a occhi aperti*, e sappiamo dalle ricerche compiute da eminenti psicologi accademici come il professor Jerome Singer, per molti anni professore di psicologia alla Yale University di New Haven, Connecticut, che un comune essere umano fa moltissimi sogni a occhi aperti, in quanto essi costituiscono una normale caratteristica della vita psicologica. Nella sua originale ricerca, il professor Singer ha notato che i comuni sogni a occhi aperti possono includere elementi come questi:

- Faccio dei progetti su come aumentare le mie entrate l'anno prossimo.
- Ho uno yacht di proprietà e pianifico una crociera sulla costa orientale.
- Scopro all'improvviso di essere in grado di volare, con grande stupore dei passanti.
- Mi ritrovo tra le braccia di una persona calda e appassionata che soddisfa tutti i miei bisogni.
- Mi immagino un attacco atomico contro la città in cui vivo.

Il fondamentale studio di Singer in questo campo, basato su una ricerca con partecipanti americani, ha rivelato che sebbene quasi tutti noi facciamo sogni a occhi aperti con discreta frequenza, si possono comunque individuare delle differenze tra i vari sottogruppi; per esempio, chi vive in città molto animate riferisce di fare sogni a occhi aperti con maggiore frequenza rispetto a chi è cresciuto in periferia. Possono esistere inoltre delle differenze culturali: uno dei precedenti studi di Singer dimostrava che gli afro-americani e gli ebrei manifestano un tasso di sogni a occhi aperti superiore rispetto agli anglosassoni. C'è da chiedersi se gli appartenenti a minoranze tradizionalmente oppresse sognino una maggiore libertà e uguaglianza, mentre i nati nei gruppi maggioritari e di ceto più alto si sentano già arrivati. Quali che siano le differenze e le variazioni individuali, un esauriente materiale bibliografico di ricerca ha mostrato che la maggior parte di noi fa sogni a occhi aperti su larga scala, dando libero sfogo al risveglio delle più svariate fantasie concepibili.

Tuttavia non ci dilettiamo soltanto con fantasie o sogni a occhi aperti *allo stato conscio*, ma la nostra mente annovera un altro assortimento di fantasie, vale a dire le *inconsce*. Ma come possiamo avere una fantasia se questa rimane allo stato inconscio, fuori dalla nostra consapevolezza? Questo concetto si è sviluppato dall'opera di Freud, il quale osservò nei suoi molti decenni di pratica clinica, trascorsi lavorando sia con individui relativamente stabili sia con persone gravemente nevrotiche e psicotiche, che gran parte della nostra vita psichica rimane sepolta nella porzione inconscia della nostra mente. Freud ipotizzava che anche se non siamo coscienti delle segrete profondità sommerse della nostra mente, l'inconscio esercita comunque un'influenza, un po' come un iceberg del quale una piccola porzione spunta bene in vista sopra il livello dell'acqua, la cui massa effettiva resta nascosta centinaia di metri sotto l'oceano, continuando però a esercitare un impatto spesso devastante, come scoprirono sulla loro pelle i passeggeri del *Titanic* nel 1912.

Uno dei miei pazienti, un maturo gentiluomo di sessantun anni, il signor Hildebrand, soffre di un'inconscia fantasia di autodistruzione, ma purtroppo non lo sa. A livello conscio, il signor Hildebrand lamenta il fatto di avere avuto tre mogli, ognuna delle quali ha intentato causa di divorzio, di avere perduto due piccole fortune a causa di investimenti avventati, e che quasi tutti i suoi amici, oltre ai suoi cinque figli, hanno smesso di rivolgergli la parola. Allo stato conscio il signor Hildebrand agogna una vita di stabilità, solidità e creatività; ma per qualche motivo e a sua stessa insaputa ha trovato il modo per sabotare e infine distruggere ogni cosa buona della sua vita. Molti anni fa, all'inizio della psicoterapia, si considerava semplicemente «sfortunato» nonché vittima delle sue «perfide ex mogli», del suo «fottuto» capo e dei suoi figli «ingrati». Non riusciva a tollerare il pensiero di aver potuto contribuire in qualche modo a questo scenario decisamente negativo. Fortunatamente, dopo anni di intenso e scrupoloso lavoro terapeutico, ora il signor Hildebrand ha iniziato a comportarsi in modo più produttivo e meno agitato tanto sul lavoro quanto nella vita privata; ma i suoi anni precedenti di autoaggressione sadomasochistica lo hanno segnato, lasciandolo in una posizione di gran lunga meno solida rispetto a tutti i suoi coetanei o quasi. Malgrado le sue notevoli capacità e un alto grado di intelligenza, il signor Hildebrand è cresciuto in un ambiente familiare molto punitivo, con una madre iper-competitiva che minava di continuo le sue sicurezze accusandolo di non saper fare nulla nel modo giusto. Quando colorava il suo album e con il pastello usciva dai margini del foglio da disegno, sua madre lo faceva sentire un buono a nulla e si metteva a sbraitare ogni volta che uno sbaffo di pastello andava a finire sul piano lucidato del tavolo di legno. Sbraitava altrettanto se lui non otteneva il punteggio massimo nelle prove d'ortografia, proiettando sul figlioletto il suo senso di frustrazione e inadeguatezza. In questo modo lui finì per sviluppare un'*idea* nel suo inconscio, quella che gli psicoanalisti definirebbero una *fantasia inconscia*: «Sono un disastro che non vale niente, e qualunque cosa farò nella vita sarà solo spazzatura». Vista la natura spaventosa di questo pensiero distruttivo, il signor Hildebrand rimosse questa costruzione mentale, ma essa esercitò comunque un influsso determinante nello sviluppo della sua personalità, sia pure a livello inconscio.

Le nostre fantasie o i nostri sogni a occhi aperti possono dunque essere consce o inconsce. Ci sono le fantasie totalmente piacevoli, come quella del piccolo Jamie Greene di

Huddersfield, che diventa il nuovo David Beckham; ci sono quelle d'evasione come nel caso di Emma Roualt, la futura Madame Bovary; oppure ci sono le fantasie distruttive, come il signor Hildebrand ha scoperto a sue spese.

Ma come entrano le fantasie *sessuali* in questo ritratto della mente umana? E comunque, come si definisce con esattezza una fantasia sessuale?

Ai fini della presente indagine, intendo definire una fantasia sessuale per prima cosa come un pensiero o un insieme di pensieri consci che contenga la rappresentazione di uno o più atti sessuali, scenari sessuali, immagini sessuali e spesso linguaggio sessuale che in molti casi produce sensazioni gradevoli, che vanno dal piacere mentale alla stimolazione fisica degli organi genitali. In molti casi, l'eccitazione fisiologica provoca una serie di alterazioni corporee, che variano dall'ispessimento dei capezzoli, tanto nelle donne quanto negli uomini, all'emissione parziale o completa di fluidi dalla vagina o dal pene. Nella mia pratica psicoterapeutica, ho spesso affrontato casi nei quali una fantasia sessuale provoca al tempo stesso euforia e orrore, eccitazione e avvilimento, esplicitando quello che ho già chiamato il *paradosso masturbatorio*, dal momento che quasi tutti gli atteggiamenti più contrastanti e le sensazioni più ambivalenti nei confronti delle nostre fantasie sessuali si verificano durante la masturbazione solitaria.

Una fantasia sessuale può manifestarsi sotto forma di brevissimo e fugace pensiero sessuale, della durata di pochi secondi; per esempio mentre passeggiamo per la strada e fissando tra la folla una bella sconosciuta (o un bello sconosciuto) pensiamo: « Accidenti, chissà come sarà nuda? », oppure « Mi domando come quel tipo se la cavi a letto », o ancora « Vorrei proprio ficcarle/gli la lingua in gola ». Ma una fantasia sessuale può avere una durata più lunga; può presentare una trama molto ricca e complicata e andare avanti per cinque minuti, o addirittura per trenta minuti o anche di più, ed essere accompagnata da una masturbazione che sfocia molto spesso nell'orgasmo. Allo stesso modo, una fantasia sessuale si può manifestare nella nostra mente nel corso dei preliminari o del rapporto sessuale con un'altra persona. A volte possiamo sviluppare una particolare fantasia in un'unica occasione, ma nella maggioranza dei casi riguardanti uomini e donne adulte è la stessa fantasia sessuale, o lo stesso insieme di fantasie, che continua a ripetersi.

Possono verificarsi in ogni momento del giorno o della notte, in qualsiasi luogo e nei più diversi stati di coscienza, che si sia del tutto sobri, leggermente alterati da una bottiglia di birra o totalmente «fatti» di marijuana o cocaina. Con buona pace del costante stereotipo vittoriano, le donne si dedicano alle fantasie tanto quanto gli uomini.

Le nostre fantasie possono essere molto dirette, semplici e chiare, al punto che un'ipotetica censura cinematografica le giudicherebbe adatte al pubblico; per esempio, possiamo avere la fantasia di abbracciare il nostro coniuge di lunga data e scambiare con lui un bacio caldo e appassionato. Altre fantasie ragionevolmente semplici sono magari più esplicite, come quelle di accarezzare i genitali di un'altra persona o di avere un rapporto sessuale. Al contrario, c'è chi riferisce fantasie infinitamente più complesse, popolate da una vasta schiera di personaggi impegnati in complessi scenari che qualcuno potrebbe giudicare «osceni» o «perversi». Per esempio, uno dei partecipanti alla mia ricerca ha riferito che la sua fantasia sessuale preferita coinvolgeva sua maestà la regina e l'ex primo ministro Margaret Thatcher. Nella sua fantasia, questo signore legava con una corda sia la regina che la baronessa Thatcher e faceva l'amore a turno con ognuna di loro.

Le fantasie sessuali sono estremamente personali. Alcuni lettori giudicheranno molto eccitante quella che ho appena menzionato sulla regina e l'ex primo ministro, altri la troveranno decisamente penosa e altri ancora si limiteranno a ridacchiare. Gli antichi romani amavano ripetere «*de gustibus non est disputandum*», letteralmente «sui gusti non si può discutere», frase che si può tradurre liberamente come «i gusti non si possono spiegare». Tuttavia, procedendo nella nostra indagine sulla psicologia delle fantasie sessuali, inizieremo a scoprire che anche se magari non riusciamo a comprendere appieno l'attrazione di qualcuno per Margaret Thatcher (soprattutto se l'oggetto dei nostri desideri è invece Jennifer Lopez), le nostre preferenze erotiche non sono poi così casuali o fortuite come pensavamo, e che forse, dopotutto, siamo entrati in possesso di una conoscenza clinica e psicologica sufficiente a spiegare perfettamente i nostri gusti sessuali.

Molte delle nostre fantasie, così come molti dei nostri sogni a occhi aperti, sono consce. In altre parole, noi sappiamo esattamente a quali fantasticherie ci dedichiamo nell'intimità della nostra camera da letto, a prescindere dalla nostra decisione di condividerle o meno. Tuttavia, siamo in molti a nutrire a nostra insaputa anche *fantasie sessuali segrete e inconsce*, idee e pensieri che turbinano nelle profondità della nostra mente e che magari non si manifestano per anni e anni, se mai lo fanno. Consideriamo il caso del signor Illingsworth, un agente di borsa quarantaseienne che venne nel mio studio a causa di un duraturo problema di alcolismo. Tra i venti e i quarant'anni aveva avuto una moglie con la quale praticava «sesso alla vaniglia», termine colloquiale che indica un rapporto sessuale convenzionale e privo di complicazioni. La sua era una vita essenzialmente tranquilla, provinciale, moderata. Ma col passare degli anni il signor Illingsworth iniziò ad annoiarsi sempre di più fino a cadere nella depressione, una condizione psicologica che tentò di alleviare, senza successo, bevendo in modo eccessivo. La signora Illingsworth finì per abbandonare il tetto coniugale, non riuscendo a tollerare le crescenti violenze verbali del marito e la sua sempre più frequente ubriachezza. Nel giro di sei mesi il signor Illingsworth si era ritrovato in un club sadomaso di Londra, dove aveva assistito alla scena di uomini e donne che si picchiavano con racchette di legno e sbarre di metallo. Pur non avendo mai praticato in precedenza alcuna forma di sadomasochismo, mi raccontò di avere sperimentato un'immediata erezione, tanto che nel giro di qualche settimana era diventato un cliente abituale del club, e ben presto si era trasformato in un maestro nell'arte di picchiare le sue nuove partner sessuali, raggiungendo orgasmi di qualità molto più esplosiva di quanto non avesse mai provato in tutta la sua vita coniugale.

Potrei sostenere che a questo punto il signor Illingsworth era entrato nel regno della perversione sessuale. Certo il termine «perversione» fa soffrire, e molti lo ritengono un'etichetta antiquata e censoria. Tuttavia, nella psicoanalisi contemporanea i professionisti dell'igiene mentale utilizzano la diagnosi di «perversione» in un modo molto specifico. Definiamo perversione il desiderio di infliggere dolore a se stessi o a un'altra persona, un desiderio tanto forte da suscitare in colui che lo perpetra un piacere sessuale. Il signor Illingsworth era giunto a sviluppare una perversione sessuale sadomasochistica in piena regola e la praticava in modo compulsivo, mettendo a repentaglio tanto i suoi «partner» quanto se stesso sotto un profilo fisico, psicologico e potenzialmente giuridico.

Il signor Illingsworth era molto sorpreso dall'intensificarsi della sua perversione sessuale. Come mi spiegò nel corso di un colloquio, «non ho mai saputo di covare dentro di me sensazioni del genere. Sono semplicemente saltate fuori. Mi sono sentito di nuovo a casa, come avessi trovato la nave appoggio!»

Presumo che quest'uomo avesse sempre sofferto di una struttura mentale sadomasochistica, e che avesse sempre avuto delle fantasie sessuali sadomasochistiche a livello inconscio, ma che fino a quel punto erano rimaste fuori dal suo stato conscio; ora però, in seguito al fattore disinibente costituito dalla partenza della moglie, le fantasie erano finalmente arrivate allo stato conscio ed erano quindi disponibili in modo più completo. Le fantasie sessuali, quindi, si possono trovare allo stesso tempo su parecchi livelli differenti di consapevolezza; in alcuni casi ne siamo a conoscenza, in altri questi livelli rimangono più nascosti, spesso per interi decenni.

Nel corso della mia ricerca sulle fantasie sessuali, sono arrivato a comprendere che molti individui, se non la maggioranza, presentino due insiemi differenti di fantasie sessuali *consce*, vale a dire quelle che si confidano agli amici e quelle che invece si condividono, spesso con grande riluttanza, solo con i propri confidenti più intimi o con il partner, se mai si arriva a farlo. Per esempio, se ci troviamo in un bar può capitare di confrontarci con i nostri amici e scoprire, magari prevedibilmente, che tutti e cinque i maschi eterosessuali appoggiati al bancone ammettono di trovare provocante l'attrice Sharon Stone, o che tutte e cinque le donne eterosessuali che sorseggiano i loro drink confessano di sbavare per Brad Pitt. A un certo livello, il brivido erotico generato da queste icone dello star system ci segnala che molte persone possono condividere alcune fantasie sessuali. Ma queste rappresentano quelle che ho già definito « fantasie da bar », le fantasie semplici e innocue che ognuno può avere senza per questo rivelare nulla di più intimo sulla propria identità sessuale privata. Scommetterei qualsiasi cifra sul fatto che quando gli amici o le amiche del bar tornano a casa la sera dai loro partner, o si dedicano alla masturbazione solitaria, Sharon Stone e Brad Pitt faranno magari una fugace comparsa; ma nella mia esperienza clinica e di ricerca ho osservato che una volta svanita la baldanza da bar, è *qualcun altro*, e spesso *qualcos'altro*, a dominare le nostre menti. Le fantasie più elaborate e che danno il maggiore piacere non si manifestano nelle conversazioni amichevoli, ma durante il rapporto sessuale e soprattutto durante la masturbazione, quando non abbiamo partner che ci distraggano dai nostri scenari sessuali più intimi. Molti ritengono che queste fantasie masturbatorie non si possano ricreare in presenza di un partner, proprio come il signor

Illingsworth non avrebbe mai osato assecondare le sue fantasie sadomasochistiche con la moglie, per paura di insudiciare l'alcova coniugale.

Nel corso della mia ricerca ho scoperto che ognuno di noi cova una o più fantasie infinitamente più complesse, e a volte più inquietanti, di quanto sarebbe mai disposto a rivelare al bar, o al tavolo di un caffè o persino sul divano dello psicoterapeuta. Gli psicoanalisti della scuola di Anna Freud, la figlia di Sigmund che si specializzò nella cura psicologica dei bambini disturbati, hanno già coniato un termine per descrivere questa fantasia unica nel suo genere: la «fantasia masturbatoria centrale». Si tratta di una fantasia erotica di cardinale importanza alla quale continuiamo a ritornare e che, secondo numerosi psicologi e psicoanalisti freudiani classici e moderni, fornisce l'autentica chiave delle nostre vite psicologiche. In effetti molti di noi continuano a ritornare alla stessa, immutabile fantasia; altri utilizzano una varietà più ampia di fantasie diverse; altri ancora preferiscono mantenere la stessa struttura (che sia dominazione, sottomissione, umiliazione, dolore o quant'altro) ma cambiano i dettagli, cosicché una notte una certa persona immagina di farsi maltrattare da una professoressa di scuola, e la notte successiva dal suo capufficio.

Possiamo avere fantasie fisse e rigide, oppure più fluide e malleabili. Quasi tutti noi riconosciamo una vita di fantasia che, lungo un continuum, giace in una qualche posizione intermedia.

Molte persone condividono le loro fantasie sessuali raccontandole al migliore amico, alla moglie o al marito, al ragazzo o alla ragazza o persino a uno psicoterapeuta; al contrario, altre persone riescono a parlare delle loro fantasie masturbatorie centrali solo con una prostituta, a un estraneo senza nome incontrato su una chat-room di Internet; altre ancora arrivano alla tomba senza aver mai proferito verbo sulla loro segreta e sotterranea vita di fantasia. Alcuni individui limitano le loro fantasie alla camera da letto, riservandole al rapporto sessuale con il partner o alla masturbazione; altri fanno di tutto per metterle in scena con costumi, arredi e attrezzature assortite, spesso in luoghi pubblici o semi-pubblici come sex club, feste private, vicoli oscuri o ritrovi gay.

Le nostre fantasie possono essere decisamente prevedibili, come fare l'amore con il proprio consorte, ma nella larga maggioranza dei casi esse coinvolgono persone, animali oppure oggetti con i quali non abbiamo alcun rapporto nel mondo esterno. A volte rimaniamo scioccati da ciò che arriviamo a concepire. Tra i partecipanti alla mia ricerca, un'anziana donna ebrea i cui genitori morirono nel 1942, durante l'Olocausto nazista, mi ha raccontato con notevole imbarazzo che nelle sue masturbazioni si immagina un gruppo di ufficiali delle SS con tanto di stivaloni e altre insegne naziste che le strappano i vestiti di dosso e poi la legano sul tavolo di laboratorio del dottor Josef Mengele, dove viene costretta a sottoporsi ai più micidiali esperimenti di natura chirurgica. Questa fantasia, che potremmo giudicare assolutamente raccapricciante e del tutto illogica, produceva però il più esplosivo degli orgasmi, fornendo un ulteriore esempio dell'affascinante paradosso masturbatorio. Questa signora non aveva la più pallida idea del perché gli uomini che avevano assassinato i suoi genitori fossero diventati l'oggetto del suo desiderio segreto; fino a non molto tempo addietro, fantasie apparentemente bizzarre come questa hanno lasciato sconcertati gli esperti di igiene mentale e i sessuologi clinici.

Se molte fantasie possono risultare scontate, come nel caso del tipico uomo di mezza età che sogna soltanto bionde mozzafiato come Marilyn Monroe. Altre sono di gran lunga più disorientanti e meno immediatamente comprensibili. Per esempio come nel caso di una donna da me intervistata la quale faceva sesso soltanto con *uomini*, ma le cui fantasie masturbatorie private erano popolate soltanto da *donne*. Malgrado desse libero corso a una copiosa mole di fantasie erotiche su altre donne, questa signora mi disse con enfasi che *mai nella vita* sarebbe andata a letto con una di loro.

Le fonti del nostro fantasticare sono disparate. Molti di noi creano le loro fantasie all'interno della propria testa; in altre parole le inventano da soli, attingendo a precedenti impressioni ed esperienze. Ma ci sono anche quelli che si affidano totalmente alle fantasie che hanno ascoltato dal partner, o in cui si sono imbattuti guardando un film, leggendo una rivista, navigando su Internet o in un'altra delle miriadi di forme di pornografia su cui è facile mettere le mani.

Alcune persone si servono delle fantasie per dare un tocco piccante alla loro vita sessuale, ma per altre il dedicarsi alla stimolazione di fantasia può anche costituire *l'unica* fonte di gratificazione sessuale.

Alcuni uomini e donne non svolgono alcuna attività sessuale perché non riescono a trovare un partner consenziente; altri temono il contatto sessuale a causa del rischio crescente di contrarre una malattia sessualmente trasmissibile; altri ancora hanno una tale paura dell'intimità psicologica che la ricerca del contatto fisico è l'ultimo dei loro pensieri. Troy, un uomo di cinquantun anni da me intervistato, mi raccontò di aver fatto molto sesso nel periodo spensierato degli anni '70 e '80, ma dal micidiale avvento dell'AIDS si è astenuto da qualsiasi attività sessuale, tanto che dal 1987 ha avuto soltanto due rapporti sessuali ed entrambi molto insoddisfacenti, a causa del timore che aveva di infettarsi malgrado utilizzasse il preservativo. In effetti, il terrore dell'AIDS per Troy è tale che ha sviluppato una grave fobia per ogni sorta di intimità psicologica, tanto che oggi è ancora un single e per ottenere sollievo sessuale si masturba tre o quattro volte al giorno. Per lui, come per altri milioni di britannici, la fantasmagoria segreta delle fantasie sessuali costituisce l'autentica spina dorsale della vita erotica.

Prima di concludere questa parte relativa alla gamma e agli scopi delle fantasie sessuali, vorrei ricordare ai lettori che la grande maggioranza di esse, che siano segregate all'interno delle nostre menti o che vengano messe in scena nell'intimità delle nostre camere da letto, rimangono ragionevolmente innocue e contenute, influenzando soltanto noi stessi e i nostri partner. Ma a volte, le più nascoste fantasie sessuali di una persona esplodono in forma criminale, esercitando un impatto dannoso o letale su un certo numero di vittime. Avendo alle spalle molti anni di lavoro clinico nel ramo dell'igiene mentale noto come «psicoterapia criminale» e avendo curato pazienti pericolosi come pedofili e stupratori, so che molti di questi individui si sono dedicati a lunghi periodi di utilizzo, per esempio, di pornografia pedofila prima di arrivare al punto di commettere un crimine pedofilo vero e proprio. Altre persone, tuttavia, sono riuscite a limitare i propri impulsi pedofili alla masturbazione privata, senza avere mai alzato un dito in modo improprio su un bambino. Si potrebbe argomentare ragionevolmente che la masturbazione su materiale pedopornografico sia essa stessa un'attività criminale, in quanto alimenta l'industria sotterranea della pornografia infantile. Pertanto, qualora messe in pratica alcune fantasie sessuali risultano decisamente illegali e decisamente pericolose; inoltre, molte fantasie sessuali diventano il punto di partenza di una successiva «carriera» da pedofilo o violentatore. In breve, fantasie sessuali possono risultare il più grande dei piaceri privati ma, se lasciate fuori controllo, in alcuni casi estremi infliggono danni a volta definitivi al corpo e alla mente di vittime innocenti.

In conclusione, io considero le nostre fantasie sessuali come attività del tutto normative, che si sviluppano dalle nostre primordiali fantasie infantili e che diventano sempre più sessualmente orientate a mano a mano che avanziamo nel nostro ciclo di vita. Anche se a volte possiamo coltivare l'identica fantasia di qualcun altro, ognuno di noi *trasforma* quella fantasia, come farebbe un artista, in un dipinto caratteristico e molto personale, e sono gli elementi *particolari* a provocare in ognuno di noi l'eccitazione. Tre uomini adulti, per esempio, che si masturbano tutti pensando alla star televisiva Jennifer Aniston, possono utilizzare l'immagine della signorina in modi molto diversi. Uno può masturbarsi al pensiero di avere con lei un rapporto sessuale completo; un altro può raggiungere l'orgasmo all'idea di avere strappato la signorina Aniston al suo ex marito, l'attore Brad Pitt; il terzo individuo può far partecipare la signorina Aniston al suo privatissimo rituale masturbatorio sadomasochistico. Perciò, il semplice fatto di sentir dire a qualcuno «ho delle fantasie su Jennifer Aniston» ci dice molto poco sulla sua segreta psicologia sessuale. Per conoscere la nostra natura più vera e più intima dobbiamo esaminare la materia più a fondo, ottenendo con ciò un quadro più penetrante delle nostre fantasmagorie nascoste, o di ciò che sono giunto a definire le particolarissime *impronte digitali psicologiche* che differenziano ogni mente da tutte le altre.

Gli esperti del sesso

Prima di esporre il mio formale progetto di ricerca sulla psicologia delle fantasie sessuali, vorrei contestualizzare il lavoro in una prospettiva storica, in modo da rendere omaggio ai coraggiosi investigatori sessuologici che hanno fornito contributi pionieristici a questo campo, e per dare il giusto valore alle fondamenta sulle quali si basa la mia indagine. Gli autentici e seri pionieri nello studio della fantasia sessuale si possono contare sulle dita di una o due mani, e questo perché anche se viviamo in un'epoca sessualizzata, continuiamo a capire di gran lunga *meno* sulle origini delle preferenze sessuali, sulla sanità o sulla patologia di determinate attività sessuali, nonché sulle fonti dell'autentico piacere sessuale di quanto oserebbero ammettere quelli di noi che si trovano in posizione di «competenza».

La disciplina degli studi sulla fantasia sessuale è sorta con grande riluttanza da parte di molti, essendo rimasta una materia decisamente proibita per molti secoli. Nel 1844 il dottor Heinrich van Kaan, un medico tedesco specializzato nella cura dei «matti», pubblicò un libro sulla patologia mentale della sessualità umana intitolato *Psychopathia Sexualis*. In particolare, van Kaan esprimeva una grave preoccupazione circa i pericoli della masturbazione, punto di vista condiviso da molti medici dell'epoca. A differenza di altri medici, tuttavia, i quali mettevano in guardia dalla masturbazione a causa della spossatezza che sarebbe presumibilmente derivata dallo spreco del seme, van Kaan si preoccupava in modo particolare della masturbazione perché la riteneva una pericolosa perversione sessuale in grado di condurre a una degenerazione della mente, specialmente perché essa era spesso accompagnata da una *fantasia* nella quale la mente poteva scorrazzare senza freni, o addirittura impazzire del tutto. Ci si chiede quanti milioni di uomini e donne abbiano sofferto di gravi angosce mentali, come risultato degli autorevoli principi pedagocici di van Kaan. Naturalmente oggi sappiamo che le fantasie sessuali costituiscono *una componente normale e universale della psicologia umana*; ma nell'epoca repressiva e restrittiva di van Kaan, quando si coprivano con piccole mutande persino le gambe dei pianoforti a mezza coda, l'idea che le nostre menti potessero ospitare vividi pensieri sessuali a qualsiasi ora del giorno o della notte risultava assolutamente inopportuna, quindi van Kaan e i suoi colleghi psichiatri condannavano come pervertita la normale sessualità.

A quanto pare *Psychopathia Sexualis* si dimostrò un titolo molto indovinato, tanto che nel 1886, quarantadue anni dopo la pubblicazione del testo di van Kaan, uno psichiatra austriaco di nobile nascita, il professor Richard von Krafft-Ebing, pubblicò con lo stesso nome un volume ancora più autorevole, sottotitolato *Eine klinish-forensische Studie* (*Uno studio clinico-forense*). Fortunatamente, il professor von Krafft-Ebing adottò un punto di vista decisamente più liberale e tollerante sulla psicologia sessuale umana rispetto a van Kaan e ai suoi predecessori di epoca vittoriana, di conseguenza molti uomini e donne austriache in preda ai turbamenti accettarono di sottoporre a Krafft-Ebing le loro private e spesso angosciose fantasie. In un caso esemplare del 1890, Krafft-Ebing discusse la situazione di un gentiluomo di Berlino che si abbandonava ad autentiche « orge di fantasia », che di solito implicavano l'essere picchiato e umiliato. Il paziente di Berlino sapeva esprimersi molto bene, e spiegò a Krafft-Ebing che era diventato consapevole delle sue fantasie masochistiche (in particolare il desiderio di essere imprigionato, frustato, scalciato e torturato da una donna) fin dall'infanzia. Quest'uomo aiutò inoltre Krafft-Ebing e altri ricercatori successivi a rendersi conto di quanto insoddisfacente fosse per lui la reale messa in scena delle sue fantasie masochistiche con l'aiuto di una prostituta. Il paziente berlinese spiegava di trarre più piacere dalla *fantasia* che non dalla *realtà*, un fenomeno che gli psicoterapeuti contemporanei affrontano quotidianamente nella loro attività clinica. Come ammise uno dei miei pazienti, « a volte una scopata mentale è meglio di quella solita ».

Krafft-Ebing si riferiva alle fantasie sessuali con il curioso appellativo di « onanismo psichico », dove « psichico » si riferisce alla mente mentre « onanismo », termine medico largamente utilizzato nel diciannovesimo secolo, si riferisce alla masturbazione in quanto deriva dalla figura di Onan, un personaggio dell'Antico Testamento che spandeva il proprio seme sulla terra. Introducendo il termine « onanismo psichico », Krafft-Ebing inaugurò senza volerlo la disciplina degli studi sulle fantasie sessuali, aiutandoci a comprendere come la masturbazione non si possa definire come un semplice strofinamento dei genitali, ma come essa possa avere luogo, e come di fatto spesso abbia luogo, all'interno della mente di una persona. Nel 1903, in una successiva edizione del suo grandioso compendio sulle perversioni sessuali, il professor von Krafft-Ebing osservò che l'onanismo psichico (le fantasie masturbatorie) si manifesta soprattutto nella vita dei masochisti. Notò inoltre che gli omosessuali di sesso maschile utilizzavano fantasie su altri uomini per raggiungere l'eccitazione con le donne, in un'epoca storica nella quale il sesso vero e proprio tra uomini poteva tradursi in un procedimento penale. Fu così che a partire dai pionieristici scritti sessuologici di Richard von Krafft-Ebing, i medici e gli altri scienziati iniziarono a imparare qualcosa di più sulla diffusa presenza delle fantasie sessuali, sia pure limitatamente agli individui ritenuti mentalmente disturbati o come minimo decisamente nevrotici. Ma questi gentiluomini prussiani e austriaci potevano davvero insegnarci qualcosa sulle fantasie sessuali dei comuni e «normali» individui adulti?

Nell'epoca in cui Krafft-Ebing era considerato il più eminente psichiatra di Vienna, un suo giovane e brillante collega iniziò a farsi vedere alle conferenze professionali, nella speranza di presentare le sue fiorenti scoperte sulle origini della nevrosi. Il dottor Sigmund Freud, ebreo, si era laureato in medicina all'università di Vienna nel 1886, lo stesso anno in cui Krafft-Ebing aveva pubblicato la prima edizione del suo classico, *Psychopathia Sexualis*. Nel corso degli anni Freud era arrivato a comprarsi almeno quattro edizioni diverse del libro di Krafft-Ebing, una delle quali presenta ancora le annotazioni a matita originali di Freud, il che indica come quest'ultimo avesse letto Krafft-Ebing con grande attenzione. Ma per quanto riconoscesse il suo debito nei confronti dell'aristocratico Krafft-Ebing, Freud ampliò la nostra comprensione della sessualità e delle fantasie sessuali in modo radicalmente diverso. Krafft-Ebing si dimostrò piuttosto freddo verso le opinioni di Freud sulla relazione tra primordiali esperienze sessuali e nevrosi, e quando nel 1896 il padre della psicoanalisi presentò un documento scientifico sulla genesi dell'isteria alla Società Viennese di Psichiatria e Neurologia, Krafft-Ebing, che ne era il presidente, bollò il lavoro come «una favola scientifica», osservazione che spinse Freud a replicare in privato: «che vadano tutti al diavolo».

Offeso ma non certo abbattuto dal rifiuto di Krafft-Ebing, Freud continuò nelle sue ricerche cliniche e sessuologiche, fino a meritare che lo si ricordi come l'uomo che fece più di chiunque altro per normalizzare la mente umana, sostenendo strenuamente che ogni persona, non importa se «normale» o «anormale», si trova a lottare contro forti impulsi erotici e potenti stimoli alla violenza. Nella sua opera pionieristica *Tre saggi sulla teoria sessuale*, pubblicata nel 1905, Freud osservò come la cosiddetta sessualità «perversa» (che si tratti di succhiare, leccare o mordere) derivi dalle nostre primitive esperienze infantili con il seno, e come la maggior parte di noi non limiti la propria attività sessuale al rapporto genitale eterosessuale destinato al solo scopo della procreazione. In altre parole, da un punto di vista scientifico Freud mise in evidenza come i *preliminari* siano una caratteristica accettabile, per non dire inevitabile, della vita erotica.

Basandosi sulle ricerche di Krafft-Ebing sulla psicopatologia sessuale, Freud ampliò ulteriormente il campo esplorando le origini segrete delle fantasie sessuali, ed esaminando molto più a fondo il ruolo svolto da esse nella nostra vita in generale. Krafft-Ebing tentava di sollevare il velo di segretezza che copriva lo studio della sessualità, ma continuava a considerare gran parte del comportamento sessuale dell'uomo come un'attività degenere. Freud, al contrario, ci aiutò a capire quanto la sessualità sia perfettamente normale, anche qualora ci si dedichi ad attività sessuali non-procreative o non-penetrative.

A mano a mano che si immergeva sempre di più nel suo progetto di ricerca, Freud fece due importanti scoperte, vale a dire che le fantasie sessuali fungono da realizzazione di desideri primitivi e insopportabili, e che servono anche a proteggere la mente da pensieri spesso ancora più sgradevoli. Le fantasie sessuali non andavano liquidate come il preludio a una «rapida sega» o a un orgasmo mozzafiato; al contrario, Freud considerava la fantasia sessuale come un prodotto del pensiero che svolgeva un'importante funzione nella mente umana.

Nel 1895 Freud descrisse il caso di una giovane cantante, da noi conosciuta con il nome fittizio di « Frau P.J. », una sposina il cui marito lavorava come commesso viaggiatore. Un giorno, dopo la partenza di Herr J. per un viaggio d'affari, la giovane cantante lirica iniziò a gorgheggiare la celebre « Seguidilla » tratta dalla *Carmen* di Georges Bizet, opera senza tempo del 1875. Con sua grande sorpresa, Frau P.J. sentì che il suo corpo veniva pervaso all'improvviso da una strana sensazione, e durante le prove di questo pezzo molto brioso provò per tre volte un orgasmo. Ebbene, ho chiesto a diverse cantanti liriche se la partitura della *Carmen* abbia mai provocato un orgasmo, e sebbene molte di loro l'abbiano definita una musica voluttuosa, eccitante e persino orgasmica, nessuna ne ha mai ricavato un orgasmo vero e proprio. Disperata, Frau P.J. si recò allo studio di Freud, indubbiamente angosciata da questa insolita reazione. Da perfetto segugio, Freud utilizzò le sue abilità investigative e ben presto scoprì la ragione dell'orgasmo fuori luogo della giovane cantante.

Per chi non conosce il testo della « Seguidilla », l'aria fornisce a Carmen l'occasione di sognare a occhi aperti, cantando le gioie dell'essere ricongiunta al suo innamorato. Nel ponte, o sezione di contrasto alla melodia principale, Carmen spiega:

Oui, mais toute seule on s'ennuie,
Et les vrais plaisirs sont à deux;
Donc, pour me tenir compagnie,
J'emmènerai mon amoureux!

(Ma tutti soli che cosa si può fare?
La vera felicità inizia quando si è in due;
perciò, per tenermi compagnia,
porterò il mio amato con me!)

Freud si accorse subito che il libretto parlava di una giovane donna che desidera ardentemente fare parte di una coppia, esclamando che «la vera felicità inizia quando si è in due» e che «per tenermi compagnia, porterò il mio amato con me!» Con i suoi versi Carmen attenua il dolore della perdita e della separazione *fantasticando* un'unione con il suo amato. Sotto questo aspetto, la condizione narrativa rispecchiava la difficile situazione reale della giovane sposina viennese, abbandonata dal marito viaggiatore con il quale desiderava ricongiungersi.

Ora, è evidente che molti mariti abbandonano le mogli per i loro viaggi d'affari, senza che queste ultime raggiungano l'orgasmo canticchiando brani di un'opera francese del diciannovesimo secolo. Dobbiamo tuttavia ricordare che Freud ebbe in cura Frau P.J. sul finire dell'Ottocento, all'apice della repressione sessuale vittoriana. Con ogni probabilità Frau P.J. si era sposata vergine, quindi aveva avuto le sue prime esperienze apertamente sessuali solo da pochissimo, nei primi tre mesi di matrimonio, prima che il marito sparisse per il suo viaggio d'affari. Di conseguenza, Frau P.J. aveva appena iniziato a godere del rapporto coniugale quando a distanza di soli tre mesi aveva provato un acuto senso di perdita e di deprivazione sessuale. Per quanto nello scrivere dei suoi casi Freud utilizzasse uno stile da gentiluomo, era fin troppo chiara la sua ipotesi che Frau P.J. moriva dalla voglia di fare sesso con suo marito; nel suo stato di profonda frustrazione bastava la semplice allusione a Carmen, una sigaraia spagnola che desiderava ardentemente il suo uomo, per scatenare in Frau P.J. un parossismo di estasi sessuale. Quindi secondo Freud le fantasie sessuali derivano, almeno in parte, da un mancato adempimento sessuale, in seguito al quale ciò che immaginiamo funge da *soddisfazione* di *un desiderio inappagato.*

Ma la fantasia sessuale del desiderio e il conseguente orgasmo che si verificava nel corso della «Seguidilla» della *Carmen* non serviva solo a gratificare il desiderio sessuale di Frau P.J.; fantasia e orgasmo svolgevano anche un ruolo *difensivo*, permettendo a Frau P.J. di godere la fantasia di un idilliaco ricongiungimento con lo sposo invece di farle balenare nella mente l'idea che il marito viaggiatore la stesse tradendo con una giovane donzella di Breslau, Bucarest o Salisburgo, se non addirittura che non tornasse più a casa.

Quando Freud, tramite i suoi pazienti privati, acquisì un'esperienza clinica psicoanalitica infinitamente vasta, divenne sempre più consapevole del fatto che la nostra vita di fantasia non sempre si sviluppa in modo prevedibile. La terapia di Frau P.J. gli aveva già insegnato che eccitazione e orgasmo possono manifestarsi nei luoghi più improbabili, per esempio seduti alla tastiera di un pianoforte in un salottino borghese di Vienna. Nel 1899 Freud aveva raggiunto una tale conoscenza delle vicissitudini legate alla sessualità umana da scrivere a un fidato collega medico: « Mi sto abituando all'idea di considerare ogni singolo atto sessuale come un processo che coinvolge quattro persone ». Ma cosa intende Freud con questa idea piuttosto provocatoria, cioè che ogni atto sessuale può effettivamente coinvolgere quattro persone?

Nella parte precedente della lettera egli aveva parlato di bisessualità, una materia che lo affascinava moltissimo; per quanto Freud non approfondisca il tema nei dettagli, presumo che la sua osservazione sul fatto che il sesso richieda quattro persone sia un riferimento sommario alla sua idea che quando un uomo e una donna fanno l'amore, la mente di ciascuno dei due abbia delle componenti sia maschili che femminili. Ma Freud potrebbe anche avere voluto insinuare che quando un uomo o una donna sono impegnati in un atto sessuale, hanno in mente una fantasia su qualcun altro; quindi, quando il signor e la signora Smith hanno un rapporto sessuale, può darsi che lui stia pensando a un'altra donna e lei a un altro uomo, di conseguenza il letto diventa sempre più affollato dovendo ospitare non più due persone ma quattro. Nella sua qualità di esperto professionista nell'igiene mentale, Freud sarà stato a conoscenza non solo delle relazioni extraconiugali dei suoi pazienti, ma anche di ciò che ho definito «*relazioni intraconiugali*», vale a dire di quei privati pensieri sessuali che ci permettono di tradire i nostri partner anche mentre facciamo l'amore con loro.

Proseguendo nel suo lavoro, Freud ipotizzò che il contenuto della nostra vita di fantasia si sviluppa da esperienze reali manifestatesi nei primissimi anni della nostra età evolutiva. Per lui, e per i moderni freudiani come me, la scelta dell'oggetto delle nostre fantasie deriva in larga misura dai nostri primi «amanti» dell'infanzia e dell'adolescenza, in primo luogo i genitori o altre figure di tipo parentale. Freud notò inoltre che sebbene le fantasie sessuali si sviluppino come variazioni di esperienze infantili, non sempre rispecchiano alla lettera quelle primordiali esperienze. Kelvin per esempio, uno dei partecipanti al mio progetto di ricerca, mi ha raccontato di aver imparato a masturbarsi in un armadio buio a casa dei suoi genitori. Si nascondeva là perché i suoi «autoritari» genitori non lo scoprissero a masturbarsi in camera sua. Kelvin veniva da una famiglia campagnola che viveva nei pressi di una brughiera fangosa, e sua madre teneva in quell'armadio svariati tipi di stivali di gomma; quando Kelvin raggiungeva l'orgasmo schiacciava il corpo contro quegli stivali induriti alla ricerca di un'ulteriore contatto corporale. Anni dopo, quando Kelvin era diventato un uomo adulto e viveva per conto suo, gli eccitanti ricordi delle sue masturbazioni segrete nell'armadio gli erano tornate alla mente, tanto che nelle sue fantasie sessuali immaginava sempre le sue amanti con indosso stivaloni di gomma. Questo episodio illustra bene l'idea freudiana di come noi facciamo ricorso a un frammento di esperienza infantile o giovanile e di come poi la sviluppiamo, trasformandola o persino teatrizzandola, in modo che diventi il vero e proprio fondamento delle nostre fantasie sessuali e della nostra eccitazione sessuale nella vita adulta. L'esperienza di Kelvin non avrebbe sorpreso affatto Sigmund Freud, il quale già nel 1905 ammetteva che le fantasie erotiche possono prendere qualsiasi forma, e che i sogni erotici a occhi aperti assumono «infinite varietà».

Dopo oltre vent'anni di pratica psicologica, Freud non scriveva più con la sbalordita curiosità dello scienziato principiante, che brancolava in un guazzabuglio di scoperte nuove e insolite. Nel 1908 Freud diede un giudizio molto più severo della fantasia sessuale. Non solo essa realizzava desideri segreti e proteggeva la mente da altri pensieri sgradevoli, non solo si sviluppava da primordiali esperienze infantili, ma ora Freud sottolineava che indicasse la presenza di un disordine mentale. Nel suo breve saggio su «Scrittori creativi e sogni a occhi aperti» Freud opinava: «Possiamo stabilire che una persona felice non ha mai fantasie, le ha soltanto una persona insoddisfatta. A stimolare le fantasie sono desideri inappagati, e ogni singola fantasia è la realizzazione di un desiderio, la correzione di una realtà insoddisfacente». Nello stesso articolo Freud osservò inoltre che le nostre fantasie non ci procurano solo piacere, ma anche dolore, notando che:

> L'adulto invece si vergogna delle sue fantasie e le nasconde agli altri. Anche se le conserva con grande cura come i suoi tesori più intimi, di regola preferirebbe confessare i suoi misfatti che raccontarle a qualcuno. Può succedere che per questo lui creda di essere la sola persona a nutrire simili fantasie, e non abbia idea che creazioni di questo tipo siano molto diffuse tra le altre persone.

Freud mette quindi in risalto un aspetto sgradevole, notando che le fantasie sessuali si manifestano nella mente di ognuno di noi e suscitano sensazioni di vergogna e di ansia; ma anche se possono derivare da una serie di frustrazioni, ciò non toglie che tutti ne facciamo uso e che spesso soffriamo di un senso d'isolamento, nella frequente convinzione che nessun altro abbia mai avuto pensieri sessuali altrettanto insoliti.

Sebbene alcune persone sembrino effettivamente avere una vita di fantasia sessuale relativamente semplice e priva di complicazioni, nella quale sognano teneri e affettuosi rapporti con i loro partner coniugali di lunga data, la grande maggioranza di uomini e donne britannici tendono a nutrire un insieme di fantasie decisamente più vivaci, alcune delle quali non suscitano solo piacere ma anche dolore. Nel 1939, poco prima della sua morte, Freud scrisse la storia di un caso che venne pubblicata postuma e riguardava un paziente che soffriva di impotenza psicologica; in pratica questa persona non riusciva a ottenere un'erezione nel corso del rapporto sessuale. Ma quando si masturbava da solo, il paziente richiamava una fantasia nella quale aveva un rapporto sessuale con la madre *e* il padre, una fantasia molto vivida che gli facilitava l'erezione. Presumo che il paziente in questione sia arrossito violentemente prima di rivelare al professor Freud questa fantasia masturbatoria; ma a suo onore va detto che Freud metteva il massimo impegno nel garantire un ambiente tranquillo e confidenziale, l'unico in cui potevano verificarsi confessioni sessuali di questo tenore. Inoltre, quando un paziente inizia a preoccuparsi davvero di un particolare sintomo sessuale spesso fa di tutto per trovare una cura, dato che molte difficoltà sessuali di questa natura possono distruggere il suo matrimonio o le sue relazioni con le persone più intime e care. Anche se Freud non fornì molti dettagli su questo caso, la fantasia di avere un rapporto sessuale con entrambi i genitori solleva diverse questioni. Perché il paziente si eccitava al pensiero di una mamma e un papà ormai attempati e non con la sua partner femminile sessualmente più attraente? Si trattava semplicemente di un pervertito incestuoso, o forse questo paziente aveva fatto sì che il suo censore mentale si allontanasse di quel tanto da permettere a Freud di intuire le origini delle nostre attrazioni erotiche nella vita adulta? Forse, come pensava Freud, i nostri genitori diventano effettivamente i nostri primi amanti di fantasia, in quanto sono state le persone che per prime hanno avuto accesso ai nostri giovani corpi al momento di nutrirci, di cullarci, di lavarci e di cambiarci i pannolini. La piacevole eccitazione che possiamo avere sperimentato da bambini viene poi repressa, ma secondo Freud resta sempre presente nella zona inconscia della nostra mente, continuando a operare in modo energico e sotterraneo per il resto della nostra vita da adulti. Uno studio attento delle osservazioni cliniche di Freud ci impone di affrontare una questione cruciale, e cioè se le sue scoperte hanno fatto luce solo sugli elementi più disturbati della nostra popolazione, oppure se sono importanti per comprendere in generale la psicologia di uomini e donne ragionevolmente sani di mente.

Malgrado lo studio della fantasia sessuale non sia mai diventato l'oggetto principale dell'effettiva carriera di ricerca di Freud, è stato lui a fornire a tutti i moderni psicologi, psicoterapeuti, psicoanalisti e sessuologi gli strumenti essenziali di cui necessitavano per iniziare il loro successivo percorso di conoscenza. Freud occupa in assoluto la posizione più importante nello studio della sessualità umana anche per avere sconfitto le spaventose resistenze dei suoi colleghi, che per lo più lo guardavano con sospetto e derisione perché parlava con tanta franchezza del sesso negli uomini e delle sue molte vicissitudini, in un momento storico in cui persino i medici consideravano questa materia una materia non solo del tutto privata, ma anche ignobile.

A meno di dieci anni dalla morte di Sigmund Freud nel 1939, un'altra rivoluzione attraversò la storia della sessuologia umana; fu allora che il professor Alfred Charles Kinsey dell'università dell'Indiana, un mite entomologo e zoologo del Midwest dal cravattino a farfalla che fino ad allora aveva destinato gran parte delle sue energie professionali allo studio scientifico delle vespe delle galle, sconvolse l'America pubblicando il sensazionale volume dal titolo *Il compor-*

tamento sessuale nel maschio umano, la più completa ed esplicita indagine sulle *pratiche* sessuali mai fatta prima. Il libro di Alfred Kinsey, firmato anche dai suoi soci nella ricerca Wardell Pomeroy e Clyde Martin, divenne così popolare tra gli intellettualoidi degli Stati Uniti che nel giro di cinque settimane andò in vetta alle classifiche della saggistica, vendendo qualcosa come 100.000 copie in meno di due mesi. Diversi mesi dopo, nel dicembre del 1948, il compositore di Broadway Cole Porte immortalò Kinsey nel testo della canzone «Too Damn Hot» (*Troppo maledettamente scottante*), che apriva il secondo atto del suo fortunatissimo musical *Kiss Me, Kate*.

Kinsey scandalizzò una nazione che stava ancora riprendendosi dalla Seconda guerra mondiale, e questo non solo perché condusse il più vasto e profondo studio sulla sessualità maschile, ma perché rivelò come sotto la patina acqua e sapone di una nazione educata dai film zuccherosi di Shirley Temple, e dietro il patriottismo di facciata per il presidente Flanklin Delano Roosevelt tormentato dalla polio, si annidava una sessualità segreta e sotterranea.

La singolare pubblicazione del professor Kinsey, lunga ben 804 pagine, non poteva essere liquidata come l'opera di un pornografo represso. Insieme ai suoi colleghi di ricerca, egli setacciò per anni la nazione allo scopo di intervistare faccia a faccia qualcosa come 12.000 americani; membri di confraternite universitarie, giovani liceali, inquilini di residence, gruppi di obiettori di coscienza, professionisti, delinquenti, prigionieri, autostoppisti, malati di mente e persino il cast di *Un tram chiamato desiderio*, la pièce di Broadway firmata da Tennessee Williams (così, in mezzo alla valanga di dati, può darsi ci sia un'anonima storia di sesso proveniente da Marlon Brando). Dopo aver trascorso ore e ore con uomini bianchi e neri, eterosessuali e omosessuali, dal Michigan a Manhattan e oltre, Kinsey passò un lungo periodo di tempo a addestrare i suoi intervistatori, i quali in seguito avrebbero condotto una scottante intervista con domande stabilite dai partecipanti alla ricerca: in media, il questionario prevedeva tra le 300 e le 521 domande su argomenti che spaziavano dallo stato civile dell'intervistato a un'indagine accurata delle sue tecniche masturbatorie e così via. Alla fine Kinsey aveva ricavato esaurienti anamnesi sessuali dai più diversi gruppi professionali; contrabbandieri, preti, agricoltori, giocatori d'azzardo, ragazzi di strada, fannulloni, magnaccia, direttori di carceri, psichiatri, maestri di scuola elementare, rapinatori e assistenti sociali, per non parlare di impiegati, professori universitari, avvocati, medici e giudici di tribunale.

Tra i risultati che all'epoca sorpresero di più ci fu la scoperta che praticamente tutti gli uomini si masturbano, sebbene pochissimi lo avessero confessato in precedenza; inoltre, un'altissima percentuale di uomini dichiarò di avere avuto esperienze sessuali prematrimoniali, omosessuali ed extraconiugali. Dati di questo genere non impressionerebbero un pubblico del ventunesimo secolo (salvo forse l'alto tasso di esperienze o sperimentazioni omosessuali tra gli uomini di solito orientati all'eterosessualità), ma per i suoi contemporanei Kinsey ebbe l'effetto di una bomba; tra l'altro, la mera dimensione del suo campione di ricerca, unita al rigore con il quale aveva raccolto e registrato i suoi dati, faceva sì che le sue scoperte non potessero venire ignorate. Nel 1953 apparve un volume gemello intitolato *Il comportamento sessuale nella femmina umana*, firmato da Kinsey, Pomeroy e Martin in collaborazione con l'antropologo Paul Gebhard e altri nove ricercatori, che divulgò un materiale altrettanto esplosivo, distruggendo il mito della casalinga semi-vergine anni '50 con i capelli cotonati e l'abito in taffettà che aveva fatto sesso due o tre volte in vita sua, nella posizione del missionario e solo a scopi riproduttivi.

Ci vorrebbe l'aiuto di uno storiografo sociale del costume americano per comprendere appieno l'impatto della bomba Kinsey sullo sviluppo della sessualità in America, Gran Bretagna e altrove, ma qualunque sessuologo o professionista dell'igiene mentale concorderebbe sul fatto che Kinsey esercitò un'influenza enorme, soprattutto perché rimosse il velo di segretezza che copriva in modo così opprimente la sessualità umana, e di conseguenza alleviò l'immane senso di vergogna e di colpa provato dalla maggioranza dei cittadini degli anni '50, in particolare riguardo alla masturbazione e all'omosessualità.

Per quanto Kinsey abbia fornito uno straordinario contributo allo studio del sesso, ineguagliato e probabilmente impareggiabile anche in futuro, la sua ricerca si concentrò quasi esclusivamente sui *comportamenti*, concreti ed esteriori. In altre parole, ottenne informazioni su *che cosa* facciamo a letto (e cioè *quali* atti sessuali compiamo, quanto *spesso* e con *chi*). Per quanto guardasse con estremo favore alla psicoanalisi freudiana, Kinsey non aveva alcuna preparazione scientifica in ambito psicologico, di conseguenza trattava l'essere umano in modo del tutto simile a una vespa delle galle, un campione di cui studiare visivamente il comportamento. Furono quindi pochissime le informazioni che ci fornì sui contenuti della mente umana durante l'atto sessuale, sulle cause dei diversi atti o preferenze sessuali, o sulle reazioni psicologiche alle diverse esperienze sessuali. Il campo della fantasia sessuale lo lasciò ai suoi colleghi della comunità psicoterapeutica e psicoanalitica. In effetti, lungo tutte le 804 pagine del suo libro si trova solo un piccolo paragrafo sulla fantasia sessuale, nel quale Kinsey nota come la fantasia e il comportamento possono corrispondere perfettamente (per esempio nel caso di un eterosessuale che stia avendo un rapporto eterosessuale durante il quale ha delle fantasie eterosessuali), oppure la realtà comportamentale e la fantasia intrapsichica possono risultare più divergenti (come nel caso di un eterosessuale che stia avendo un rapporto eterosessuale durante il quale ha delle fantasie su animali da cortile). Inoltre, nel suo volume sulla sessualità maschile Kinsey buttò lì una frase nella quale osservava che sebbene la fantasia accompagni spesso la masturbazione, a volte le fantasie arrivano allo stato conscio circa un anno dopo che l'individuo in questione ha iniziato a praticare l'autostimolazione.

In seguito all'eccelso risultato ottenuto da Alfred Kinsey e dai suoi assistenti ricercatori (molti dei quali non ottengono il riconoscimento che meritano per aver servito Kinsey in qualità di soldati ambulanti), non era più possibile mantenere represso l'esplicito scenario della sessualità occidentale. Al contrario, il suo lavoro inaugurò lo sviluppo di un dialogo più aperto sull'argomento che raggiunse il suo apice nei rivoluzionari anni '60, quando i rapporti sessuali furono esplorati e goduti con rinnovato entusiasmo, non solo da parte degli uomini ma anche e forse soprattutto delle donne, che in larga maggioranza non avevano mai provato un orgasmo o addirittura non sapevano di poterlo fare.

All'alba degli anni '70 l'era di Heinrich van Kaan e Richard von Krafft-Ebing era ormai superata, e a dominare era il progressismo più umanitario e liberale di Sigmund Freud e Alfred Kinsey, che aprì la porta a numerosi e più seri ricercatori; tra questi si segnalò in modo particolare la scrittrice americana Nancy Friday, inesperta di psicologia anche se forte sostenitrice delle idee psicoanalitiche, la quale nel 1973 provocò un'ulteriore esplosione con la pubblicazione del suo libro di notevole influenza culturale *Il mio giardino segreto*, non solo un importante contributo allo studio della mente femminile, ma anche un opuscolo proto-femminista che documentò nei più vividi dettagli come le donne potessero essere sessualmente attive tanto quanto le loro controparti maschili, e che la facciata della casalinga provinciale nasconde un panorama di scottante creatività, in cui la ricerca del piacere è spesso accompagnata dal senso di colpa. L'opera della Friday rivelò che molte donne americane degli anni '70 nutrivano irriducibili fantasie di sesso spinto nel corso dell'intera giornata, alcune pensando a soffici spiagge battute dal vento e altre immaginandosi violentate da uomini brutali o da animali. Tra il 1975 e il 1991 apparvero altre tre antologie di Nancy Friday, *Fiori proibiti*, *Uomini in amore ovvero le fantasie sessuali degli uomini: il trionfo dell'amore sulla furia* e *Donne sopra*, ognuna delle quali rivelava qualcosa di più della precedente; in tal modo la disciplina degli studi sulla fantasia sessuale si affermò come legittima area d'indagine clinica, accademica e culturale, generando una crescente letteratura di casi di studio psicoterapeutici e studi psicologici sperimentali, oltre a una serie infinita dei più svariati volumi di carattere erotico. Come notò la stessa Friday con la sua tipica umiltà, uno dei più grandi successi del suo lavoro è forse il riconoscimento che praticamente ogni uomo e ogni donna adulti hanno una vita privata di fantasie sessuali, e che se alcune persone le ritengono indecenti, sporche, moleste o eccentriche, ce ne sono altre sane e coscienti che nutrono esattamente le stesse fantasie. Come raccontò la Friday, « dalla pubblicazione in America de *Il mio giardino segreto* ho ricevuto migliaia di lettere da parte di donne che ricalcavano alla lettera la reazione di quelle da me interpellate nei miei viaggi di ricerca in Gran Bretagna: "Non avevo mai sentito altre donne esprimere pensieri del genere. Pensavo di essere una specie di mostro o di pervertita ad avere delle idee così sessualmente 'sbagliate'. Adesso sento che riesco ad accettarmi. Grazie a dio non sono sola." »

Il Progetto di ricerca sulle fantasie sessuali britanniche

Ho iniziato il mio lavoro psicoterapeutico con i pazienti nel 1982, come giovane tirocinante sottoposto a supervisione. Da allora ho avuto in cura diverse centinaia di individui e di coppie nel corso di psicoterapie a breve, medio e soprattutto lungo termine. In più ho condotto oltre 3.000 colloqui di valutazione, incontri preparatori destinati ad accertare l'idoneità del paziente a determinate forme d'intervento psicologico. Nella maggior parte dei casi, i pazienti sottoposti a colloqui di valutazione venivano indirizzati ad altri colleghi, o a gruppi di psicoterapia o ad altre forme di aiuto psicologico.

Per quanto abbia accumulato una considerevole esperienza clinica nell'ascoltare racconti di violenza, privazione, perversione, persino omicidio, nel corso dei decenni sono stati molto pochi i miei pazienti in cura psicoterapeutica a confidarmi nei dettagli più intimi e completi le loro fantasie sessuali. Non si tratta di un fatto insolito nel repertorio di un professionista dell'igiene mentale.

I miei colleghi hanno riferito una lacuna simile nel loro lavoro con i pazienti in psicoterapia. Da quando ho intrapreso il mio progetto di ricerca sulle fantasie sessuali, ho iniziato a sondare i colleghi nel corso di conferenze e convegni sull'igiene mentale, e posso riferire che meno del 5% di loro ha provato l'esperienza di sentire i propri clienti o pazienti discutere di fantasie masturbatorie o coitali, in parte a causa della persistente vergogna sul contenuto delle fantasie, contenuto che spesso viola la stessa coscienza di sé. Per esempio, nei pochi casi in cui ho sentito parlare di fantasie sessuali nei primi anni della mia carriera lavorativa, mi sono imbattuto in situazioni problematiche di questo genere:

- Un medico le cui fantasie masturbatorie implicavano compiere atti di sadismo chirurgico su giovani donne.
- Un dichiarato eterosessuale, sposato e padre di tre bambini, la cui fantasia era però quella di farsi orinare addosso da uomini omosessuali.
- Un impiegato presso un asilo d'infanzia che nutriva fantasie masturbatorie pedofile, sia pure senza averle mai messe in pratica.
- Un'autrice di fortunati romanzi sentimentali che fantasticava di avere rapporti sessuali con *animali*, anziché esseri umani. Si sentiva disonesta nello scrivere «sdolcinati» ro-

manzi da favola sentimentale quando la sua vita psicologica girava attorno alla bestialità.

Si può ben immaginare i dilemmi interiori e le inquietudini personali che queste persone dovevano affrontare. Non può certo sorprendere se a questi uomini e donne occorse molto tempo e molto coraggio per esprimere a parole quelle stesse fantasie che rischiavano di annientare il loro senso d'identità. Come si può convivere con il proprio ruolo di guaritori di malattie quando allo stesso tempo si raggiunge l'orgasmo al pensiero di sezionare il corpo delle donne con i propri strumenti chirurgici, come se si fosse Florence Nightingale di giorno e Sweeney Todd di notte?*

Una delle mie colleghe psicoterapeute di coppia, Elspeth Morley della Society of Couple Psychoanalytic Psychotherapists, fornì una spiegazione utile e persuasiva del perché gli psicoterapeuti vengano a conoscenza tanto raramente delle fantasie dei loro pazienti, in particolare delle più genuine e intime fantasie masturbatorie rispetto a quelle da bar. La signora Morley ha sostenuto che se i pazienti non decidono di saltare il fosso nel primo stadio della terapia, azzardandosi a condividere una fantasia profondamente imbarazzante e potenzialmente umiliante, in molti casi saranno troppo inibiti per rivelare tale fantasia in uno stadio più avanzato, soprattutto dopo che la relazione professionale tra psicoterapeuta e cliente si è ormai consolidata. In altre parole, molte persone rivelano con più facilità le loro fantasie a un'anonima prostituta o a un partecipante a una chat room su Internet, piuttosto che a qualcuno che vedono regolarmente, magari più volte la settimana e per molti anni. Sotto questo aspetto noi psicoterapeuti ci troviamo in una posi-

* La prima è la donna inglese considerata la fondatrice della professione di infermiera, il secondo un barbiere-cannibale di Londra che divenne un serial killer sul finire del Settecento. (*N.d.T.*)

zione simile a quella di un partner coniugale di lunga data, che spesso è l'ultimo a sapere.

Dovetti ammettere che malgrado la maggior parte del mio lavoro psicoterapeutico fosse «in profondità», e anche se trascorro spesso mesi e anni con i pazienti per ricostruire traumi infantili legati a maltrattamenti, abbandono e altre forme di crudeltà, il nucleo sessuale più intimo dei miei clienti rimane il più delle volte nascosto. Naturalmente, può darsi che molti dei miei pazienti non avessero alcuna fantasia sessuale, o forse nessuna tanto vergognosa da non poter essere descritta; ma so bene, avendo parlato con il chirurgo menzionato in precedenza che fantasticava di tagliare a pezzetti il corpo delle donne, nonché con l'eterosessuale padre di tre bambini che sognava di orinazioni omosessuali, quanto complicata possa diventare questa materia e quanto difficile possa risultare per una persona parlare di questi argomenti, anche nel corso di una conversazione confidenziale e professionale.

Naturalmente, si potrebbe a buon diritto dubitare dell'autenticità dei casi qui esposti; forse, come avviene a molti professionisti di igiene mentale, dopo aver ascoltato per troppi anni le confessioni di individui emotivamente molto disturbati la mia visione è diventata distorta. È indubbio che gli psicoterapeuti vengano a conoscenza delle parti più sgradevoli della vita più frequentemente rispetto ai professionisti di altri campi. Non ricordo un solo giorno di lavoro negli ultimi anni in cui *non* abbia sentito parlare di abusi sessuali infantili, infedeltà e morte, spesso nei cinquanta minuti della stessa seduta. Malgrado questo, tuttavia, voglio confermare che in grande maggioranza le persone che si sono rivolte a me non possono essere definite come folli. Naturalmente ho lavorato con pazienti diagnosticati di schizofrenia, disturbi affettivi e altre psicosi, nonché con persone affette da disturbi della personalità borderline, per non parlare dei pazienti criminali che infrangono la legge; ma la maggior parte dei casi è sempre stata composta, e continua a esserlo, da uomini e donne stabili, creativi, cortesi e rispettabili, le cui vite emotive presentano però alcune zone d'ansia, inibizione o sofferenza, e che hanno tanto il coraggio quanto l'intelligenza di intraprendere una psicoterapia, invece di preoccuparsi inutilmente come fanno molti. Sono perciò decisamente riluttante a liquidare le fantasie sessuali che ho ascoltato nel corso degli anni come il prodotto di menti « disturbate », perché questo non rispecchia affatto la realtà clinica.

A dispetto delle difficoltà di ottenere dati autentici, profondi e sinceri sulle fantasie sessuali, materiale di questo genere ha continuato a infiltrarsi nel mio lavoro soprattutto nell'ultimo decennio, in parte a causa della crescente disponibilità e diffusione su larga scala della pornografia su Internet. Essendo uno tra i pochi professionisti della Gran Bretagna che unisce al lavoro faccia-a-faccia come psicoterapeuta « individuale » quello di psicoterapeuta « coniugale » o « di coppia », non potevo evitare di ascoltare nel mio studio storie di pornografia su Internet o di sessuomania su Internet, soprattutto nel caso di coppie che si erano rivolte a me perché il loro matrimonio o la loro relazione erano in gravissimo pericolo.

Ma anche se iniziai a venire a conoscenza di un crescente numero di casi di pornografia su Internet sia nella mia pratica clinica sia in quella dei miei colleghi psicoterapeuti di coppia (un ottimo sistema per studiare la complessità delle fantasie sessuali nascoste), nel corso degli anni '90 continuavo a rendermi conto che i miei colleghi e io sapevamo relativamente poco sulle fantasie e sui relativi pericoli della pornografia in rete. I mariti liquidavano il loro utilizzo di Internet come « un semplice divertimento », mentre le mogli restavano invariabilmente devastate quando venivano a sapere della segreta vita di fantasia on line dei loro coniugi. Capendo che non si poteva più ignorare il campo delle fantasie sessuali, nel 2002 mi decisi a esaminare nel dettaglio questo aspetto trascurato della psicologia umana iniziando uno studio su larga scala, vale a dire il Progetto di Ricerca sulle Fantasie Sessuali Britanniche.

Ispirato dalle intuizioni psicologiche di Sigmund Freud, dal rigore metodologico molto ampio di Alfred Kinsey e dalla coraggiosa divulgazione pubblica di Nancy Friday, decisi di tentare una mia ricerca personale, un « rapporto Kinsey della mente », in modo da iniziare a rispondere ad alcune domande fondamentali.

Per esempio, volevo sapere qualcosa di più sul tipico consumatore di pornografia su Internet. È vero che tutti i miei connazionali di oggi utilizzano la rete per soddisfare le proprie fantasie sessuali, proprio come fanno gli adolescenti che si impossessano di una copia di *Playboy* o *Penthouse*, per esempio? Il comportamento di un maniaco della pornografia su Internet si può definire comune o « normale » e il partner lo dovrebbe semplicemente « accettare », o rappresenta qualcosa di molto più sinistro? In un crescente numero di casi ho visto uomini che amano guardare su Internet immagini di violenza sulle donne, immagini che provocano in loro un'eccitazione sessuale. Mi sono chiesto, questi individui vanno *tollerati* o vanno *curati*? Questi uomini costituiscono un'effettiva minaccia per le donne nella vita reale, e quindi andrebbero imprigionati? Casi del genere evidenziavano numerose questioni morali, etiche, professionali e persino criminologiche, e so che i miei colleghi e io abbiamo sentito l'urgenza di fornire risposte serie e persuasive.

Rinfrancato in particolare dalla metodologia di Kinsey, ho proseguito conducendo una serie « pilota » di interviste faccia a faccia, per accertarmi se le persone mi parlavano con sufficiente dettaglio del contenuto delle loro fantasie sessuali, e del ruolo che avevano nella loro vita. Ho deciso di non volere, né potere, in nessun caso intervistare uno dei miei pazienti, perché sottoporli a un colloquio di ricerca nel mezzo di un trattamento terapeutico in essere poteva causare una inutile interferenza. Lo psicoterapeuta esperto non impone mai al paziente cosa debba discutere in una data occasione, e l'eventuale interruzione di una seduta per sollecitare una formale intervista sulle fantasie sessuali avrebbe causato difficoltà indesiderate. Sapevo perciò di dover trovare un pubblico «vero», persone normali che non dovevano necessariamente avere avuto esperienze di psicoterapia, consulenza o altre forme di aiuto psicologico, in grado di parlarmi delle loro fantasie sessuali e aiutarmi a saperne di più sulle origini, la struttura e la funzione delle loro intime fantasie masturbatorie e coitali.

Ma dove avrei trovato persone del genere? Avevo qualche riserva sull'attaccare delle locandine in bacheca, o inserire annunci pubblicitari su giornali e riviste. Dopotutto, utilizzando sistemi del genere non avevo idea del genere di individui che avrebbero potuto presentarsi.

L'impulso mi venne fornito da un provvidenziale ricevimento. Mentre cenavo in compagnia di alcuni amici e colleghi, menzionai il mio progetto, osservando però di non essere andato molto oltre l'aver studiato minuziosamente la letteratura professionale pubblicata in materia e di averne discusso per anni e per esteso con i miei colleghi psicoterapeuti. Uno degli invitati – un dirigente televisivo che si era laureato in psicologia sperimentale e che aveva prodotto diversi documentari scientifici molto seri – disse che poteva essermi d'aiuto. Dopo una serie di incontri, il dirigente stanziò un piccolo finanziamento che mi permise di offrire un gettone di presenza a una selezione di uomini e donne scelti a caso per partecipare alle mie interviste pilota. Il dirigente televisivo non mise a disposizione la somma per mera bontà d'animo; in realtà sperava molto che la ricerca si dimostrasse sufficientemente interessante da costituire la base di un documentario scientifico per la televisione. Quale privato professionista di psicoterapia, sapevo di aver bisogno dell'aiuto di una squadra di ricercatori e la prospettiva di collaborare con dei produttori di documentari televisivi in ambito scientifico mi sembrò una soluzione potenzialmente creativa al problema di condurre uno studio su larga scala.

Allo scopo di trovare dei volontari per l'intervista decisi che la cosa migliore era servirsi di una stimata società demoscopica nazionale (un'organizzazione che esamina le persone a scadenze regolari per accertare le loro opinioni su una varietà d'argomenti), che poteva aiutarmi a localizzare i soggetti più adatti. Scegliendo un'agenzia demoscopica mi sarei assicurato di poter accedere a un campione di uomini e donne scelto a caso in tutta la Gran Bretagna, ottenendo di conseguenza un insieme di risposte maggiormente rappresentativo.

Dopo avere interpellato un certo numero di società, decisi di collaborare con YouGov, un'organizzazione fondata nel 2000 e specializzata nel sondare le opinioni del grande pubblico sui partiti politici. YouGov spedisce un questionario a una selezione casuale di britannici adulti per calcolare quanti pensano di votare per i laburisti, quanti per i conservatori e quanti per i liberali democratici alle prossime elezioni nazionali, informazioni d'importanza capitale per i politici e per i loro consiglieri. YouGov fornisce dati estremamente affidabili, e in un ragguardevole numero di casi le sue previsioni finali si sono confermate la notte delle elezioni; i suoi risultati si sono dimostrati molto precisi nelle elezioni nazionali del 2001, nella competizione per la leadership del Partito Conservatore del 2001 e nelle elezioni del parlamento scozzese nel 2003, per non parlare di svariate elezioni distrettuali di Londra e molte altre. Il signor Nadhim Zahawi, condirettore generale di YouGov, capì subito il potenziale valore di un progetto di ricerca sulla fantasia sessuale, quindi insieme ai suoi colleghi decise di iniziare con me una collaborazione pluriennale.

Discuterò i risultati nei prossimi capitoli, ma non occorre dire che ogni singola intervista ha prodotto un'enorme quantità di informazioni molto affascinanti, che mi hanno aiutato a comprendere molto di più non soltanto le origini delle fantasie sessuali, ma anche il ruolo che esse svolgono nella nostra vita privata e nel nostro matrimonio o nella nostra relazione. Inoltre, a questo punto, è forse il caso di menzionare come nessuno degli intervistati sia sembrato in possesso di un particolare intuito sul significato nascosto o sulla causa delle proprie fantasie sessuali più intime. Ogni volta che facevo una domanda del tipo «Secondo lei perché si eccita così tanto all'idea di fare sesso con sua cognata invece che con Kate Moss, per esempio?», non ottenevo risposta. Praticamente nessuno dei partecipanti si era mai preoccupato né aveva riflettuto sulla natura della sua vita di fantasia, e quasi tutti rimanevano piuttosto sconcertati da questa domanda. Questo singolo dato mi fece capire come nel complesso le nostre fantasie sessuali restino una zona della mente non elaborata e non sintetizzata, che reclama una spiegazione.

Senza dubbio i risultati preliminari delle dieci interviste pilota si dimostrarono abbastanza interessanti da giustificare la raccolta di dati su scala più vasta. Dopotutto, le confessioni verbali di pochi volontari si potrebbero considerare come «auto-scelte» e quindi potenzialmente prevenute, di conseguenza se un ricercatore nel campo delle scienze sociali o comportamentali vuole ottenere dati che riflettano davvero la popolazione in generale, deve esaminare un numero di individui molto consistente e *scelto a caso* nell'intera nazione. Se avessi raccolto informazioni su dieci persone e soltanto dieci, si sarebbe trattato di dati magari molto interessanti nello studio di casi singoli, ma scarsamente rappresentativi dei cittadini britannici in generale. E se per puro caso i dieci intervistati fossero stati tutti sadomasochisti praticanti, o convertiti alla verginità o altro? In questo caso sarebbe irresponsabile per non dire pericoloso presentare delle conclusioni basate su dati così potenzialmente poco rappresentativi. Ma aumentando drasticamente la misura del campione fino a ottenere dati su migliaia di persone, le probabilità che si abbiano biografie sessuali identiche sono infinitesimali.

Utilizzando le risorse della folta squadra di scienziati, statisti e assistenti ricercatori assunta da YouGov, potevo accedere al loro ricchissimo panel di uomini e donne adulte di ogni età, credo religioso, classe sociale, inquadramento professionale, opinione politica e regione geografica, selezionato in tutto il paese. Il database dei membri del loro panel si è dimostrato proporzionalmente rappresentativo della popolazione britannica in generale. Mettiamo per esempio che ci siano 500 asiatiche lesbiche che vivono a Edimburgo, 1.000 asiatiche lesbiche a Glasgow e 2.000 a Manchester; per rappresentare in modo accurato il sottocampione delle asiatiche lesbiche, lo staff di ricercatori di YouGov recluterà un'asiatica lesbica di Edimburgo, 2 di Glasgow e 4 di Manchester, tutte proporzionalmente rappresentate per fungere quali membri stabili del panel. In altre parole, queste sette donne entreranno a far parte del panel di YouGov per rappresentare simbolicamente le circa 3.500 asiatiche lesbiche di quelle zone.

Ovviamente sarebbe del tutto impossibile spedire un questionario a tutti i circa 45 milioni di adulti della Gran Bretagna. Nessun computer sarebbe in grado di processare una tale quantità di dati in modo significativo. Di solito YouGov manda i questionari a circa 1.000 uomini e donne tratti dal suo database, e in quasi tutti i casi una tale selezione del panel viene considerata scientificamente rappresentativa.

Dopo lunghe discussioni, decisi di intraprendere anche un'indagine pilota computerizzata sulle fantasie sessuali britanniche. Coadiuvato da una squadra di colleghi ricercatori, progettai un questionario di ricerca in 52 punti che spedimmo a 3.617 adulti britannici che facevano parte del panel di YouGov, dei quali il 48% erano uomini e il 52% donne per riflettere le reali proporzioni dell'elettorato britannico.

Attraverso il questionario chiedevamo ai partecipanti di

rispondere in privato a una serie di domande, che variavano dalla natura e dalla frequenza delle loro fantasie sessuali a domande sulle loro origini familiari e la loro storia, inclusi eventuali trascorsi di abusi sessuali infantili. Da psicoterapeuta volevo sapere, in particolare, se l'intervistato poteva stabilire una connessione tra esperienze infantili di abuso e fantasie successive di abusi perpetrati su altri o subiti. Sapevo già dal lavoro di Nancy Friday e dalle ricerche di alcuni psicologi sperimentali che le fantasie sessuali legate all'abuso, definito come rigida disciplina o punizione fisica o come contatto sessuale inappropriato (sia nel caso di contatto coercitivo e indesiderato tra adulti, sia di contatto sessuale con bambini), sono ahimé fin troppo ben rappresentate nella popolazione.

I risultati preliminari delle interviste pilota e dell'indagine computerizzata pilota del Progetto di ricerca sulle fantasie sessuali britanniche mi aiutarono a fare alcune scoperte chiave:

- La grande maggioranza dei britannici adulti *fa effettivamente* delle fantasie, a dire il vero piuttosto spesso.
- Paradossalmente, tuttavia, quasi tutti gli adulti non rivelano mai a nessuno le loro fantasie, anche a causa del forte senso di vergogna e di colpa che implicano, dal momento che quasi tutte riguardano *qualcun altro rispetto al loro attuale partner di lunga data.*
- Molte fantasie includono immagini molto forti di sadismo, masochismo e altre forme di offesa. Se riuscissimo a mettere in pratica molte delle nostre fantasie più aggressive, *finiremmo in prigione.*
- Contrariamente a quanto si aspetterebbero i media, l'industria cinematografica e via dicendo, la percentuale di fantasie concernenti le cosiddette celebrità (personaggi dello spettacolo, dello sport e della politica) è sorprendentemente bassa. In quasi tutti i casi le nostre fantasie riguardano persone che conosciamo, o in molti casi per-

sone che «creiamo» nella nostra mente, in modo particolare per farle recitare nelle nostre rappresentazioni interiori di carattere spesso sovversivo, sadico o masochistico.

- Malgrado il diffuso timore di riferire le proprie fantasie sessuali al partner abituale, l'indagine preliminare ha rivelato che molte persone mostrano un grande interesse a discutere le loro fantasie sessuali con un professionista qualificato dell'igiene mentale, il che suggerisce un certo grado di curiosità o forse di preoccupazione circa il contenuto.

Il questionario preliminare non conteneva solo domande a risposta multipla, ma anche uno spazio vuoto dove i partecipanti potevano trascrivere nel maggiore dettaglio possibile la fantasia masturbatoria o coitale che più li eccitava sessualmente. Molte delle risposte scritte in questo spazio vuoto appaiono nei successivi capitoli di questo libro.

A questo punto non solo avevo accumulato i dati provenienti dalla mia ventennale esperienza clinica in campo psicoterapeutico, ma anche i risultati dei miei dieci colloqui di ricerca psicodiagnostica preliminare e le risposte alle 3.617 indagini computerizzate, complete di esaurienti informazioni sulla storia sessuale degli interpellati oltre ai resoconti dettagliati delle loro fantasie sessuali. Ma anche se i dati riguardanti circa 4.000 individui (il totale dei vari elementi sopra menzionati) costituivano già un complesso probatorio molto robusto, molto ricco e statisticamente molto significativo, io volevo avviare una *ricerca ancora più vasta*.

Ritenevo che per arrivare a un resoconto convincente sulla natura di un fenomeno così effimero e intangibile come la fantasia sessuale, avevo bisogno di esaminare il più ampio insieme di dati che potessi acquisire. Facendo seguito ai risultati dello studio pilota, proposi di avviare un'indagine nazionale su larga scala sulla psicologia delle fantasie sessuali, e con l'aiuto di un gruppo di consulenti formato da uno psicologo clinico, uno psicoterapeuta coniugale, uno psicoanalista, una squadra di psicoterapeuti, uno statistico, un epidemiologo specializzato in malattie sessualmente trasmesse e alcuni colleghi di discipline collegate, iniziai a raccogliere i fondi necessari per iniziare un lavoro di ricerca di così ampio respiro.

Per tutto il 2004, 2005 e 2006 mi misi ad accumulare un insieme di dati molto più vasto sulle fantasie sessuali degli adulti britannici. Grazie all'ulteriore collaborazione di YouGov, tra novembre e dicembre del 2004 spedii una versione riveduta e ampliata del mio questionario computerizzato a 52 punti su comportamento sessuale, igiene sessuale e fantasia sessuale ad altri 34.303 membri del panel, 15.000 dei quali risposero. Data la notevole lunghezza del questionario, che richiedeva in media tra i trenta e i sessanta minuti tra lettura e risposta, non tutti i 15.000 risposero per intero, qualunque ne fosse la ragione, ma 13.553 adulti lo fecero, rispondendo a ogni singolo argomento dei 52 previsti dal questionario e fornendomi così una straordinaria quantità di informazioni. Il testo completo delle domande è riportato nell'Appendice 2 del libro.

Le analisi statistiche dei dati di questo progetto di ricerca sono ricavate *esclusivamente* dai risultati dei questionari spediti ai membri del panel di YouGov, per garantire che il campione rimanga il più puro e rappresentativo possibile; quindi, tutte le percentuali o altre informazioni statistiche contenute in quest'opera si basano sull'insieme di dati primario fornito dai 13.553 principali intervistati; in un esiguo numero di casi, dove indicato, ho fatto dei paragoni con l'insieme dei dati pilota ricavati dai primi 3.617 interpellati. Le descrizioni o le storie di casi più lunghe di cui tratterò in seguito derivano principalmente dai colloqui clinici psicodiagnostici confidenziali. In considerazione del fatto che molti progetti di ricerca sulla fantasia sessuale si sono basati su campioni di poche *centinaia* di individui, il Progetto di ricerca sulle fantasie sessuali britanniche può vantare una molto più alta rappresentatività statistica della popolazione britannica in generale; per quanto sia a mia conoscenza, nel momento in cui scrivo, questo studio costituisce la più vasta indagine mai pubblicata sulla psicologia delle fantasie sessuali di adulti di entrambi i sessi.

Seconda parte

La psicologia delle fantasie sessuali

«Se ne venissimo a conoscenza resteremmo inorriditi dal loro contenuto, dalla loro sfrenatezza e dalla stessa possibilità che esistano davvero».

Sigmund Freud sui nostri sogni segreti,
I miei rapporti con Josef Popper-Lynkeus

3. I risultati della ricerca

Tabella 1

Distribuzione dell'orientamento sessuale nell'odierna Gran Bretagna

Orientamento	Percentuale totale	Uomini	Donne
Eterosessuale	91%	89%	94%
Omosessuale	3%	5%	2%
Bisessuale	4%	4%	3%
Incerto	1%	1%	1%

Tabella 2

Frequenza dei rapporti sessuali nell'odierna Gran Bretagna

Frequenza sessuale	Percentuale totale	Uomini	Donne
Mai	2%	3%	2%
Non al momento	16%	12%	19%
Meno di una volta l'anno	2%	2%	2%
Una volta l'anno	1%	1%	1%
A distanza di qualche mese	11%	12%	11%
Una volta al mese	8%	9%	8%
Ogni quindici giorni	10%	11%	10%
Una volta la settimana	13%	14%	12%
Due volte la settimana	13%	14%	13%
Tre volte la settimana	10%	10%	10%
Quattro o cinque volte la settimana	7%	7%	7%
Tutti i giorni	1%	1%	1%
Più di una volta al giorno	1%	1%	1%
Preferisce non rispondere	3%	3%	3%

Tabella 3

Frequenza della masturbazione nell'odierna Gran Bretagna

Frequenza masturbatoria	Percentuale totale	Uomini	Donne
Mai	8%	2%	13%
Non al momento	12%	10%	14%
Meno di una volta l'anno	2%	1%	2%
Una volta l'anno	1%	1%	2%
A distanza di qualche mese	17%	12%	22%
Ogni quindici giorni	10%	9%	12%
Una volta la settimana	14%	15%	12%
Due o tre volte la settimana	17%	22%	13%
Quattro o cinque volte la settimana	8%	12%	4%
Una volta al giorno	5%	8%	2%
Due volte al giorno	2%	3%	1%
Tre o più volte al giorno	1%	1%	0%
Preferisce non rispondere	4%	3%	5%

Tabella 4

Frequenza dei contatti extraconiugali nell'odierna Gran Bretagna

Frequenza dell'attività	Percentuale totale	Uomini	Donne
Bacio extraconiugale	36%	42%	31%
Carezze extraconiugali	25%	34%	17%
Sesso orale extraconiugale	18%	25%	11%
Sesso vaginale extraconiugale	24%	28%	20%
Sesso anale extraconiugale	5%	8%	2%
Preferisce non rispondere	3%	3%	3%

Tabella 5

Frequenza d'uso della pornografia nell'odierna Gran Bretagna

Scelta pornografica	Percentuale totale	Uomini	Donne
Almeno una volta nella vita	73%*	87%	56%
Videocassette o DVD	54%	65%	42%
Riviste soft-core	36%	50%	21%
Riviste hard-core	17%	27%	7%
Letteratura erotica	30%	32%	28%
Immagini da Internet	32%	53%	11%
Video da Internet	26%	43%	8%
Sex-line telefoniche	4%	7%	2%
Spogliarelli dal vivo	6%	10%	1%
Lap-dance o table-dance	5%	10%	1%
Altri tipi di pornografia	2%	2%	2%
Preferisce non rispondere	2%	2%	2%

* Queste cifre rappresentano la percentuale *minima* di chi ha utilizzato la pornografia almeno una volta nella vita tra gli adulti britannici. Dato che il 2% tanto degli uomini quanto delle donne ha scelto l'opzione « preferisco non rispondere », non si può sapere per certo se queste persone utilizzino attualmente materiale pornografico o se l'abbiano mai fatto. In particolare, queste persone non hanno scelto l'opzione pur disponibile che diceva « non uso/non ho mai usato pornografia »; quindi, è lecito presumere che almeno qualcuno, se non molti o addirittura tutti coloro che hanno scelto « preferisco non rispondere », a un certo punto della loro vita abbiano utilizzato materiale pornografico. Forse, a dispetto dell'anonimato che la ricerca garantiva, temevano comunque di subire un danno alla loro privacy o alla loro riservatezza se avessero ammesso on line di avere utilizzato pornografia. Di conseguenza, le cifre relative all'utilizzo della pornografia almeno una volta nella vita *potrebbero* arrivare all'89% tra gli uomini e al 58% tra le donne.

Tabella 6

Frequenza dell'orgasmo durante il rapporto sessuale con un partner

Frequenza dell'orgasmo	Percentuale totale	Uomini	Donne
Ogni volta	50%	71%	28%
Più della metà delle volte	24%	18%	30%
Circa la metà delle volte	8%	3%	13%
Meno della metà delle volte	9%	2%	16%
Mai	5%	2%	8%
Preferisce non rispondere	5%	4%	6%

Tabella 7

Ricordi di contatto sessuale indesiderato

Contatto sessuale indesiderato	Percentuale totale	Uomini	Donne
A 16 anni o più	18%	8%	27%
A meno di 16 anni	7%	4%	9%
Non lo sa	1%	1%	1%
Preferisce non rispondere	1%	0%	1%

Tabella 8

Scomposizione sull'età del primo episodio di contatto sessuale indesiderato

Età del primo episodio di abuso	Percentuale totale*	Uomini	Donne
Tra 0 e 5 anni	4%	1%	5%
Tra 6 e 9 anni	16%	19%	15%
Tra 10 e 12 anni	22%	30%	18%
Tra 13 e 15 anni	56%	48%	59%
Non lo sa	1%	2%	1%
Preferisce non rispondere	1%	0%	2%

* Queste cifre non si riferiscono alla proporzione sull'intero campione, ma di quella parte del campione che ricordava esperienze di contatto sessuale indesiderato.

Tabella 9

Insieme dei ricordi di tutti i tipi di abuso (fisico, sessuale ed emotivo)

Età dell'abuso o degli abusi	Percentuale totale	Uomini	Donne
A 16 anni o più	13%	4%	21%
A meno di 16 anni	18%	14%	21%
Non lo sa	2%	1%	2%
Preferisce non rispondere	1%	1%	1%

Tabella 10

Scomposizione sull'età del primo episodio di abuso fisico, sessuale o emotivo

Età del primo episodio di abuso	Percentuale totale	Uomini	Donne
Tra 0 e 5 anni	11%	7%	13%
Tra 6 e 9 anni	32%	31%	32%
Tra 10 e 12 anni	27%	29%	26%
Tra 13 e 15 anni	27%	30%	26%
Non lo sa	3%	2%	3%
Preferisce non rispondere	1%	0%	1%

4. Un'introduzione alla psicologia delle funzioni sessuali

> «Mia moglie ha detto che la sua fantasia sessuale più sfrenata sarebbe che mi prendessi un appartamento per conto mio».
>
> Rodney Dangerfield

Nelle pagine che seguono esploreremo il funzionamento interno delle nostre fantasie sessuali, cercando di rispondere ad alcune delle questioni fondamentali poste nel primo capitolo. Prima di studiare più a fondo la psicologia nascosta delle nostre fantasie sessuali (le segrete impronte digitali psicologiche della nostra mente) iniziamo a familiarizzare con l'enorme vastità e varietà delle fantasie sessuali britanniche contemporanee, ricavate principalmente dall'indagine computerizzata del Progetto di ricerca sulle fantasie sessuali britanniche e dai miei colloqui psicodiagnostici faccia a faccia con i volontari partecipanti alla ricerca. Ho incluso inoltre un piccolo numero di fantasie addizionali, ottenute da un sito web che ho aperto all'esplicito scopo di ricavare ulteriori fantasie. In ogni singolo caso ho cambiato i nomi degli autori delle fantasie, sicuramente di quelli che hanno partecipato ai colloqui psicodiagnostici. Quanto ai numerosi uomini e donne che hanno condiviso le loro fantasie attraverso l'indagine computerizzata, non ho mai saputo i loro nomi fin dal principio.

Un'Arca di Noè di fantasie sessuali

AARON
Restare bloccato su un'isola deserta con la bionda dei miei sogni.

BEATRICE
Incontrare uno sconosciuto bello e ricco che mi porta in un ristorante elegante per una serata molto romantica, che concludiamo facendo l'amore appassionatamente. Provo orgasmi multipli. Poi, nella sua splendida camera da letto appare un gruppo di uomini altrettanto belli. All'inizio dico «non faccio l'amore di gruppo», ma a quel punto uno mi tiene aperte le gambe, un altro mi blocca le braccia mentre un terzo mi lecca e succhia i seni e poi il clitoride, quindi mi infila ripetutamente la lingua nella vagina finché non gli urlo di penetrarmi. A questo punto faccio sesso freneticamente con ognuno di loro, iniziando tutte le volte con la mia immobilizzazione. (Mi sto eccitando mentre lo scrivo.)

CATALINA
Sesso anale con un vicino di casa.

DUNCAN
Fare un pompino a Robbie Williams.

EVERETT
Mi piace immaginare di essere un dottore che dirige un ospedale-prigione e spoglia i pazienti per esaminarli.

FREDDIE
Mi immagino un gruppo di cacciatori vecchio stile che si imbatte in mezzo al bosco in una ragazza di circa sedici anni. Dopo aver chiacchierato un po' con lei e ottenuto la sua fiducia, tutti gli uomini se ne vanno tranne uno, che inizia a

baciarla e carezzarla. Una volta che anche lei è consenziente lui la fa stendere su un tronco d'albero. Mentre lui la bacia gli altri ritornano, e lei è così rapita da non accorgersi che ognuno dei suoi seni è carezzato da un uomo diverso, che altri due le stanno carezzando le gambe e che i restanti la stanno a guardare. Piano piano le sue gambe vengono divaricate e un altro uomo ancora inizia a leccarle la vagina. Naturalmente lei diventa sempre più eccitata e inizia a dimenarsi, e a questo punto gli uomini tirano fuori diversi oggetti. Iniziando con una banana, quindi un cetriolo e una piccola mazza, gli uomini finiscono per penetrarla sia davanti che dietro, dal pene più piccolo fino a quello di un tizio enorme. La ragazza viene girata a novanta gradi e tutti ne approfittano.

GARETH
Un gioco a tre con due donne.

HORTENSIA
Fare sesso nella doccia con un perfetto sconosciuto incontrato quel giorno.

ISABELLE
Mi piace fantasticare di stare con un uomo favoloso che adora me e il mio corpo, e fa qualsiasi cosa gli chieda. Non sono molto eccentrica e quindi la cosa non è particolarmente eccitante, ma lui fa l'amore con me per ore ed è estremamente attento a ogni mio bisogno.

JEREMIAH
Mi faccio schiavizzare da un partner dell'altro sesso prima di fare sesso con quella persona.

KAREN
Non voglio rispondere.

LEILA
Non ho alcuna fantasia.

MELCHIOR
Stare su una barca con un sacco di donne dai grossi seni.

NANDO
Mi masturbo sul letto, e altri uomini che mi vedono dalla finestra trovano la cosa talmente eccitante da doversi masturbare anche loro.

ORA
Il mio partner mi chiede di mostrare a un suo amico come far venire una donna facendolo assistere mentre io mi masturbo. Mi sdraio nuda sul letto e inizio ad accarezzarmi. Lui fa entrare il suo amico, il quale mi guarda per un po' e quindi inizia a fare sesso orale su di me mentre il mio partner guarda. Finisco per fare sesso con l'amico mentre il mio partner continua a guardare.

PEDRO
Sono un valletto di Buckingham Palace, e un giorno mi viene ordinato di condurre due giovani e belle cameriere nella Sala del Trono, dove il principe William e il principe Henry stanno aspettando. I principi mi ordinano di far piegare le giovani donne sul trono, quindi di sollevare i loro gonnellini neri e abbassargli le mutandine di pizzo, in modo da poter vedere da sotto le gambe le loro vagine. A questo punto devo sbottonare i pantaloni dei principi e masturbarli entrambi fino a portarli all'erezione, uno per mano. Il principe William mi dice: « grazie Pedro per il tuo leale servizio alla Corona ». Lui e Harry infilano i loro peni frementi nelle vagine delle domestiche, poi escono e si scambiano di posto. Riesco a vedere gli umori vaginali sull'uccello dei principi. Ben presto sborrano nella fica delle ragazze. Per tutto il tempo sono rimasto a masturbarmi in un angolo

della Sala del Trono, tanto che la mia costosa livrea è coperta di macchie di seme, con grande fastidio del Lord Ciambellano e della Regina. I principi mi fanno giurare di mantenere il segreto, quindi non posso raccontarlo alle loro fidanzate.

QUENTIN
Alla mia età i pensieri sessuali non si manifestano.

Prese a caso dal mio campione di circa 19.000 anonime fantasie sessuali britanniche contemporanee, abbiamo qui una pletora di risposte, una vera e propria Arca di Noè di idee private che ci assisteranno mentre iniziamo il nostro viaggio nel terreno relativamente inesplorato dei pensieri sessuali segreti. La grande maggioranza degli interpellati da YouGov, scelti a caso tra i cittadini britannici dell'intera nazione, rispose positivamente alla mia richiesta di descrivere il più dettagliatamente possibile la fantasia sessuale da loro ritenuta più eccitante in assoluto.

Nella mia ricerca ho intervistato un discreto numero di individui che hanno sostenuto di non avere mai avuto fantasie sessuali per anni e anni, finché una qualche esperienza scatenante (in alcuni casi la lettura di un libro sulle pratiche sessuali) ne ha facilitato il riemergere allo stato conscio. Ho inoltre scoperto che alcune persone non riferiscono alcuna fantasia all'inizio della psicoterapia, ma lo fanno quando la cura è in corso, dopo aver capito che a differenza dei loro spesso rigidi genitori il terapeuta non ne rimane scioccato.

Nel leggere con attenzione il testo delle fantasie sopra menzionate, non solo notiamo l'estrema varietà dei contenuti rappresentati, che rivela una gran vastità di pensieri sessuali segreti, ma ci accorgiamo inoltre di una straordinaria eterogeneità in termini di stile. Alcune persone si sono date un gran daffare nel trasmettere i loro pensieri sessuali con dovizia di dettagli, utilizzando un linguaggio molto vivido, come nel caso di Spencer, il marito infedele che matura un'ossessione per «la bellissima vagina di Anna, coperta da uno splendido e ben curato boschetto di pelo pubico». Decisamente più guardingo resta invece Oscar, che si limita a rivelare di eccitarsi con una «fantasia vampiresca» senza precisare se sia lui a infilarsi il mantello di Bela Lugosi e succhiare il sangue dal collo di giovani vergini, oppure se desideri che un personaggio dai denti affilati assaggi il *suo*.

Sulla base di questi racconti, sembra che alcuni di noi vogliano farsi incatenare, penetrare, esibire, umiliare, colpire e sedurre come Tarquin, che sogna di essere sculacciato, legato e penetrato analmente. Più o meno la stessa vena di Ignacio, che vuole legare la sua ragazza tra due alberi in un luogo pubblico, prima di penetrarne ogni orifizio. Ma altri sembrano accontentarsi di scene più naturali e romantiche. Basta poco a soddisfare Gloria, che sorride alla semplice vista del marito in giacca e cravatta, mentre Victor si accontenta di un grosso clitoride. Altri ancora sono esigenti come Joanna, che nei panni di una regista cinematografica allestisce una vera e propria scena che include il fratello minore Wesley e alcuni suoi amici adolescenti ubriachi. Joanna immagina di spogliare i ragazzi in modo che la possano penetrare, il che fa parte di una fantasia che comprende un rapporto incestuoso con il suo stesso fratello.

Non si può fare a meno di chiedersi se le fantasie sopra menzionate siano le farneticazioni di persone sessualmente disturbate oppure, come credo, rappresentino l'ampia gamma di fantasie nutrite da *normali* cittadini in tutto il paese. Scopriremo comunque che molto spesso anche le persone più semplici e «normali» nutrono fantasie complesse, e che molti ingredienti di queste fantasie appaiono sconcertanti e magari contrari alla presunta logica della vita quotidiana. Perché, per esempio, Patricia si eccita così tanto all'idea che il suo partner sia costretto a masturbarsi di fronte a Margaret Thatcher e a Sua Maestà la regina? Una fantasia del genere verrebbe da molti giudicata stravagante, per non dire altro. E perché un uomo dovrebbe desiderare di farsi femminilizzare? Eppure Edoardo desidera ardentemente essere trattato come una « lei » e fungere da servitore sessuale. Il campo delle fantasie sessuali solleva diverse questioni non soltanto su ciò che avviene nella mente dei nostri amici, dei nostri vicini e dei nostri cari, ma anche su ciò che costituisce in concreto una « normale » fantasia sessuale.

A prescindere dalla relativa normalità o anormalità delle fantasie di ciascuno, quelle degli adulti sembrano riguardare in larga maggioranza persone diverse dai rispettivi mariti e mogli, o fidanzati e fidanzate. In altre parole, nelle loro fantasie quasi tutti i cittadini britannici « tradiscono », che sia con uno sconosciuto al parco o con Margaret Thatcher e la regina, stabilendo quella che ho già definito una *relazione intraconiugale*, una sorta di relazione extraconiugale che si manifesta tra le pareti relativamente sicure della propria mente. Quasi tutti gli esseri umani non hanno mai condiviso i contenuti delle proprie relazioni intraconiugali, almeno fino adesso.

Molti di noi vanno al cinema con discreta regolarità, acquistando biglietti sempre più cari, cestini di popcorn imburrati e bibite gassate; a seconda del nostro livello di cinefilia possiamo andare al cinema con le nostre famiglie una volta al mese, o magari alla settimana. Ma che si tratti del cinema Odeon di Leicester Square a Londra o di una multisala nel centro di Birmingham, ciascuno di noi frequenta un altro cinema o teatro con assiduità di gran lunga superiore: il cinema segreto delle nostre menti. Secondo « Roy », uno dei partecipanti al mio progetto di ricerca, quando si fanno delle fantasie « è un po' come girare un film nella propria testa; sei tu il regista, sei tu a scrivere la sceneggiatura e a scegliere il cast, e sei tu a decidere chi sarà il protagonista di quel film di tua produzione ».

Roy ha perfettamente ragione. Di sicuro vi ricordate di Jasper, il giovane banchiere della City che si masturba davanti alle immagini di Helga e Ulla, le sue prosperose pugili tedesche. Si potrebbe senz'altro sostenere che Jasper meriti un ingaggio come regista onorario di cinema o teatro, considerata la sua attenzione nel controllare le luci e il livello dell'audio, nell'allestire gli arredi e così via, con particolare attenzione alla scelta del cast. Jasper prepara la scena della sua relazione notturna intraconiugale masturbatoria con la stessa cura che un bravo regista dedicherebbe alla realizzazione di un film. Tuttavia, a differenza di Federico Fellini o Steven Spielberg, i quali senza dubbio gradirebbero molto che milioni di persone assistessero alla proiezione delle loro opere, la maggior parte di noi si sentirebbe del tutto umiliata se qualcuno facesse un salto per dare un'occhiata ai film privati delle nostre menti, dove l'ingresso è libero e dove senza alcuna censura o restrizione possiamo accogliere esplicitamente i contenuti dei nostri pensieri e delle nostre emozioni più nascoste.

Aizzare la fantasia

Prima di procedere oltre nella nostra analisi della psicologia segreta delle fantasie sessuali, immergiamoci più a fondo nel materiale raccolto, lasciando che le fantasie parlino da sole. Quanto più ci si abitua al linguaggio delle fantasie sessuali e ai loro contenuti, tanto maggiore sarà il grado di obiettività al momento di analizzarne e valutarne il significato. Leggendo per la prima volta le fantasie private di altre persone, molti individui si eccitano sessualmente oppure reagiscono con imbarazzo; alcuni provano turbamento, altri ripugnanza, altri ancora shock e agitazione e alcuni disinteresse. C'è anche chi reputa simili fantasie il prodotto di menti disturbate. Ciascuna di queste reazioni dipende dal nostro livello di maturità, dal nostro vissuto sessuale e in generale dal nostro modo di pensare. Ma nel leggere le fantasie che seguiranno, vi prego di concentrarvi non solo sul linguaggio e sul contenuto, ma anche sulla reazione emotiva che si accende dentro di voi, perché questo può fornire un indizio circa il significato nascosto della fantasia. Se ogni fantasia presente in questo libro vi sconvolge, per esempio, è ragionevole presumere che siate cresciuti in un ambiente familiare molto restrittivo, e che i vostri genitori considerassero il gioco e l'immaginazione elementi pericolosi. Se invece trovate alcune di queste fantasie sessualmente eccitanti, e soltanto poche davvero ripugnanti, può darsi che siate dotati di una struttura psicologica più tollerante. Per quanto riguarda le fantasie che producono una reazione di disgusto o repulsione, sarebbe fin troppo superficiale liquidarle come i deliri di un folle o di un maniaco sessuale. Forse, nel suo inconscio, la persona che ha messo per iscritto la fantasia che vi disgusta *desiderava* provocare il disgusto degli altri, come mezzo per verificare la propria capacità di essere amato. Forse quella persona voleva indurre una sensazione di shock in qualcun altro allo scopo di rivivere un avvenimento precedente, nel quale essa stessa aveva provato un forte sconvolgimento in relazione a un qualche episodio sessuale vissuto nell'infanzia. Analizzeremo queste reazioni a tempo debito, ma nel frattempo dovete cercare di monitorare il vostro personale repertorio di reazioni.

Toccarsi i genitali mentre si orina

Alcuni degli interpellati hanno rifiutato di partecipare. Norma ha preferito non rispondere, Samuel ci ha rimbrottato, «Non penso proprio!», Xeno ha sostenuto di non avere fantasie mentre Yvonne sembra averne ma ha scelto di tenerle per lei. Zara ha risposto enigmaticamente «N/A», Non Applicabile. Oliver infine, che pure ha delle fantasie, ha insistito di non averne nessuna in particolare che davvero lo ecciti. Perciò, a dispetto del flusso continuo di fantasie più dettagliate e ad alto tasso erotico, continuiamo a incontrare molti individui che faticano a esprimerle anche solo a parole. A quanto risulta dal mio progetto di ricerca, il 10% circa di adulti britannici ha risposto di non avere mai fantasie. È difficile capire cosa fare di questo dato, specialmente se si considera che il resto della popolazione adulta ne nutre di molto ricche e affascinanti, in molti casi di natura assai dettagliata.

Come ho già osservato, nel corso degli anni ho conosciuto un discreto numero di individui che all'inizio della loro psicoterapia mi dicono di non avere fantasie, ma che dopo qualche anno di cura, una volta abituatisi a parlare regolarmente della loro vita privata, iniziano improvvisamente a diventare più fiduciosi e più tranquilli; a quel punto, con mia grande sorpresa, iniziano timidamente a riferire che sì... effettivamente... qualche volta... quando fanno sesso o si masturbano nella loro mente si fa viva una fantasia. Inoltre, nel corso dei miei colloqui psicodiagnostici di cinque ore con i partecipanti al progetto di ricerca, ho conosciuto un ristretto numero di individui (casualmente tutte donne) che all'inizio della lunga intervista insistevano di non avere mai avuto fantasie. Dopo cinque ore passate insieme, tuttavia, queste donne finivano per rilassarsi un po' e iniziavano a riferire il contenuto della loro immaginazione erotica.

A questo punto mi sono chiesto perché tutti gli uomini da me intervistati confessavano subito le loro fantasie, mentre *alcune* donne faticavano a rivelare le proprie? Può darsi che alcune delle partecipanti femminili al progetto di ricerca avessero dei problemi a confessarsi di fronte a un intervistatore *maschio*. Vista la mia necessità di assimilare tutti i dati in modo molto approfondito, nel condurre le interviste non avevo cercato l'aiuto di alcuna collega donna. Forse per alcune donne risulta fin troppo rivelatore riferire le proprie fantasie sessuali a un uomo, così come alcune di loro preferiscono rivolgersi a ginecologi di sesso femminile. Ma anche se la presenza di uno psicoterapeuta maschio può avere inibito qualche donna, questo non spiega come mai nella ricerca computerizzata la percentuale di donne che ha sostenuto di non avere fantasie (il 16%) sia maggiore di quella degli uomini (il 4%). Tutti i partecipanti alla ricerca compresi in quest'ultimo campione, infatti, rispondevano alle domande nella privacy delle loro case o dei loro uffici, in assenza di qualsiasi intervistatore maschio o femmina.

Sulla base della mia esperienza clinica, sono giunto a ipotizzare che uomini e donne abbiano fantasie in eguale misura, ma che persino all'alba del ventunesimo secolo le donne provino un senso di vergogna nettamente superiore nel *raccontarle*. Come mai? Forse è ancora Sigmund Freud che può venirci in aiuto. Nel 1925, Freud scrisse un saggio diventato un classico nel quale sosteneva che le nostre basilari doti anatomiche costituiscono le fondamenta del nostro successivo sviluppo sessuale. Mentre i genitali maschili sono immediatamente visibili, sporgendo e penzolando in mezzo alle gambe, quelli femminili rimangono più interni e nascosti. Basandomi sull'osservazione di Freud, mi sono reso conto che queste differenze possono influenzare la nostra facilità nel parlare delle nostre fantasie sessuali, gran parte delle quali si manifestano durante l'attività masturbatoria.

Nel corso degli anni sono anche arrivato a chiedermi se i nostri diversi sistemi di orinazione (attività che quasi tutti noi svolgiamo per necessità più frequentemente della masturbazione) possano avere un impatto sulla nostra propensione a fare delle fantasie e a condividerle. Gli uomini stanno quasi sempre in piedi quando orinano, in particolare nei bagni pubblici, e nel farlo si toccano il pene per controllare il flusso di orina. Le donne invece mingono generalmente in posizione seduta, e in quasi tutte le circostanze non hanno alcun motivo di toccarsi i genitali con le dita. Di conseguenza, se si escludono eventuali attività masturbatorie o insaponamenti sotto la doccia, quasi tutti gli uomini raggiungono la maturità provando abitualmente l'esperienza normativa di toccarsi i genitali diverse volte al giorno e tutti i giorni dell'anno, mentre le donne no. È del tutto plausibile che la maggiore visibilità e disponibilità del membro maschile consenta agli uomini di sviluppare una più diffusa familiarità con i propri genitali in un numero maggiore di occasioni, e che questo contribuisca a diminuire il tasso di vergogna.

Naturalmente, ci sono uomini che detestano i loro genitali; in particolare i transessuali di sesso maschile, che vorrebbero farsi rimuovere il pene chirurgicamente. E ci sono diverse donne che traggono invece molto piacere nel vedere e nel toccare la loro vagina, il clitoride o le labbra, per esempio. Di certo, quindi, non è il caso di generalizzare; tuttavia, pensando alla riluttanza di Norma, Yvonne e Zara a condividere le loro fantasie, non posso fare a meno di chiedermi se queste donne provengano da famiglie sessualmente repressive, se davvero non abbiano fantasie oppure se in effetti *le abbiano* ma non possano sopportare di condividerle per un qualche senso di vergogna, magari di natura corporale.

E che dire di Samuel e Xeno? Alla domanda se avessero delle fantasie il primo ci ha risposto in modo chiaro e netto «Non penso proprio!», mentre il secondo ha insistito di non averne alcuna. Possiamo accusare Xeno di essere un bugiardo? È possibile che Samuel si vergogni delle sue fantasie? E se è così, quali pensieri può mai albergare nella sua mente in grado di causargli un tale senso di angoscia interiore? Non avendo intervistato di persona nessuno dei due, non lo sapremo mai. Se li ho citati è per testimoniare come uomini e donne lottino entrambi con le loro fantasie, e come in determinate circostanze i membri di ciascun sesso rifiutino di condividere le loro fantasie, oppure affermino di non averne affatto.

Nell'epoca precedente alla Seconda guerra mondiale, *prima* che Alfred Kinsey e i suoi colleghi pubblicassero il loro studio su *Il comportamento sessuale nel maschio umano*, pochissime persone avrebbero ammesso di praticare la masturbazione, perché il solo fatto di masturbarsi riempiva di vergogna e di paura; vergogna di non avere un partner o vergogna di preferire l'autoerotismo al rapporto con un partner, e paura al pensiero di commettere un peccato, o di rischiare di diventare cieco, o pazzo, o di farsi crescere i peli sul palmo delle mani. Ma nel 1948, dopo che Kinsey ebbe rivelato che praticamente ogni singolo maschio adulto si dedicava alla masturbazione, il tabù iniziò a dileguarsi, e oggi nessuno rimarrebbe sconvolto nello scoprire che il partner, gli amici, i vicini e i familiari praticano un'attività masturbatoria. Credo che un simile processo di de-stigmatizzazione abbia iniziato a manifestarsi in seguito alla pubblicazione nel 1973 del libro *Il mio giardino segreto*, l'opera pionieristica di Nancy Friday; ma a dispetto del lavoro della signora Friday, molti di noi continuano a patire la vergogna di avere prodotto nella loro mente questi scenari sessuali, gran parte dei quali *non riguardano* i nostri abituali partner coniugali. Alla luce di tutto ciò non può certo stupire che alcune persone continuino a dimostrarsi molto impacciate di fronte alla richiesta di riferire le proprie fantasie sessuali più intime, anche nel contesto di un progetto di ricerca clinica del tutto confidenziale nel quale è stato garantito ai partecipanti il più assoluto anonimato.

Il piacere del dolore e altri atteggiamenti masochistici

È ovvio che Norma, Oliver, Samuel, Xeno, Yvonne e Zara (le persone che hanno rifiutato di condividere le loro fantasie o che hanno affermato di non averne) rappresentano la minoranza. Quasi tutti gli interpellati hanno presentato le loro fantasie senza grandi restrizioni o inibizioni, alcuni in modo succinto e altri molto più nel dettaglio. Che cos'altro possiamo dedurre dalle letture di alcune delle fantasie riportate in precedenza? Alcune si potrebbero definire generose. Verena, per esempio, ha descritto così la sua: « Il mio partner che gode sessualmente nei modi più diversi ». È evidente che questa donna ama l'idea che il suo partner ottenga un piacere sessuale. Questo fatto può indicare che Verena è una persona dolcissima preoccupata di soddisfare i bisogni del suo amato, oppure la fantasia di Verena può essere la spia di una posizione sessualmente più *masochistica*: in altre parole, può darsi che Verena tenda ad avere una bassissima considerazione di sé e reputi di non avere diritto al piacere sessuale. Forse Verena è una di quelle donne che hanno sacrificato la loro vita e la loro individualità a quella del loro partner maschile, anteponendo il volere di lui in ogni situazione compresa la camera da letto. Anche in questo caso non conosciamo l'intera storia, perché non ho intervistato Verena di persona, ma sulla base delle molte persone che ho intervistato o con le quali ho lavorato in profondità, posso dirvi che nessuna fantasia sessuale, per quanto apparentemente lineare, può mai essere valutata semplicemente per quello che sembra. Quando Verena ci informa che la sua fantasia riguarda «il mio partner che gode sessualmente nei modi più diversi», dobbiamo chiederci se davvero Verena è un personaggio altruistico tipo Madre Teresa oppure se masochisticamente si nega ogni piacere, come le proverbiali «donne che amano troppo». In seguito a questa rinuncia sessuale, può anche darsi che Verena finisca per *odiare* quel partner il cui piacere lei antepone al proprio. Naturalmente ci si può divertire con ogni sorta di ipotesi circa il significato nascosto delle fantasie sessuali altrui; a volte ci si può sbagliare di grosso, ma quando le si studiano a migliaia, si sviluppa una crescente comprensione dei sottintesi più nascosti di una fantasia apparentemente ovvia.

L'attitudine di Verena a tenersi in disparte in un modo che si può ragionevolmente definire masochistico e autosvalutante può sfuggire a un occhio inesperto; ma nel caso di Marguerita il masochismo della fantasia risulta molto più evidente. Marguerita ha raccontato di trovarsi «su un'isola completamente denudata, bendata e incatenata, con il mio partner che mi tratta senza alcuna pietà». Anche se questa particolare fantasia può eccitare sessualmente molte lettrici e allo stesso tempo molti lettori (permettendoci di identificarci sia con Marguerita sia con il suo partner), ci si chiede perché questa donna ami ritrovarsi indifesa, nuda, in catene, con tanto di benda sugli occhi e soggetta ai capricci del suo amante. Dobbiamo presumere che Marguerita sia una donna estremamente creativa, generosa e curiosa di fare nuove esperienze, e quindi libera dai vincoli del tipico rapporto sessuale borghese a mero scopo riproduttivo? Oppure ci sono altri motivi dietro al suo masochismo?

Spesso le persone che riferiscono fantasie masochistiche, come l'esperienza di venire legati e maltrattati da qualcun altro, hanno subìto abusi sessuali in età precoce. Immaginandosi uno scenario di abuso nella vita adulta riescono a *ri-orchestrare* l'antica esperienza sessuale trasformandola in qualcosa di piacevole, un fenomeno che gli psicoterapeuti e gli psicoanalisti definiscono *erotizzazione del trauma.* Ancora una volta, non sappiamo se Marguerita abbia subìto un precedente abuso sessuale durante il quale qualcuno l'abbia effettivamente incatenata e trattata spietatamente, ma ci sono forti probabilità che sia davvero così.

Dal mio progetto di ricerca sappiamo che diversi milioni di persone hanno fantasie sessuali di natura masochistica; secondo una stima prudenziale sono pari al 30% circa della popolazione adulta, vale a dire 13.500.000 persone. Appare improbabile, tuttavia, che ogni singolo masochista abbia subìto un grave abuso sessuale nella prima infanzia. Come spieghiamo allora l'eccezionale proliferazione di fantasie sessuali masochistiche? Fantasie di questo genere possono derivare da abusi subiti in età infantile, ma nella mia esperienza clinica posso dire che diversi individui si abbandonano a fantasie masochistiche per proteggere se stessi e le loro menti dal pericolo di indulgere a ben più allarmanti fantasie *sadiche.* Gli psicoanalisti sanno da tempo che quando si ha in terapia un masochista sessuale, prima o poi dalla bocca del paziente scaturirà un'enorme quantità di rabbia omicida; in altre parole, sotto ogni masochista si nasconde un «sadico inconscio». I masochisti fanno di tutto per tenere sotto controllo i loro sentimenti aggressivi rivolgendo la loro rabbia *all'interno*, preferendo aggredire se stessi piuttosto che le loro mogli o i loro mariti, i loro ragazzi o le loro ragazze. Può darsi che se Marguerita si fosse sottoposta a una psicoterapia, il suo analista avrebbe scoperto un autentico ventre molle fatto di bile e vetriolo che lei non è mai riuscita a esprimere, trasformandolo in un'aggressione masochistica su se stessa per non lasciarsi andare a un attacco sadico potenzialmente assai più distruttivo nei confronti di qualcun altro.

Inoltre, a rendere le cose ancora più complicate, non solo non è necessario avere subìto un effettivo abuso fisico o sessuale per sviluppare una fantasia masochistica, ma avere fantasie di questo tipo non significa automaticamente che si stia lottando contro impulsi sadici. Molti uomini e donne hanno trascorso un'infanzia deprivante e svuotata, in seguito alla quale si *sentono* abusate o meritevoli di maltrattamento, di conseguenza è anche da queste fonti che può scaturire una fantasia masochistica.

Rendere sexy la morte

Altre due fantasie meritano un commento particolare, entrambe riguardanti un marito morto. Davida ha confessato di immaginarsi «il mio defunto marito che fa sesso con una bella donna forte di petto», e in modo simile Petrina ha scritto di «fare delle fantasie sul mio defunto partner, che è ancora vivo e con il quale faccio del sesso sfrenato dappertutto, nascosti in un grande magazzino, nel bagagliaio dell'auto, davvero dappertutto». Non occorre essere uno psicoanalista per capire che entrambi questi racconti confermano l'originale ipotesi di Sigmund Freud che la fantasia ci assiste nella realizzazione di un *desiderio*. Sia Davida che Petrina sono riuscite a servirsi della loro mente per riportare in vita i loro mariti morti. Il marito da Davida è tornato dalla tomba per fare l'amore con un'altra donna dai grossi seni, mentre il marito di Petrina si è reincarnato rimanendo però sessualmente fedele, per non dire vorace! Molte persone giudicherebbero troppo penosa l'idea di masturbarsi pensando ai propri consorti defunti; ma per un discreto numero di individui la fantasia serve a sconfiggere l'orribile definitività della morte, a volte in maniera creativa e altre in un modo meno salutare, negando la realtà e fingendo che il proprio amato non sia morto. Pensando al marito di Petrina, che fa sesso selvaggio nei bagagliai delle auto e all'interno dei grandi magazzini, di certo nessuno potrebbe immaginare che possa essere morto.

Sappiamo dalla nostra esperienza clinica di psicoterapeuti, e da diversi casi pubblicati nella letteratura professionale, che dopo la morte di una persona amata molte persone colpite dal lutto provano esperienze allucinatorie di tipo uditivo o visivo. Si definisce allucinazione uditiva il fatto di sentire una voce che nessun altro riesce a sentire, in questo caso la voce dell'amante defunto, mentre l'allucinazione visiva consiste nel vedere qualcosa o qualcuno che non esiste nella realtà, in questo caso il fantasma del partner. Nei momenti immediatamente successivi alla morte di un consorte o di un genitore, molte persone del tutto sane di mente hanno delle allucinazioni; se è questo il caso non ci si deve preoccupare, perché non significa affatto che si è diventati ufficialmente pazzi. Un'allucinazione generata dal dolore è uno dei molti sistemi con i quali cerchiamo di gestire il peso insopportabile della morte di un partner che ci manca moltissimo. Per fare un esempio vi posso dire che mia nonna, una donna del tutto sana fisicamente e mentalmente, dopo la morte di suo marito mi raccontò di averlo visto camminare per casa. Ovviamente aveva avuto un'allucinazione; era durata forse cinque secondi e poi l'immagine di mio nonno era svanita. A volte, quando proprio non riusciamo a lasciar perdere, adoperiamo la nostra psiche per trasformare la sofferenza della nostra realtà esterna; quindi, in questa particolare occasione, mia nonna riuscì abilmente a facilitare il necessario processo di elaborazione del lutto richiamando un'immagine visiva del mio amatissimo nonno.

A volte queste allucinazioni vengono sessualizzate, e anche in questo caso il fenomeno ha la funzione di realizzare un desiderio; esattamente ciò che hanno fatto Davida e Petrina. Queste due donne, intelligenti e creative, hanno cercato di capovolgere la realtà della morte dei loro mariti richiamandoli in vita come amanti in carne e ossa. Nella gran parte dei casi una simile erotizzazione della morte svolge un'utile funzione psicologica, aiutandoci a sopportare il dolore. È solo nel caso che non si riesca a uscirne e a guardare avanti che la fantasia sessuale relativa a un consorte morto diventa più patologica.

Anni fa ebbi in cura una paziente ricoverata in un ospedale psichiatrico, una donna di cinquantacinque anni che soffriva di grave depressione clinica. Entrambi i suoi genitori erano morti più di trent'anni prima, ma questa signora non riusciva a separarsene, tanto che ogni sera all'ora di cena sola e dolente apparecchiava la tavola per tre, mettendo un piatto per lei e uno ciascuno per i suoi defunti genitori. Non riuscendo semplicemente ad ammettere che la madre e il padre fossero morti, aveva architettato la fantasia, per quanto non di tipo sessuale, che nessuno dei due fosse morto *davvero*. Dato che non riusciva a piangere la morte della madre e del padre (elemento essenziale di una sana elaborazione del lutto) la sua depressione clinica si aggravò, e per molti anni, finché non intraprese una psicoterapia, soffrì una terribile angoscia psicologica.

Esaminiamo ora qualche altra fantasia sessuale tratta

dal vasto archivio, raccolto nel corso del mio progetto di ricerca:

ZADIE
Sto facendo sesso sfrenato con il mio partner dentro una gigantesca vasca Jacuzzi, cosa temo impossibile date le mie disabilità.

YUL
Sesso con due donne.

XENIAH
Nessuna fantasia, sto benissimo con mio marito e quindi non ne ho bisogno.

WENDELL
A 85 anni non mi eccito più. Tendo più a ridere.

VICTORIA
Che qualcuno mi lecchi il seno e faccia sesso orale su di me mentre io faccio lo stesso con il mio partner.

URIAH
Sesso con due donne contemporaneamente.

JOSIE
Fare l'amore con un uomo meravigliosamente vestito che assomiglia a Elvis, farlo dolcemente, eppure con energia.

IGGY
Sesso con un amante molto anziano.

BEATE
Essere sorpresa da qualcuno che non accetta il mio rifiuto. Non violenza, ma seduzione insistente, lui non ascolta le mie proteste e mi convince a sottomettermi. Mi prende da

dietro e passa le mani sul mio corpo, una sul petto, l'altra sui genitali, con fermezza. Mi bacia e mi annusa sulle spalle e sul collo e mi spinge delicatamente sul pavimento dove mi sveste per fare sesso.

PENELOPE

Fare sesso con il partner in un luogo pubblico, tipo il camerino di un grande magazzino! Sull'ascensore, o in qualche posto dove si possa venire scoperti da un momento all'altro.

OWEN

Immagino di essere un ragazzino di quattordici anni e di essere tornato a scuola (in realtà ne ho ventinove). Avevo un'insegnante di francese molto interessante, Mademoiselle McAllister. Non era particolarmente carina, ma aveva un'aria molto seducente e dava l'idea di adocchiare sempre i ragazzi adolescenti. Nella mia fantasia sto tornando a casa da scuola, quando Mademoiselle McAllister mi si affianca con la sua auto e mi dice: «Owen, mi sembra che tu stia portando fin troppi libri, sei uno studente davvero coscienzioso. Vuoi che ti dia un passaggio fino a casa?» Io sono lieto di accettare l'offerta e non penso ci sia sotto nient'altro, finché mi accorgo che lei sta guidando nella direzione sbagliata, non verso la mia casa ma verso la sua. «Vieni a prendere qualcosa da bere prima di iniziare a studiare le coniugazioni dei verbi francesi» mi dice, e io la seguo in casa. Mademoiselle McAllister mi dice di essere rimasta impressionata dai miei progressi scolastici, e che per festeggiare mi farà un pompino. Io mi dirigo verso la porta perché la faccenda mi sciocca un po'; fino a quel momento non ho ancora neppure baciato una ragazza della mia età, figuriamoci l'insegnante di francese. Ma le ginocchia mi cedono e lei mi afferra. Cado sul pavimento e lei inizia ad aprirmi la cerniera e la cintura allo stesso tempo. Ben presto mi ritrovo nudo dalla cintola in giù, e il mio cazzetto da quattordicenne contornato dai primi accenni di pelo pubico inizia a ondeggiare. Lei se lo ficca in bocca e trasforma il mio affarino in un membro enorme. Temo di soffocarla, ma lei mi grida in francese «*Ne t'inquiètes pas, mon petit*», «Non preoccuparti, piccolo mio», così io mi rilasso e lascio che il mio uccello le riempia la bocca morbida. Inizia ad accarezzarmi le palle e poi si mette in bocca anche quelle, ciò che un mio amico ha chiamato «Gums on Plums» (letteralmente «gengive sulle prugne»). Questo mi fa impazzire. Poi fa passare la lingua sulla fessura del mio sedere, e a questo punto esplodo. Dal mio pene zampilla un fiotto di sperma sui suoi lunghi capelli biondi. Continuo a venire ripetutamente per cinque minuti abbondanti. Esausto, crollo a dormire sul pavimento, e quando mi sveglio lei mi porta a casa con la macchina. Mia madre è preoccupata nel vedermi ritornare così tardi da scuola, ma Mademoiselle McAllister, imperturbabile, la tranquillizza dicendole che mi ha trattenuto per un supplemento di lezione. Ben detto!

NATALYA

Sesso imprevisto con uno sconosciuto, fantasia semi-stupratoria, riluttante ma sedotta. Parecchio sesso orale, baci, un grosso cazzo, penetrazione profonda.

HORST

La fantasia di fare del sesso orale con l'uomo che amo davvero (non il mio partner).

ELIZA

La fantasia prevede quasi sempre il fare del sesso orale su un bel ragazzo.

CHARLENE

Sono sola con una donna. Lei ha dei seni splendidamente tondi e sfacciati, e lunghi capelli biondi lisci. È davvero carina, sembra uscita da *Playboy*. Indossa solo un perizoma e tacchi a spillo. Non è sesso di tipo «amoroso», è sesso erotico e proibito. Lei mi fa di tutto, mentre io la guardo spogliarsi e carezzarsi. Poi entra nella stanza una sua amica; un'altra bionda dai capelli lunghi con seni sbarazzini, perizoma e tacchi a spillo. Iniziano a carezzarsi e a leccarsi l'un l'altra, mettono in scena un piccolo spettacolo per me. Poi mi massaggiano dappertutto, giocano con i miei seni e schiacciano i loro corpi su di me, continuamente, mentre una di loro mi lecca il clitoride sempre più in fretta, finché non vengo.

ANDREW
Essere in vacanza e fare sesso con uno sconosciuto nel bosco.

Infedeltà col pensiero

Nel considerare l'ultimo gruppo di fantasia, iniziamo a vedere con maggiore chiarezza che molte, se non tutte, contengono elementi di *realizzazione di un desiderio*. Zadie, per esempio, si immagina di fare sesso sfrenato nella sua Jacuzzi; ma poi, dopo essersi concessa questo pensiero molto piacevole, si è lamentata della sua impossibilità a causa delle sue «disabilità». Zadie non ha specificato la natura di queste disabilità, ma possiamo immaginare che il suo corpo sia in qualche modo danneggiato, forse a causa di una deformità congenita o di una malattia contratta con l'età come l'artrite, oppure in seguito a un danno di origine traumatica come una paralisi o un'amputazione. Qualunque sia l'effettiva situazione del suo corpo, Zadie ha utilizzato la fantasia sessuale per *ribaltare* la perdita della sua agilità corporea, permettendosi di godere il pensiero di un rapporto sessuale caldo e appassionato nella Jacuzzi, libera dai vincoli e dagli ostacoli insiti nel disporre di un corpo umano vero e proprio.

In modo simile, tanto Uriah quanto Yul si sono concessi il pensiero di fare sesso non con una ma con *due* donne, fantasia condivisa anche da una donna come Charlene. Nella vita reale sarebbe molto più difficoltoso organizzare un rapporto sessuale con partner multipli; che succederebbe se uno dei partner fosse geloso dell'altro, o se uno contraesse una malattia sessualmente trasmessa, o se magari qualcuna restasse incinta? Nella fantasia invece ci si può concedere di fare sesso con quanti partner si vuole, senza il rischio di prendersi un herpes, di ferire i sentimenti di qualcuno o di far nascere un bebè. Si può quindi ben comprendere il fascino crescente della *fantasia sessuale* rispetto alla *realtà sessuale*. La prima risulta più sicura e a buon mercato (nessuno sarà mai costretto a portare fuori a cena la propria fantasia), mentre il partner della vita reale può arrivare a richiedere ogni tipo di assistenza fisica ed economica.

Non solo le fantasie appena descritte realizzano molti desideri espliciti o nascosti, ma non si può fare a meno di notare come i soggetti della ricerca traggano una notevole gratificazione sessuale da fantasie che implicano un contatto fisico *con qualcun altro rispetto all'abituale partner coniugale*. In altre parole, *nelle proprie fantasie quasi tutti tradiscono*. Nei precedenti racconti raccolti a caso dal mio database, solo tre persone (tutte donne) hanno menzionato specificamente di avere pensieri erotici riguardanti i loro partner abituali. Penelope ha raccontato di immaginarsi di fare sesso con il suo partner in un luogo pubblico; Victoria ama pensare al suo partner che le succhia i seni; Zadie invece, la nostra disabile, gode al pensiero di fare sesso con il suo partner nella Jacuzzi. Xeniah ha scritto di non avere bisogno di fantasie sessuali, perché il marito la soddisfa pienamente. A parte Wendell, l'ottantacinquenne che sostiene di divertirsi più a ridere che a eccitarsi sessualmente, tutte le altre fantasie scelte a caso in questa sezione si potrebbero descrivere come forme trasgressive di «infedeltà mentale», dove si tradisce il proprio partner *col pensiero*.

Andrew, per esempio, preferisce fare sesso con una sconosciuta dietro un cespuglio, piuttosto che farlo tra lenzuola pulite con la moglie che ha da vent'anni. A Eliza non interessa più di tanto la persona su cui operare una fellatio, a patto che sia «un bel ragazzo». Horst ha scritto la sua fantasia in un modo intrigante, sottolineando di voler fare del sesso orale «con l'uomo che amo davvero», portandoci a credere che quest'uomo sia il suo ragazzo; ma poi Horst dà il *coup de grace*, mettendo in chiaro che lui desidera «fare del sesso orale con l'uomo che amo davvero (non il mio partner)». Iggy non vede l'ora di fare sesso con il suo «amante extraconiugale», mentre il ventinovenne Owen sceglie di masturbarsi pensando a Mademoiselle McAllister, la donna che quindici anni prima gli insegnava francese a scuola. L'infedeltà mentale si classifica come una delle più importanti caratteristiche del Progetto di ricerca sulle fantasie sessuali britanniche

Ma perché nelle nostre fantasie tradiamo i nostri partner? Perché così tanti tra noi pensano a insegnanti di francese, o a Elvis Presley, o a chiunque non sia nostra moglie o nostro marito, la nostra ragazza o il nostro ragazzo, quando immaginano rapporti (fantasia coitale) o quando si masturbano (fantasia masturbatoria)? In un successivo capitolo esaminerò questo materiale più in profondità, ma per adesso consideriamo che le nostre infedeltà mentali (fantasie su qualcun altro) ci permettono di concederci il massimo dell'appagamento dei desideri. Quando pensiamo a fare sesso con l'insegnante di francese, possiamo allegramente mettere da parte ogni pensiero che riguardi le nostre mogli e la vita domestica. Molte delle persone che ho intervistato mi hanno detto di *non volere* fare delle fantasie sul partner con il quale hanno litigato solo qualche ora prima di fare l'amore, lo stesso partner che ha dilapidato tutti i loro soldi, e che li ha sfiancati con i suoi interminabili racconti sui suoi noiosissimi colleghi d'ufficio. Secondo Declan, un camionista trentottenne dell'East Anglia che ha partecipato al mio progetto di ricerca, «io amo mia moglie, ma cazzo se mi fa diventare matto! Quando scopiamo la sua tecnica inizia a darmi sui nervi. Mi succhia l'uccello sempre allo stesso modo, e non è mai stata un granché come succhiatrice di uccelli. Se voglio che mi resti duro devo pensare ad altre persone. Tra l'altro, io devo vivere *sempre* con mia moglie, e questo annoia. Perciò quando mi faccio una sega o quando scopo la mia signora, penso ad altre donne; ragazze con cui non ho rapporti nel mondo esterno, che non devo invitare a cena o che non devo sentire mentre si lamentano in continuazione delle loro piccole e tristi vite».

Cavalcare il vostro partner come una motocicletta

Le fantasie ci offrono l'opportunità di soddisfare i nostri intimi desideri proibiti, ma come abbiamo già osservato quelle consce ci danno anche la possibilità di esaudire il nostro desiderio di *correggere* la realtà. Ricordate Zadie, la donna disabile che nella sua fantasia riacquista tutte le sue funzioni corporee? Tramite la fantasia anche noi possiamo appagare il nostro desiderio di rendere la realtà il più eccitante possibile. Ricordate Josie? Perché mai dovrebbe fare l'amore con il suo marito contabile di Basildon quando può fantasticare di fare sesso con Elvis Presley? E vorrei anche citare il caso di Rodelinda, una casalinga cinquantaduenne palesemente insoddisfatta della sua vita domestica mentre cuoce la torta per la festa di compleanno del figlio. Preferirebbe di gran lunga assecondare il desiderio di fornicare con Theo, il vicino trentacinquenne. Sebbene sia stato *io* a cambiare il suo nome in *Rodelinda*, non so se rivelando la sua fantasia anche *lei* abbia deciso di cambiare il nome del suo vicino. È possibile che Theo sia il suo vero nome? Se non è così, ci si chiede perché Rodelinda abbia scelto proprio quel soprannome; magari perché sa che «Theo» in greco significa «dio» (come in «teologia»). Ancora una volta, molto meglio fare l'amore con un dio che con il marito grassoccio che si vede fin troppo spesso. È evidente che Freud fu molto perspicace nell'insistere su quanto sia cruciale nelle fantasie sessuali il ruolo di appagamento dei desideri.

Ma le fantasie soddisfano solo i nostri desideri più ammissibili di sana eccitazione e stimolo sessuali (una buona vecchia «scopata» con la nostra star preferita della musica o del cinema), oppure a volte svolgono una funzione più sovversiva, soddisfacendo alcuni dei nostri desideri più torbidi? Psicoterapeuti e psicoanalisti riconoscono da tempo come gli esseri umani siano spinti dalla soddisfazione di stimoli non soltanto *erotici*, ma anche *aggressivi.* I classici analisti freudiani si riferiscono a questo aspetto del nostro carattere chiamando in causa la «teoria del doppio istinto»; in altre parole, noi «ci eccitiamo» tanto con il *sesso* quanto con la *violenza.* Non occorre cercare chissà dove per confermare questa teoria: in effetti basta dare una scorsa a qualsiasi giornale scandalistico o a un qualunque film di cassetta per scoprire la nostra passione per storie e scene di sesso, e per storie e scene di violenza. Anzi, spesso sesso e violenza si intrecciano così intimamente da confondersi nella mente, tanto che un palese richiamo alla violenza diventa il perno delle fantasie sessuali di moltissimi individui.

Secondo i risultati della mia ricerca, ci sono letteralmente milioni di britannici adulti che sembrano apprezzare le fantasie dal contenuto violento. Esaminerò nei dettagli questi dati in un successivo capitolo sulla violenza sessuale più estrema.

Possiamo prendere in considerazione questa scoperta oppure no, ma non possiamo sfuggire al dato di fatto che per milioni e milioni di britannici *l'idea di farsi fare del male* o di *fare del male ad altri* provoca un rimescolamento a livello genitale. Anche se questo libro include una babilonia di materiale decisamente esplicito e a volte scioccante, ho dovuto tagliare una certa quantità di fantasie violente molto particolareggiate perché in diversi casi sarebbero risultate troppo sconvolgenti e angoscianti da leggere, tra cui alcune che prevedono scene di torture ed esecuzioni in stile elisabettiano prima di concludersi con l'orgasmo dell'autore della fantasia.

Perché tanta gente trova eccitanti le fantasie violente? A parte alcuni *sadici e sadomasochisti patologici* che cercano attivamente il dolore fisico, la grande maggioranza di *sadici e sadomasochisti psichici* detestano il dolore vero e proprio, ma nelle loro fantasie ne sono comunque molto eccitati. Per quanto difficile sia accettare un tale concetto, dobbiamo riconoscere che i nostri vicini, e forse noi stessi, a volte ci eccitiamo sessualmente al pensiero della violenza. Karl, per esempio, ama guardare una donna e «pensare a quanto mi piacerebbe farci sopra una bella cavalcata». Suppongo che quasi tutte le donne, ma anche molti uomini sensibili, troverebbero decisamente offensiva la fantasia di Karl, in modo particolare *il linguaggio* della sua fantasia. Sarebbe a mio parere molto diverso dire: «Quando guardo una donna, manifesto un'erezione al pensiero di chiedermi come sarebbe avere con lei un rapporto sessuale consensuale», rispetto alla versione più cruda che parla di «cavalcata», neanche fosse una motocicletta. Questo significa che saremmo clinicamente giustificati nel reputare Karl un sadico efferato che ama denigrare le donne e trattarle come oggetti, o al contrario dovremmo concludere che Karl è soltanto più onesto nell'esporre alcuni dei suoi desideri più viscerali? Per quanto ne sappiamo, Karl può essere un marito perfetto e un ideale padre di famiglia, che fa l'amore con la moglie in modo tenero e appassionato, dopo avere messo a letto i figli e lavato i piatti. Ma la scelta del vocabolario nella sua fantasia sessuale tradisce un desiderio per qualcosa di un po' meno civile. In confronto a parecchie delle fantasie più violente, alcune delle quali verranno discusse nei dettagli più avanti, quella della «cavalcata» appare piuttosto tiepida, ma include comunque l'aspetto più denigratorio del prendere una persona con i suoi sentimenti e la sua identità e trasformarla in una *cavalcata*, come saltare su un autoscontro al luna-park.

Ma gli uomini non si limitano a perpetrare violenze sugli altri. Possono anche diventare soggetti o vittime di violenza perpetrata da altri su di loro. Consideriamo la fantasia dell'eterosessuale Struan, il quale vuole essere sedotto da una donna che lo trascini per il pene fino in camera da letto, o del gay Quint, che vuole essere messo in mostra nudo davanti a un gruppo di altri uomini, i quali poi fanno sesso con lui. In realtà, entrambi questi scenari possono risultare umilianti o addirittura dolorosi. Quint parla di «farsi mettere in mostra» come fosse un oggetto da museo e non una persona in carne e ossa con i propri diritti, in una sorta di versione maschile e gay della donna «cavalcata» da Karl.

Naturalmente, le fantasie violente non sono un'esclusiva degli uomini. Molte donne amano infliggere violenza su altre persone, e molte ricevere passivamente le violenze altrui, violenze che a livello mentale vengono molto erotizzate. Consideriamo ancora una volta la casalinga Rodelinda, che ha smesso di cuocere la sua torta per intrattenere un rapporto illecito con Theo, il suo vicino bello come un dio. Secondo Rodelinda, Theo «afferra il suo grosso uccello da scopata con due mani, e me lo spinge bruscamente nella fica». Pensando alla fantasia di Rodelinda, ci si chiede se si tratti di una fantasia *sessuale* o di una fantasia *violenta*, o di qualcosa che mescola elementi *sia* di sessualità *che* di aggressione, tanto che per raggiungere l'orgasmo a Rodelinda non basta la stimolazione genitale, ma occorre la brusca spinta di un «grosso uccello da scopata» guidato da due mani. Natalya, un'altra donna partecipante alla ricerca, agogna il «sesso con uno sconosciuto» che lei descrive come una «fantasia semi-stupratoria», alla quale lei partecipa in modo «riluttante». In modo ancora più estremo, Beate vuole un uomo «che non accetta un 'no' come risposta». Questa attività viene da lei classificata «non come uno stupro, ma come un'insistente seduzione, nella quale lui sconfigge le mie proteste e fa sì che io desideri venire sottomessa». Può darsi che molte persone descriverebbero la fantasia di Beate come uno stupro, per quanto lei affermi il contrario. Comunque si classifichino le fantasie di questo genere, l'elemento di violenza rimane in ogni caso evidente.

Ora che abbiamo iniziato a immergerci più in profondità nel mondo delle fantasie sessuali, siamo in grado di riconoscere più compiutamente non solo la loro onnipresenza e gli elementi di piacere e di appagamento dei desideri che contengono, ma anche i loro aspetti più sinistri, vale a dire la diffusa infedeltà mentale e la violenza in esse contenuta. Iniziamo ora a esaminare in maggiore dettaglio alcune costellazioni di fantasie più specifiche, nello sforzo di capire alcuni aspetti della psicologia sessuale umana tra i più difficili da esprimere a parole.

Terza parte

Le fantasie

«Nove adulterii, dodici relazioni, sessantaquattro
fornicazioni e qualcosa di simile a uno stupro
ogni notte riposano sull'anima del nostro raffinato amico Florialis,
eppure l'uomo mantiene una condotta così quieta e riservata
da essere considerato tanto insensibile quanto asessuato.
Bastidide, al contrario, che non parla né scrive
d'altro che di copule.
è diventato padre di due gemelli,
ma questa impresa gli è costata qualcosa;
ha dovuto farsi fare becco per quattro volte».

Ezra Pound, «I caratteri» in *Lustra*

5. Racconti di ordinaria franchezza

> «I'll let you in my dreams if I can be in yours».
> Ti farò entrare nei miei sogni se potrò essere nei tuoi.
>
> Bob Dylan, «Talkin' World War III Blues»

Almeno il 19% degli individui esaminati ha ammesso che le fantasie rappresentano un grande sollievo dalla noia quotidiana delle nostre vite, fornendo loro il brivido di un'avventura privata. In modo simile, il 21% dei britannici conta sulle fantasie sessuali come pillola antidepressiva, che ci solleva lo spirito quando ci sentiamo tristi. Senza dubbio, la più ampia percentuale di intervistati ha confessato di creare fantasie sessuali come mezzo per esplorare pensieri e attività sessuali di tipo diverso, molte delle quali sarebbero difficili da orchestrare nella realtà esterna. Almeno il 40% dei britannici, tanto uomini quanto donne, utilizza le fantasie sessuali a fini esplorativi di questo genere.

Le fantasie ordinarie e lineari sul «sesso alla vaniglia» o «sesso eterosessuale» senza troppi «extra» costituiscono una fetta molto ampia della vita di fantasia sessuale britannica. Prima o poi, un buon 58% di britannici di entrambi i sessi ha fatto delle fantasie sui rispettivi partner coniugali. Certo, si tratta di una percentuale molto alta, tuttavia ci si domanda perché non sia il 100% di noi ad aver fatto delle fantasie sui nostri partner legittimi. Alcuni sosterranno di non avere bisogno di fare delle fantasie sui propri partner perché possono fare l'amore con loro quando vogliono. Altri faranno fantasie sui partner durante i periodi di separazione (per esempio nel caso di un viaggio notturno per lavoro); altri ancora evocheranno immagini sessuali del partner intento ad atti illeciti, atti che non possono o non devono essere inclusi nel nostro repertorio sessuale diurno o notturno. Uno dei partecipanti alla mia ricerca amava praticare con la moglie il «sesso alla vaniglia» (un normale coito), ma durante l'atto provava la fantasia di conficcarle dei pugnali in varie parti del corpo, facendola sanguinare. Come già sappiamo, possiamo scoprire un'enorme differenza tra l'*ordinarietà* dei nostri comportamenti sessuali e la *straordinarietà* delle nostre simultanee fantasie sessuali.

Quelle che sto per presentarvi sono oltre 1.000 fantasie in edizione integrale, tratte dal Progetto di ricerca sulle fantasie sessuali britanniche. Ho cercato di classificare quelle che seguono in generici raggruppamenti. In alcune occasioni si è trattato di un compito relativamente semplice, come nel caso della fantasia di fare sesso con una stella del pop che rientra perfettamente nel capitolo del sesso con le celebrità; tuttavia, ben presto ci si renderà conto di come altre fantasie siano di tale ampiezza e di trama così ricca da poter essere incluse in diversi capitoli contemporaneamente; la fantasia di umiliare e violentare un giovane membro della famiglia, per esempio, potrebbe rientrare nel capitolo su umiliazione e vergogna, o in quello sulla violenza sessuale più estrema, o ancora nel capitolo sulla pedofilia o per finire in quello sull'incesto. In questi casi ho cercato di identificare, laddove possibile, la fonte d'eccitazione primaria per l'autore della fantasia, per poi catalogare il testo in conformità.

La raccolta inizia con racconti che rivelano per prima cosa l'orientamento sessuale di ciascuno. Anche se molte persone fanno delle fantasie che vanno oltre il loro affermato orientamento sessuale, la maggior parte dei cittadini britannici rimangono all'interno dell'orientamento sessuale stabilito; in altri termini, quasi tutti gli eterosessuali fanno fantasie di tipo eterosessuale e quasi tutti gli omosessuali fanno fantasie di tipo omosessuale.

Quanto ai bisessuali, va ricordato che a definirsi formalmente bisessuale in termini di orientamento e identità sessuale è il 4% degli uomini e il 3% delle donne; tuttavia, le persone che hanno provato fantasie bisessuali comprendenti sia uomini che donne sono molte di più, infatti il 13% degli uomini e il 17% delle donne britanniche hanno avuto la fantasia di fare sesso con un uomo e una donna in contemporanea. La gente spesso presume che uomini e donne bisessuali siano in realtà omosessuali, ma i dati provenienti dalle fantasie del sottogruppo bisessuale non confermano questa ipotesi in modo tanto definitivo. Anzi, in generale i bisessuali sembrano trarre lo stesso grado di soddisfazione da partner maschili e femminili sia nella *realtà* che nella *fantasia*, come dimostreranno le fantasie prese in esame più avanti.

Ecco dunque alcune delle fantasie più «normali» ma nondimeno «esplicite» escogitate dalla mente di normali cittadini britannici, che ci offrono testimonianza delle nostre segrete rappresentazioni psicologiche.

Fantasie eterosessuali

CONNIE

Il mio uomo fa il pompiere, e questo mi eccita sempre molto.

NASH

Sono un uomo di quarantadue anni e mi considero piuttosto normale. Quando mi masturbo, mi piace prendermi l'uccello in mano e pensare alla mia ragazza. Stiamo insieme già da cinque anni, e credeteci o no questa donna mi fa ancora andare su di giri. Se come spesso capita lei è via per lavoro, mi piace sdraiarmi sul letto, tirarmi giù i pantaloni e mettermi ad accarezzare l'amico Willie. Magari uso dell'olio per neonati fingendo che si tratti della sua passera lubrificata. Poi inizio a tirarmi l'uccello su e giù e immagino di stare con la mia ragazza. Quando faccio una fantasia del genere mi piace titillarmi le palle, e continuo a pensare che la mia mano e quella della mia ragazza siano davvero una cosa sola. Non mi piace masturbarmi troppo in fretta. Cerco di farlo durare, e aspetto sempre finché i primi umori pre-orgasmo iniziano a sgorgarmi dalla fessura dell'uccello. Perché di solito in quel momento la qualità dell'orgasmo è di gran lunga superiore. Non vedo proprio il motivo di farsi una sega in tutta fretta. Davvero non fa per me. Io devo trasformarla in un'esperienza sensuale. A volte intingo le dita negli umori pre-orgasmici e poi me le passo sui capezzoli, immaginando che siano le dita della mia ragazza a farlo. Tiro indietro il prepuzio e poi lo riavvolgo in avanti, per farmi davvero prendere dalla cosa. A quel punto mi piace fantasticare che la mia donna e io ci siamo messi finalmente a scopare alla grande. Do delle sgroppate come un cowboy, dentro e fuori, dentro e fuori, e riesco a sentire le pareti della sua passera che si stringono sulla carne del mio uccello pulsante. Alla fine diventa tutto fin troppo eccitante e schizzo su tutte le lenzuola, fingendo che lo sperma le stia inondando la fica. A quel punto mi piace restare con lo sperma su tutto il corpo e addormentarmi così, pensando che quando la mia ragazza tornerà dal suo viaggio d'affari probabilmente lo faremo per ore. Nella vita reale sarà ancora meglio, naturalmente, ma la cazzo di fantasia resta comunque fantastica.

ALONZO
La mia ragazza mi pratica del sesso orale in qualunque posto glielo chieda.

DAWSON
Sesso con la mia partner che me lo prende in mano mentre

io la carezzo dentro facendola bagnare moltissimo; lei mi chiede a gran voce di penetrarla e io glielo ficco più in fondo che posso succhiandole i capezzoli.

PRYOR
Sfregare il pene sui suoi capezzoli.

KATY
Fare sesso con il grosso uccello del mio ragazzo.

SAUL
Fare sesso con una donna che sta sopra di me e si masturba allo stesso tempo.

CARROLL
Avere l'energia di fare l'amore con mia moglie in ogni stanza della casa (15) ininterrottamente.

UGO
Adoro il semplice pensiero di scopare mia moglie. Ha la vagina più piccola e stretta che abbia mai provato. Quando non sono con lei, immagino di infilarle il cazzo nella passera e mettermi a pompare per la Gran Bretagna. Mi fa sempre schizzare. Si penserebbe che dopo due figli i muscoli della sua fica non tengano più, ma lei fa un sacco di ginnastica pelvica sul pavimento, e nessuno mi afferra l'arnese come fa lei.

CLARK
La donna dice a Clark di spogliarsi, e Clark obbedisce; la donna dice a Clark di masturbarsi, e Clark obbedisce; Clark è privo di immaginazione, ma Clark è felice.

RONALD
Farmi una sega sulle tette di una donna bellissima. La mia sborra finisce su entrambi i suoi capezzoli eretti.

HILLEL
La prima volta con mia moglie. Che è anche la mia prima volta in assoluto.

ANTHONY
Un'arrapante lap dance eseguita da una ragazza con la passera rasata. Una volta mi capitò la stessa cosa in un night e mi eccitò in un modo incredibile, pensavo che mi sarei sborrato nei pantaloni proprio lì.

CORAL
Fare sesso con mio marito proprio come lo facevamo prima di sposarci.

Fantasie omosessuali

CORIN
Vedere il mio ragazzo che di spalle si toglie la camicia continua a farmi eccitare all'istante. Non faccio che pensare a questo. È così atletico, e io ho questa vista fantastica di una distesa di muscoli, tutti scolpiti e tutti miei!

GEORGIO
Il mio ragazzo e io in un romantico fine settimana fuori città. Nessuno che ci possa disturbare, chiusi nella camera d'albergo per tutto il tempo. Beviamo solo lo champagne che ci facciamo portare in stanza e mangiamo quello che capita, se mai mangiamo. Ci lasciamo completamente viziare, possiamo fare e avere qualsiasi cosa vogliamo ma senza bisogno di vestirci né di posare lo sguardo su chiunque altro.

SANDER
Sesso con il partner in svariate posizioni, culminante nel sesso anale.

JESSIE

In ginocchio di fronte al mio ragazzo, con i suoi venticinque centimetri di uccello sulla faccia e le mie dita nel suo culo.

GLYNNIS

Lei ha la giacca rossa che adoro vederle indossare. Inizia a slacciarmi il top e a togliermi il reggiseno, poi si inginocchia davanti a me. Mi dice tutti i modi in cui mi ama, e tra un modo e l'altro mi lecca entrambi i seni. Poi lascia che sia io a sfilarle il top e il reggiseno, mentre ci baciamo. Adesso è il mio turno di leccarle e succhiarle i seni, il che la eccita al punto tale che inizia a spogliare tutte e due. Poi con le mani e la lingua esploriamo a vicenda i nostri corpi. La sua stanza è piccola, quindi c'è appena lo spazio sufficiente per sdraiarci di fronte alla sua scrivania; la cosa ci piace perché ci rende difficile i movimenti e al contempo ci costringe a fare meno rumore possibile, per evitare che la gente nelle altre stanze ci senta e venga a vedere cosa sta succedendo. Dopo circa un'ora iniziamo a masturbarci a vicenda con le gambe intrecciate. Siamo entrambe molto eccitate perciò riusciamo a venire subito, lei per prima e io poco dopo. Poi restiamo sdraiate l'una a fianco dell'altra e parliamo. Quando le mie due ore sono scadute devo alzarmi e andare via perché lei ha un'altra cliente, ma prendiamo un altro appuntamento.

DALTON

Immagino che mi stia trombando Superman. Mi tratta esattamente come fosse Lois Lane, solo che nella mia versione Superman è una superchecca, ma molto mascolina.

JOAB

Farsi masturbare, rapporto anale.

GISELLE

Sono una lesbica e sono contenta di esserlo. Non vorrei mai

un pene nella topa, mi farebbe troppo male, inoltre trovo che abbiano un aspetto disgustoso. Meglio tutta la vita un corpo femminile, in particolare quello di una donna sinuosa e femminile con grosse tette e un bel fondoschiena sodo da afferrare. Ho una ragazza da cinque anni e faccio spesso fantasie su di lei, ma mi capita di guardare splendide donne etero lungo la strada, o al ristorante, e mi chiedo come sarebbe infilarmi all'improvviso sotto il tavolo, cacciare la testa sotto le loro camicette e mettermi a succhiarle da sopra le mutandine. Adoro il profumo di una vagina femminile, bella lavata e profumata, e adoro anche di più infilare la lingua nella fessura umida di una donna. Ho anche la gran bella fantasia di sedurre donne eterosessuali e far capire loro che cosa si sono perse in tutti questi anni.

KRISTEN

Fare sesso con un'altra donna o con altre donne. Sono loro a prendere l'iniziativa, a flirtare con me e a togliermi i vestiti, poi si fanno spogliare da me e facciamo insieme ogni genere di attività sessuale.

MARILEE

Fare sesso con la mia amante lesbica. Lei si abbassa a leccarmi e io faccio lo stesso con lei. Facciamo sesso tutta la notte con una musica romantica di sottofondo e le candele accese. Ci piace scambiarci un 69 e leccarci a vicenda intorno alla passera. Finiamo per addormentarci l'una tra le braccia dell'altra.

SHELBY

Arrivare per caso in mezzo a una festa di omosessuali. Intrattenere un'innocente conversazione con un altro uomo in una stanza da letto o una stanza relax, dove ci sono altri uomini che pomiciano o fanno dei preliminari. All'improvviso un gruppo di uomini mi afferra e mi spoglia. Io mi dibatto, ma in realtà non li voglio far smettere. Mentre mi tengono, uno di loro mi pratica del sesso orale che io gradisco. Poi mi dicono che devo restituire il favore, e la cosa finisce per piacermi.

SMOKEY

Rapporto anale.

JON-ERIK

Essere venerato da un gruppo di ragazzi che si fingono etero (o lo sono davvero!). Alcuni di loro manifestano la venerazione sessuale per me facendomi un pompino tutti insieme, mentre gli altri mi baciano su tutto il corpo. Tutta la loro attenzione è concentrata su di me.

EDWIN

Ho questa splendida fantasia ricorrente che mi eccita ogni volta. Immagino di essere un pilota di linea, e dico ai passeggeri che a causa del volo molto lungo mi sta venendo un gran sonno. Per contribuire a tenermi sveglio, tutti i passeggeri maschi decidono di dover fare dei turni per farmi un pompino ogni quindici minuti. I ragazzi del mio volo sono tutti molto carini.

KEITH

Ho sempre fatto fantasie sui miei amici maschi eterosessuali. Sono riuscito a farli spogliare o a farli eccitare quasi tutti (nella vita reale!)... alcol permettendo. Non sono un gay eccessivamente aggressivo. Sono rimasto vergine fino a 22 anni. Ma ho fatto «outing» a 17. Sapevo quello che volevo, ma non me la sentivo di fidarmi di nessun ragazzo, per cui tendevo a preferire i tipi con cui «andavo d'accordo». Sapevano tutti come stavano le cose e si divertivano a flirtare con me, il che non faceva che alimentare ulteriormente le mie fantasie su di loro. Per farla breve, la barzelletta che dice come la differenza tra un ragazzo eterosessuale e uno bisessuale stia in sei boccali di birra è più vera di quanto la gente voglia sapere... Al mattino presto, sdraiato a letto con l'uomo che amo... Sto ancora pensando a quei ragazzi gay/etero/bisessuali con i quali non sono riuscito a fare tutto quello che avrei voluto... Hey-ho!!

Fantasie bisessuali

NIKOS

Voglio fare sesso con un uomo e una donna allo stesso tempo. Mi piace la combinazione della mascolinità dell'uomo, con le sue braccia pelose e le sue grosse cosce, e la femminilità della donna, con i suoi seni soffici e la vagina umida eccetera. Voglio fottere una donna mentre un uomo fotte me. Questo mi farebbe provare una perfetta soddisfazione sessuale, perché saprei di non essermi perso nulla.

WOLFGANG

Voglio scopare la mia splendida, sensuale, meravigliosa moglie nella fica, mentre allo stesso tempo un uomo molto attraente, qualcuno che somigli a Robbie Williams o a Jude Law, mi pianta il suo uccello in bocca e mi sborra in gola.

FANNY

Faccio spesso delle fantasie su un fatto realmente accaduto. Il mio ex marito e io eravamo a letto e stavamo facendo l'amore, quando all'improvviso l'ex ragazza di mio marito, che si era fermata per la notte, si è arrampicata nel nostro letto senza invito né preavviso, ma ben presto tutti e tre ci eravamo fatti prendere dalla cosa e io ebbi il migliore orgasmo che abbia mai provato; fu la mia prima esperienza «bi», ma di certo non l'ultima.

ELAINE

Nelle mie fantasie alterno uomini e donne, a seconda dell'umore. Se cerco il romanticismo, allora è tutto coccole e cenette romantiche con una bella signora, ma se voglio qualcosa di aggressivo, arrapante e sfiancapassera, dev'essere un maschietto. Scusatemi, signore.

JON-JASON
Guardare film porno con attori uomini e donne.

DWAYNE
Uomini e donne in uniforme.

JERMAINE
Siamo a letto in tre. Un ragazzo alla mia sinistra e una ragazza alla mia destra, entrambi mi carezzano le mammelle e il cazzo. Facciamo un'orgia nella quale tutti ci penetriamo a vicenda in tutti i modi. La ragazza si attacca un enorme dildo alla vita e fotte me e l'altro ragazzo. Ci addormentiamo tutti uno sopra l'altro.

CLEMENT
Mi trovo in un letto d'ospedale quando un dottore e un'infermiera vengono a rianimarmi. Tirano indietro le coperte e scoprono la mia notevole erezione. Il dottore dice all'infermiera di succhiarmelo per bene, mentre lui si mette a cavalcioni della mia faccia e mi inonda del suo sperma. Questo fa tornare nella norma le mie funzioni vitali e il dottore, questo bastardo arrogante, è molto compiaciuto della sua opera. Poi i due passano al paziente del letto a fianco e gli forniscono un po' della stessa medicina.

TARLETON
Io che faccio sesso con mia moglie insieme a un uomo molto ben fornito. È stato parecchio tempo fa.

ADAM
Ho questa fantasia in cui mia moglie e io siamo a letto quando un ladro entra in casa. Lui mi tiene sotto tiro con

una pistola e mi fa spogliare nudo, poi mi lega a una sedia. A quel punto si fa una sega e poi monta su mia moglie, fottendola a più non posso mentre io mi eccito sempre più. La vista del suo cazzo che si infila nella fica di lei mi fa sborrare ogni volta.

IDRONE
Sono una donna bisessuale e ho spesso delle fantasie su donne e uomini, ma cerco di tenerle separate. Con le donne si tratta sempre di una fantasia di cunnilinguo, perché tutte le mie amanti donne lo sanno fare benissimo. Con un uomo devo ammettere che la faccenda è piuttosto tradizionale, ho bisogno di una scopata come si deve, prendi la mira e affonda!

KELSEY
Un ragazzo di diciannove anni e la sua ragazza di diciassette. Fanno l'autostop e io gli do un passaggio sulla mia macchina. Gli dico che li porterò per tutti i 160 chilometri che mi hanno chiesto, ma che devono contribuire a pagare la benzina. Loro mi dicono che non hanno soldi, per questo fanno l'autostop, ma in cambio mi offrono dei favori sessuali che io sono lieto di accettare. Perciò il ragazzo diciannovenne mi succhia l'uccello mentre la sua ragazza gli succhia il suo. Alla fine di tutti questi pompini l'auto è coperta di macchie di sperma.

BENNETT
Mi piacciono la passera e il cazzo, in quest'ordine, ed essendo un bastardo di bell'aspetto li posso avere quando voglio, preferibilmente tutti e due insieme. Quando non ci riesco, mi immagino di avere un bell'uomo da un lato e una bella pollastra dall'altro che mi mordicchiano la pelle.

HYACINTH
Pensare a una donna che mi succhia le tette mentre mio marito mi scopa.

ROZ

I film pornografici, uomini e donne che fanno sesso, oppure due uomini e una donna.

Le molte fantasie pubblicate in questo capitolo testimoniano ulteriormente l'ampia gamma della vita erotica britannica, anche in considerazione del fatto che queste sono le fantasie più «domestiche» e «ordinarie» tra quelle presenti nella ricerca. Certo le fantasie bisessuali, che contengono quasi sempre atti sessuali con almeno una donna e un uomo contemporaneamente, potrebbero non sembrare affatto domestiche. Può darsi che molti lettori considerino decisamente pornografico qualsiasi atto che includa più di due persone; ma che si voglia catalogare come domestiche oppure salaci le fantasie precedenti, di certo esse impallidiscono in confronto alla gran parte della miriade di fantasie che seguiranno.

6. Amori di gruppo

> «Scoprii mia moglie a letto con un altro uomo e ne rimasi annientato. Allora dissi: "Scendetemi di dosso, tutti e due!"»
>
> Emo Philips

Per favore, signore, ne voglio di più

Un numero sorprendentemente alto di britannici ha fantasie sessuali che includono due o più persone, dall'intimità di un semplice terzetto ai baccanali orgiastici in stile Roma antica, con cast composti da migliaia di persone. Il sesso di gruppo e il sesso orgiastico possono essere un mezzo per soddisfare profondi desideri erotici tesi al massimo del piacere e della stimolazione erogena, ma possono anche svolgere una funzione di difesa e protezione dalla solitudine. Qualunque ne sia l'implicito meccanismo psicologico, che inevitabilmente differirà da un individuo all'altro, quello che è certo è che l'idea di un gruppo a tre, a quattro, o di quel che ho sopra descritto come «a più», attira un gran numero di uomini e donne adulte nell'odierna Gran Bretagna.

La tabella che segue testimonia in modo palese la nostra fortissima attrazione all'idea di un contatto sessuale con più di una persona alla volta.

Tabella 11

Fantasie sessuali riguardanti l'amore di gruppo

Tipo di fantasia	Percentuale totale	Uomini	Donne
Sesso con un uomo e una donna contemporaneamente	15%	13%	17%
Sesso con due o più uomini	18%	8%	28%
Sesso con due o più donne	35%	58%	10%
Un terzetto (non specificato)	30%	40%	19%
Un'orgia	20%	28%	12%
Guardare un uomo e una donna che fanno sesso	21%	24%	17%
Guardare due o più uomini che fanno sesso	7%	7%	6%
Guardare due o più donne che fanno sesso	23%	36%	10%
Farsi guardare mentre si fa sesso	19%	15%	22%
Farsi filmare mentre si fa sesso	16%	17%	15%
Partecipare a un film pornografico	11%	14%	9%

Complessivamente, oltre la metà della popolazione adulta maschile, il 58%, pari a 13.000.000 di uomini, ha prodotto fantasie nelle quali faceva sesso con due o più donne allo stesso tempo. Di converso solo il 28% delle donne ha prodotto la fantasia equivalente di fare sesso con due o più uomini. Per quanto a tutti noi sia stata inculcata profondamente la nozione che l'attività sessuale è una faccenda privata tra due innamorati impegnati stabilmente l'uno con l'altro, un buon 11% ha tratto piacere dalla fantasia di partecipare a un film pornografico. Nell'odierna Gran Bretagna, questa cifra corrisponde a circa 4,95 milioni di aspiranti pornostar.

Nell'esaminare le differenze d'età tra gli entusiasti dei gruppi a tre, a quattro o a più persone, ho subito individuato un enorme divario tra le persone nate dopo il 1953 e quelle nate prima di quella data. Gli ultracinquantenni appaiono di gran lunga meno eccitati dall'amore di gruppo rispetto ai loro colleghi più giovani, mentre tra gli under-cinquanta non si notano differenze sostanziali tra i ventenni, i trentenni e i quarantenni; alla prospettiva di immaginarsi camere da letto affollate sembrano tutti egualmente emancipati ed entusiasti, il che costituisce un ulteriore indizio circa l'influenza di essere cresciuti dopo la rivoluzione sessuale.

Le fantasie sessuali che coinvolgono più di una persona svolgono una molteplicità di funzioni. In apparenza, fantasie di questo genere permettono una maggiore varietà di attività sessuali (« una ragazza mi succhia l'uccello, un'altra mi si siede in faccia, un'altra ancora mi fotte con un dildo », secondo quanto affermato da un partecipante maschile ai colloqui di studio). Tuttavia, gli psicoanalisti hanno scoperto che il desiderio di partecipare a un terzetto può avere tranquillamente altri scopi inconsci, tra i quali si possono includere i seguenti:

1) Un tentativo di riparare le offese al proprio narcisismo che si manifesta possedendo più di un amante alla volta.
2) Un sistema per mascherare un'ansia profonda legata alla propria inadeguatezza genitale o corporea; ecco perché alcuni uomini immaginano che per soddisfare la loro partner femminile occorrano due peni anziché uno solo.
3) Una fuga dalla profonda intimità necessaria a mantenere una relazione a due.
4) Un mezzo per esplorare desideri omosessuali occulti negli eterosessuali e desideri eterosessuali occulti negli omosessuali. Per esempio, un eterosessuale dichiarato può eccitarsi al pensiero di fare sesso con la moglie mentre quest'ultima viene penetrata anche da un altro uomo. Sebbene questo scenario non preveda alcun contatto fisico tra i due uomini, l'eterosessuale trae una segreta eccitazione dalla vicinanza dell'altro uomo.
5) Elemento forse più importante di tutti, un'opportunità di ricreare l'esperienza infantile generalmente piacevole

di stare comodamente adagiati nel letto tra la mamma e il papà. Da questa precoce esperienza il bambino non ricava soltanto un senso di sicurezza e di benessere, ma l'accoglimento del suo desiderio di separare la coppia sessuale formata dai suoi genitori, il che contribuisce a dargli un senso di onnipotenza.

6) Spesso le fantasie di gruppo vanno ricondotte all'esperienza infantile di essere stati seguiti da numerose persone nei primi anni di vita. Nella mia pratica clinica ho scoperto che diversi pazienti, le cui fantasie erano promiscue oppure popolate da un gran numero di persone, in età infantile erano stati seguiti in modo discontinuo da intere commissioni di adulti, anziché in modo prolungato da uno o due.
7) Le fantasie voyeuristiche derivano prevalentemente dall'intenso desiderio di sbirciare dalla serratura la stanza da letto dei genitori, un fenomeno che Freud definiva la *scena primaria*. Molti bambini piccoli non riescono a sopportare l'esperienza di venire esclusi dalla stanza da letto dei genitori, quindi cercano l'equivalente simbolico di ritornare nel letto di mamma e papà spiando le attività sessuali altrui. Sotto questo aspetto ogni tipo di pornografia contiene elementi di voyeurismo infantile.

Qui di seguito viene presentato un campione di fantasie dedicate al sesso di gruppo, che ho suddiviso in due sezioni; nella prima la persona partecipa attivamente alla fantasia sessuale con più di una persona alla volta, nella seconda si limita a osservare voyeuristicamente le attività sessuali di gruppo.

Partecipazione attiva

CHICO

Fare sesso con un'altra donna mentre la mia partner prima guarda e poi partecipa. Un'orgia.

DORIAN

Due splendide donne che amoreggiano tra loro mentre io prima le guardo e poi entro in gioco.

CASEY

Essere circondato da un'orgia di donne che vogliono fare sesso con me in tutti i modi possibili.

THORNTON

Guardare due donne che fanno sesso e poi unirmi a loro. Prima una alla volta, poi averle entrambe sopra di me. Io me ne sto sdraiato e loro mi leccano e mi succhiano.

LILAC

Fare sesso con altre donne, sconosciute e attraenti, come minimo due. Qualsiasi situazione va bene; loro iniziano a carezzarsi a vicenda e io le guardo, poi mi unisco a loro.

ZEBEDIAH

La mia fantasia più sensuale è quella di essere rapito e violentato da una donna nera, una asiatica e una bionda. La mia fantasia inizia con loro che mi legano sul lettino di un medico e mi obbligano a eccitare i loro genitali con la lingua finché non raggiungono l'orgasmo, poi a turno mi cavalcano sul pene finché non vengo.

CUBA

Fare sesso con due donne a turno, con pompini, sesso anale e lesbico. Tutto quanto, insomma.

LEANDER

Con un sacco di gente.

TEX

Lo spogliatoio di una squadra di calcio!!!

KRYSTAL

Il mio ragazzo che si scopa una bionda con entrambi che gemono e ansimano. Io la faccio godere passandole la lingua sulla passera e leccando i suoi succhi. Poi il mio ragazzo si mette a pomparla come un matto e sta per venirle dentro. Io lo tiro fuori da lei e prendo dentro di me tutto il suo sperma.

BJORN

Ci devono essere due donne che mi fanno un pompino, poi io eiaculo loro in faccia.

DARLING

Sono una donna ben carrozzata con una splendida coinquilina. Cambiamo spesso il colore dei capelli e della biancheria intima, ma a parte questo portiamo le stesse mise molto eleganti. Viviamo al piano inferiore di una casa a due piani piuttosto caotica. Un giorno, due bellissimi ragazzi vengono a stare al piano di sopra e noi li invitiamo a bere un bicchiere. Loro portano il vino e noi cuciniamo per loro e gli portiamo da bere. Finiamo tutti sul divano a parlare di noi (i dettagli cambiano ogni volta), e non facciamo a tempo a servirci che uno dei ragazzi fa già coppia con me e l'altro con la mia coinquilina, a volte sul pavimento e altre sul divano. Indossiamo la gonna per facilitare l'accesso e facciamo un grande sfoggio di biancheria intima in tinta e così via. A un certo punto i ragazzi ci portano sul retro della casa, nella stanza da letto, dove tutti e quattro ci aggrovigliamo insieme sul letto e facciamo sesso contemporaneamente.

EARL

Venire accarezzato ed eccitato da due ragazze abbigliate in modo erotico.

VASLAV

Essere immobilizzato e manipolato da diverse splendide ragazze.

Osservare da bordo campo

FORD
La mia fantasia più ricorrente è quella in cui mia moglie e io siamo in un locale notturno. Nel corso della serata mia moglie si mette a civettare, io capisco quello che sta succedendo e divento nervoso, ma la lascio continuare. Lei si mostra palesemente eccitata sulla pista da ballo e inizia ad attirare l'attenzione su di sé. Al termine della serata lasciamo il locale con una compagnia eterogenea e torniamo a casa nostra, dove tutti continuano a bere e l'atmosfera diventa sempre più maliziosa. Alcuni uomini iniziano a toccare mia moglie; lei mi guarda e io annuisco, così lei sale con loro al piano di sopra. Cinque minuti dopo salgo anch'io e li trovo tutti nudi. Tutti gli uomini hanno dei peni enormi e io guardo mia moglie fare sesso con loro dimenandosi in estasi per tutto il tempo.

DAVIS
Mia moglie mi dice quali atti sessuali compiere su un'altra donna mentre lei guarda e si masturba.

ANNA
Il mio partner che guarda donne nude molto sensuali, le tocca e poi fa sesso con loro, il tutto con la mia approvazione.

DIRK
Guardare mia moglie che fa sesso con altri uomini.

DAWN
Mi eccito di brutto all'idea di tornare a casa dal lavoro e trovare mio marito a letto con la mia migliore amica. Loro non si sono accorti che sono tornata a casa, così io mi infilo di nascosto dietro a un grosso armadio dove posso assistere alle loro stravaganze sessuali senza farmi scoprire. La mia amica è molto carina e io so che mio marito le sbava dietro

(chi non lo farebbe), perché è davvero bella. Nella fantasia lui e lei sono già completamente nudi, e si stringono l'uno al corpo dell'altra come se non ci fosse domani. Lui si è attaccato ai suoi seni rotondi, soffici e sodi, mentre lei si sta titillando i capezzoli rosa facendoli indurire. Ben presto lui inizia a far scivolare la punta del cazzo sulle grandi labbra di lei. Questo lo so bene perché lo fa quando è a letto con me e mi fa impazzire di piacere. A questo punto lei si mette a urlare: «Sbattimelo dentro, ragazzone, cavalcami, scopami, scopami, AAAHHH!» E quindi ha un orgasmo. Lui ha bisogno di pompare ancora un po' prima di scaricare, ma alla fine lo fa e un getto di seme appiccicoso gli zampilla fuori dal pene come un geyser, dritto nella passera di lei. Tutta questa scena mi arrapa al punto tale da costringermi a masturbarmi per tutto il tempo dietro l'armadio. A un certo punto perdo il filo e mi masturbo fino all'orgasmo, mordendomi una spalla per non urlare. A quel punto immagino di dover scendere a preparare la cena ai ragazzi, poi scende mio marito fingendo che non sia accaduto nulla.

FLEUR
Mi immagino mio marito con la sua puttana! So che facevano sesso in modo più bizzarro e veloce, dato che non avevano figli tra i piedi, quindi potevano fare sesso in pieno giorno, tutti i giorni. Mi immagino che lui lo faccia in modo schifoso e rozzo, e che lei non si diverta un granché. Mi piace pensare che non sia riuscito a ridurre me in quello stato!

JUNIOR
Una donna che fa sesso con tre uomini contemporaneamente, utilizzando ogni singolo orifizio.

MIGUEL
Ho un ottimo binocolo, che mi permette di guardare nella stanza da letto della giovane coppia che si è trasferita alla

porta accanto. Lasciano sempre aperte le tende, così la notte li guardo fare l'amore con il binocolo. Sono molto liberi e disinibiti e sembra che si divertano parecchio. L'uomo ha un uccello enorme, e sua moglie non fa che cavalcarlo. Fanno molto rumore, tanto che li sento da casa mia. Guardare questa coppia serve ad alimentare parecchie delle mie fantasie.

IGGY

Ho appena finito il liceo, e ragazzi se ne ho viste di cose laggiù, soprattutto altri ragazzi che fanno sesso. Io sono bruttino, quindi sfortunatamente non ne ho fatto per niente, ma ne ho visto MOLTISSIMO, soprattutto roba gay sul perverso, perché è questo quello che capita nelle scuole private inglesi, e chiunque dica il contrario sta mentendo. La mia fantasia si basa su un'esperienza reale che mi è capitata quando avevo 16 anni. Una mattina ero ancora disteso nel mio letto (dividevo la stanza con un altro ragazzo) quando all'improvviso è entrato questo bellissimo biondino che mi era sempre piaciuto e si mette a sedere sul letto del mio compagno di stanza. Loro pensano che io sia profondamente addormentato, e io glielo lascio credere. A questo punto il biondino inizia a sbaciucchiarsi con il mio compagno, e ben presto ci danno dentro come conigli. Dentro il pigiama mi diventa subito duro come il legno. Capisco che il loro petting sta diventando sempre più focoso, e in men che non si dica sento i loro vestiti volare dappertutto. Continuo a cercare di dare una sbirciatina ma ho paura che se ne accorgano e smettano, quindi tengo gli occhi chiusi, ma ogni tanto guardo per qualche secondo e questo mi manda in estasi. Ben presto a forza di baciarsi e masturbarsi a vicenda hanno sborrato entrambi, e lo stesso ho fatto anch'io senza nemmeno aver toccato il mio serpentello. Solo mi sarebbe piaciuto essere io ad attirare l'attenzione. Magari all'università.

LORENZO

Sono un avvocato. Nella mia attività mi capita di incontrare molte donne bellissime. Come potete immaginare, il mio studio presenta parcelle molto alte, e a volte le clienti femminili si mettono a piangere spiegando che non se le possono permettere. Io dico loro che se fanno sesso tra di loro e mi lasciano guardare rinuncerò alle loro parcelle. Ho messo insieme un'intera anticamera piena di donne compiacenti, che dietro mia richiesta si spogliano e si leccano la passera l'un l'altra mentre io siedo in poltrona, con le mani dentro i pantaloni e le mutande che sollevo lentamente il mio pene fino all'erezione. Raggiungo l'orgasmo insieme alle donne, poi torno in aula a condurre un controinterrogatorio con lo sperma negli slip.

GUY

Quand'ero a scuola gli spogliatoi dei ragazzi e delle ragazze erano uno di fianco all'altro, e ovviamente, sapendo come sono i ragazzi, qualcuno aveva fatto un buco in una delle piastrelle sulla parete per permettere ai ragazzi di sbirciare nello spogliatoio delle ragazze: fantastico! Ricordo che un giorno lasciai una lezione in anticipo insieme a un paio di amici per beccare le ragazze che si cambiavano, e attraverso la piastrella segreta vedemmo due tettone davvero magnifiche del sesto anno che si stavano infilando i costumi da bagno. In quel momento, proprio come in un film porno, le ragazze avevano iniziato a baciarsi e a toccarsi i seni. Poi si erano messe a ridacchiare e non era più successo molto, ma mi chiedo cosa sarebbe potuto succedere. Credo che io e i miei amici avremmo tutti voluto farci una sega proprio lì, ma ovviamente non lo facemmo, tuttavia nella mia fantasia mi immagino che le ragazze scoprano che le stiamo guardando e vengano a darci una lezione. Ci obbligano a ficcare la testa sotto le loro gonne e a divorarle (c'è odore di pesce, ma è molto saporito) finché non ci vengono in faccia, poi ci dicono di masturbarci ma non ci permettono di venire finché non lo dicono loro. È piuttosto bizzarra, ma da anni è la mia principale fantasia masturbatoria.

7. Tradire

« Un uomo deve fare qualcosa per alleviare la monogamia ».

Anonimo

Perché diavolo siamo infedeli?

Perché così tanti tra noi tradiscono il partner? E come definiamo il termine *tradire?* In base al Progetto di ricerca sulle fantasie sessuali britanniche, oggi sappiamo che circa il 55% della popolazione adulta ha prima o poi commesso un atto di infedeltà *extraconiugale.* Tuttavia, è forse ancora più scioccante che nel corso di un matrimonio o di un legame duraturo il 90% si dedichi a una o più relazioni *intraconiugali.*

Quanto importa se diventiamo infedeli a livello intraconiugale, masturbandoci con immagini di vicini di casa, colleghi di lavoro, sconosciuti incontrati per strada o celebrità del grande o piccolo schermo? È evidente che a certe persone non importa affatto. Missy, una delle intervistate che ha partecipato alla mia ricerca, mi ha detto « me ne frego se mio marito si masturba pensando ad altre donne. Perché non dovrebbe? Insomma, anch'io ho delle fantasie su altri uomini, è del tutto naturale. Voglio dire, non puoi continuare a guardare lo stesso corpo per trent'anni senza annoiarti un pochino. No, per me non c'è problema. Insomma, mi va bene. Starei male se pensassi che si eccita con qualcosa di sporco come, che ne so, ragazze adolescenti, o pornografia davvero squallida. Ma finché si tratta della buona vecchia voglia di altre donne, e finché se ne sta per conto suo, buona fortuna a lui».

L'atteggiamento benevolo, allegro e tollerante di Missy incarna quello di molti altri britannici; tuttavia, una porzione consistente di individui giudica l'idea di una «relazione intraconiugale» decisamente disgustosa e molto allarmante. Un'altra intervistata, una quarantenne che chiamerò Alice, mi raccontò di essere tornata a casa dopo una serata con le amiche e di aver trovato suo marito Benny che russava stravaccato sul divano del soggiorno, con una mano nei pantaloni e una rivista pornografica abbandonata sul pavimento. Prima di allora Alice non aveva mai sospettato che Benny si fosse servito di riviste «con le donne nude», né che avesse continuato a masturbarsi (lui lo aveva sempre negato), e il fatto di averlo «beccato» in quella sintomatica posizione l'aveva molto addolorata. «Mi sono sentita tradita e ingannata» spiegò «e gli dissi che quella notte non volevo che dormisse in camera con me. Sì, mi addolora davvero molto sapere che lui pensa ad altre donne. Io mi mantengo in forma per lui. Di certo non ho delle fantasie su altri uomini, quindi non vedo perché debba averne lui su altre donne. Lo trovo disgustoso, e mi ha spinto a chiedermi se mi posso fidare di lui anche sotto altri aspetti.»

Risulta evidente come le persone abbiano reazioni molto diverse all'idea di una relazione intraconiugale. Alcuni, come Missy, tollerano l'infedeltà mentale e ci si adattano senza problemi, mentre altri, come Alice, ne risultano profondamente offesi. Altri ancora, come Diego, provano un senso di colpa e di vergogna, a prescindere che i loro partner si imbattano o meno in prove tangibili come una rivista pornografica.

Nel 1948, il professor Alfred Kinsey e i suoi collaboratori stimarono che a un certo punto della vita circa il 50% di tutti gli uomini americani sposati, una percentuale decisamente alta, si era concesso un atto o una relazione extraconiugale. Nello studio del 1953 sulla sessualità femminile, Kinsey e i suoi colleghi stimarono che il 26% di tutte le donne americane sposate aveva fatto lo stesso; cifre decisamente sbalorditive, che corrispondevano a un totale di oltre 100.000.000 di americani infedeli nell'epoca dell'immediato dopoguerra.

Studi successivi, compiuti utilizzando metodologie più raffinate, confermarono l'accuratezza delle stime originali di Kinsey: circa la metà di tutti gli uomini sposati, e circa un quarto di tutte le donne sposate, a un certo punto della loro relazione hanno una o più relazioni *extraconiugali.* Studi più recenti hanno inquadrato la relazione coniugale in diverse categorie. Un team di ricercatori ha notato come le relazioni si possano classificare in una di queste tre tipologie:

1) Relazioni prevalentemente sessuali.
2) Relazioni prevalentemente emotive (senza contatto fisico a livello genitale).
3) Relazioni di tipo combinato (il coinvolgimento è sia fisico che emotivo).

Annette Lawson, una ricercatrice specializzata in materia di adulterio, ha notato come le relazioni extraconiugali si possano ulteriormente suddividere in altre tre categorie:

1) Relazioni *tradizionali*, nelle quali l'infedeltà resta consciamente nascosta al coniuge.
2) Relazioni *parallele*, nelle quali il coniuge tollera o perdona la relazione, e magari può avere a sua volta una paragonabile relazione extraconiugale.
3) Relazioni *ricreative*, nelle quali entrambi i coniugi partecipano liberamente a un matrimonio «aperto».

A quanto sembra, è evidente che non esiste un modello ben

definito di moderna vita coniugale. Ognuno può rimanere del tutto fedele, essere occasionalmente infedele o essere infedele in serie, e altrettanto può fare il partner, che può reagire con furore o con tolleranza, se non addirittura incoraggiare il coniuge. In altre parole, non esistono due coppie che conducano la propria vita coniugale allo stesso modo.

Lo psicologo americano Don-David Lusterman ha suddiviso le diverse varietà di relazioni extraconiugali in modo ancora più dettagliato, evidenziando come una relazione possa essere:

- A lungo termine o a breve termine.
- Segreta o non segreta.
- Puramente sessuale oppure corredata di un percepibile coinvolgimento emotivo.
- Eterosessuale o omosessuale (in altri termini, avere una relazione con una persona del sesso opposto o dello stesso sesso).
- Contraddistinta da contatto fisico o priva di contatto fisico.
- Intrecciata con una sola persona o con diverse altre persone.

Basandosi sulle proprie ricerche cliniche condotte su individui infedeli, Lusterman ha osservato come alcuni eventi significativi della vita possano fornire il pretesto immediato per iniziare una relazione. Per esempio una crisi di mezza età, la perdita di un genitore, la « sindrome del nido vuoto » quando i figli se ne vanno di casa, persino la disoccupazione, sono tutti « fattori di rischio » che aumentano notevolmente la possibilità di iniziare una relazione extraconiugale. Sulla base delle mie esperienze come psicoterapeuta coniugale, avendo lavorato con numerose coppie i cui matrimoni venivano minacciati dalla scoperta di una relazione extraconiugale, sono assolutamente d'accordo con Lusterman.

Oltre al fatto che una relazione viene innescata da qualcosa (per esempio una crisi di mezza età, un lutto in famiglia e così via) il dottor Lusterman ha poi teorizzato che le relazioni extraconiugali svolgono una varietà di funzioni. Lusterman ha osservato come gli individui sposati si dedichino ad almeno *quattro* diversi tipi di relazione:

1) *La relazione esplorativa*, nella quale mettiamo alla prova la solidità e la desiderabilità del nostro rapporto coniugale andando a scoprire se possiamo trovare altrove un sesso migliore, una conversazione migliore, una compagnia migliore o persino una cucina migliore.
2) *La relazione tripode*, nella quale ci serviamo di un atto di infedeltà per minimizzare la nostra paura di un'eccessiva intimità psicologica o di venire inglobati da un partner potenzialmente soverchiante.
3) *La relazione di rappresaglia*, di cui ci serviamo per vendicarci del partner se percepiamo di avere subìto un affronto o un'ingiustizia da parte sua.
4) *La relazione d'uscita*, nella quale la relazione extraconiugale è la base di lancio da cui si parte per liberarsi definitivamente di un matrimonio ormai insopportabile.

Il mio lavoro di psicoterapeuta e psicoanalista coniugale mi ha insegnato che uomini e donne assumono comportamenti d'infedeltà extraconiugale per parecchie ragioni, alcune delle quali da me già elencate al capitolo 3. Tra queste:

1) Una ricerca di qualcosa di diverso.
2) Una ricerca creativa di qualcosa che soddisfi bisogni e desideri fisici o emotivi insoddisfatti.
3) Una necessità di affermare o riaffermare la propria potenza sessuale e la propria desiderabilità.
4) Un attacco al proprio partner fisso.
5) Un attacco a se stessi, potenzialmente in grado di sabotare il proprio matrimonio e la stabilità della propria vita familiare.

6) Un sintomatico grido d'aiuto, o la comunicazione di un disagio in altre aree della propria psicologia.
7) La riproduzione di un trauma infantile, in particolare una segreta identificazione inconscia con dei genitori che magari hanno avuto a loro volta una o più relazioni extraconiugali.
8) Una protezione contro il timore di eccessiva intimità e assorbimento con un partner e uno soltanto.
9) Una salvaguardia contro l'ansia primordiale di essere divorato dal proprio coniuge o partner.
10) Una difesa maniacale contro l'ansia depressiva.

Le fantasie che seguono illustrano l'ampia sfera delle infedeltà nella vita di fantasia dei britannici.

Ti do la mia parola

La prima volta che ho posato gli occhi su Susannah l'ho vista talmente pudica e schiva che ho pensato le sarebbe stato impossibile condividere con me le sue fantasie sessuali. In effetti per lei era difficile riferire le sue fantasie in un colloquio faccia a faccia, quindi mi chiese se me le poteva scrivere. Impiegò trenta minuti buoni per scolpire le proprie risposte in modo molto ponderato. Le sue fantasie e quelle che seguono caratterizzano l'atteggiamento dei britannici nei confronti delle relazioni extraconiugali.

SUSANNAH

Sono una casalinga di cinquantadue anni e vivo nel Bedfordshire. Sono quasi sempre piuttosto depressa e il mio medico generico mi ha prescritto il Prozac, ma non sembra che mi aiuti poi molto. Mio marito è un ricco uomo d'affari ma è sempre in viaggio, e siccome non abbiamo avuto figli passo molto tempo da sola. Dato che il denaro non è un problema la nostra casa è tenuta davvero molto bene, e quando ho bisogno di fare qualche restauro o di ritinteggiare le pareti mio marito si dimostra sempre molto generoso, così io chiamo gli operai che mi servono. Provo un'intima eccitazione sessuale nel chiamare degli operai, che si tratti di opere di rilievo o di strani lavoretti in giro per la casa. Un giorno avevo bisogno di un nuovo bagno e a fare il lavoro venne questo giovane di ventotto o ventinove anni di nome Omar. Lo accolsi alla porta e lui entrò; puzzava un po' di sudore e fumava senza ritegno. Indossava dei jeans stracciati e scoloriti e un vecchio cardigan puzzolente, ma era un bel ragazzo e aveva la barba lunga di cinque giorni. Notai subito che portava un anello al dito medio, il che significava probabilmente che non era sposato ma solo uno di quei tipi trendy. Mi trovai subito un po' a corto di fiato, ed ebbi all'istante la fantasia che sarebbe stato fantastico se mi avesse scopata. Non sono particolarmente attraente, e nessuno degli operai che sono passati per casa mi ha mai fatto delle proposte, ma speravo che nel caso di Omar le cose potessero andare diversamente. Lo accompagnai in bagno e gli offrii una tazza di tè con i biscotti, ma lui rifiutò. Ci rimasi male, come se avesse già voluto respingermi. Continuai a bussare alla porta del bagno ogni mezz'ora per chiedere se avesse bisogno di qualcosa, e alla fine gli portai del succo di frutta con qualche muffin, che lui sembrò gradire molto. Provai a intavolare una conversazione ma non ci fu niente da fare, lui continuava a lavorare con grande scrupolo. Mi sentii morire, perché erano circa otto mesi che non facevo sesso con mio marito e speravo davvero che con Omar sarebbe successo qualcosa. Dopo circa tre o quattro ore apparve chiaro che non mi avrebbe fatto alcuna proposta, perciò gli dissi che stavo per fare una lunga telefonata nella mia stanza da letto e che sarei tornata giù a controllare a che punto era dopo un'ora circa. Salii nella mia camera, chiusi a chiave la porta e mi spogliai, restando in sottoveste e mutandine. Poi aprii un cassetto e presi il mio vibratore, uno strumento che avevo iniziato a utilizzare sempre più spesso quando mio marito era via. Mi sdraiai sul letto, chiusi gli occhi e accesi il vibratore, portandone la punta prima sul capezzolo destro e poi su quello sinistro da sopra la sottoveste. Immaginai che Omar fosse in camera con me e si fosse tolto la camicia, mettendo in mostra dei magnifici pettorali da operaio, e che fosse lui a manovrare il vibratore su di me. Quando i miei capezzoli si furono induriti al massimo iniziai a far scendere il vibratore verso le mutandine, mettendone la punta contro il mio clitoride ingrossato e le labbra umide, sempre fingendo che fosse Omar a stimolarmi delicatamente con il vibratore. Immaginai di sentire l'odore del suo corpo sudato, del fumo delle sue sigarette, e che mentre mi massaggiava i genitali con il vibratore mi stesse leccando i capezzoli attraverso la seta della sottoveste. Piano piano mi tolsi la sottoveste e le mutandine e iniziai a masturbarmi questa volta con le dita, infilando nella passera prima uno, poi due e infine tre dita. Poi tolsi le dita grondanti di liquido e me le strofinai sui capezzoli, dicendo « Sì, Omar, sì, fammi sentire il tuo odore di maschio. Sì, Omar, sì, scopami adesso prima che mio marito torni a casa ». Raccolgo di nuovo il vibratore che si infila agevolmente nella mia fessura. Ho questa immagine vivissima che il vibratore sia in realtà l'uccello duro come il ferro di Omar che si infila dentro e fuori, e che lui spinga a tutta forza scopandomi come un treno. Tutta questa attività mi fa raggiungere il più travolgente degli orgasmi; continuo a venire e venire, meglio che in qualunque orgasmo abbia mai avuto con mio marito, anche se siamo sposati da ventiquattro anni. Mi alzo, risciacquo la punta del vibratore e mi rivesto. Torno da basso a vedere Omar, che sembra non essersi neppure accorto che mi sia allontanata (è chiaro che di me non può importargliene di meno) e sento ritornare la depressione. Lui fa un lavoro magnifico con il mio nuovo bagno, ma alla fine della giornata se ne va e io non lo vedo mai più. Questo mi rende triste, tristissima, e non ho nessuno a cui raccontarlo. Nelle rare occasioni in cui faccio l'amore con mio marito mi servo di questa fantasia.

PERCY

Fare sesso con mia moglie pensando di fare sesso con un'altra.

JORDANA

Incontrare per caso un ex partner e finire per andarci a letto.

HESTER

Sono in una stanza d'albergo con il mio ex ragazzo, e mentre faccio sesso con lui il mio attuale ragazzo mi telefona, così mentre gli parlo al telefono cerco di non urlare.

PHILIPPE

La mia ex ragazza invita me e la mia attuale ragazza a una strana cena. La mia ex dice che vuole seppellire l'ascia di guerra e spera che possiamo essere tutti amici. Io penso sia una buona idea e rispondo «sì» al suo invito. Durante la cena iniziamo a ubriacarci tutti e facciamo una scorpacciata di budino. La mia ex va in cucina a preparare il caffè. Senza che nessuno se ne accorga tranne me, la mia ex torna a gattoni nella sala da pranzo, si infila sotto al tavolo e inizia a massaggiarmi il pacco da sopra i jeans. In pochi secondi mi diventa durissimo (lei è sempre stata molto brava a masturbarmi). Poi sento che mi abbassa la zip e in un attimo mi ha preso l'uccello in mano e poi in bocca, succhiandomelo alla grande, mentre la mia attuale ragazza è seduta al tavolo senza accorgersi minimamente di quanto sta accadendo. Io inizio a sudare per l'eccitazione. La mia ragazza mi chiede che cosa mi succede e io le rispondo «niente», lasciando che la mia ex continui a succhiarmi l'arnese. Le sborro in bocca e lei ingoia tutto quanto. Per come si era messa, non riesco a credere che ce l'abbiamo fatta.

LUCILLE

Ho questa fantasia di dire al mio ragazzo che sono stata convocata a un'importantissima e urgente riunione di lavoro, sono le 7.30 di sera e io devo uscire di casa. In effetti vado nell'atrio di un hotel nel centro di Manchester, e qui incontro questo splendido italiano nel quale mi sono imbattuta a un cocktail qualche settimana prima. Nella vita reale non ho fatto nulla con quest'uomo, ma nella mia fantasia ci incontriamo all'ingresso, prendiamo una stanza come « signori Smith » e ci mettiamo a scopare come dei forsennati. Lui si spoglia per me, mi schiaffa l'uccello sulla faccia e mi viene sulle tette, poi gli ritorna duro in pochi secondi e mi fotte, mi fotte, mi fotte. Torno dal mio ragazzo, che dorme davanti alla televisione con ai piedi diverse lattine di birre. Aggghhh!

OTTOLINE

Fare sesso con il mio amante in presenza di sua moglie e di mio marito.

CHRISTY

Essere in un altro posto con una persona che non è il mio partner, eccitata sessualmente dal modo in cui mi tratta e fa sì che io risulti irresistibile per quest'altra persona, mettercela tutta per fare sesso ma sapendo di volerlo tanto quanto l'altra persona, e fare qualcosa di totalmente diverso dal solito « dentro e fuori », sentirmi totalmente appagata e allo stesso tempo impaziente di farlo un'altra volta. Vivere ogni singolo momento.

NATALKA

Sto facendo sesso con il fantasma di Elvis quando entra mio marito.

8. Fantasie di celebrità

> «Non è possibile svergognare o umiliare le celebrità moderne. Quello che una volta si chiamava vergogna e umiliazione oggi si chiama pubblicità».
>
> P.J. O'Rourke, *The Enemies List*

Più stelle che in cielo

Tanto nello studio pilota del 2003 effettuato su 3.617 cittadini britannici quanto nella ricerca principale del 2004 fatta su un campione di 13.553 individui, ho voluto informarmi sulla frequenza delle fantasie sessuali che riguardavano celebrità. Nel porre la domanda non ho utilizzato una particolare definizione di «celebrità»; ho preferito lasciare che fossero gli interpellati a esprimere la loro idea di che cosa costituisca una celebrità. Com'è facile immaginarsi un minuscolo frammento di individui ha scelto politici e musicisti classici, una fetta più ampia ha indicato personaggi sportivi, mentre la larga maggioranza ha definito come «celebrità» le stelle del cinema, della televisione o della musica pop.

Circa il 25% degli intervistati ha ammesso di avere delle fantasie sessuali in piena regola su una o più celebrità, con gli uomini leggermente più dediti a questo tipo di incontri immaginari rispetto alle donne. Un fatto interessante è che le fantasie sessuali sulle celebrità tendono a prevalere tra i giovani, mentre appare piuttosto evidente come all'avanzare dell'età diminuisca il nostro interesse sessuale per le varie celebrità contemporanee. Nello studio pilota, per esempio, circa il 61% della sottocategoria compresa tra i 18 e i 24 anni aveva avuto fantasie sessuali su celebrità, in netto contrasto con il più misero 21% degli ultrasessantenni che dichiaravano fantasie similari. Considerando che gli stessi attori e musicisti sono per la maggioranza giovani, questo suggerisce che per quanto un uomo o una donna anziani possano apprezzare la bellezza e lo splendore di una giovane attrice o un giovane presentatore televisivo, la maggior parte di noi continua a preferire partner di età appropriata.

Sono diverse le attività sessuali che ci vengono in mente quando facciamo fantasie sulle celebrità; principalmente si tratta di normali rapporti eterosessuali, in misura minore di sesso orale o di scene romantiche. Meno dell'1% della popolazione adulta vorrebbe fare del sesso anale con una celebrità, ma di questi il 91% sono uomini e il 9% donne. Dai dati in mio possesso è possibile stilare una graduatoria degli atti sessuali o degli incontri romantici dei quali vorremmo fare oggetto una celebrità, o viceversa.

Tabella 12
Graduatoria delle attività sessuali preferite con le celebrità

1. Sesso normale.
2. Sesso orale.
3. Eccitazione visiva.
4. Scene romantiche.
5. Scene feticiste.
6. Sadomasochismo.
7. Sesso di gruppo.
8. Sottomissione alle celebrità.
9. Sesso anale.
10. Dominazione sulle celebrità.
11. Sesso in pubblico/Esibizionismo.
12. Estrema violenza sessuale.

Se si pensa che ultimamente i casi di molestie nei confronti delle celebrità sono diventati di pubblico dominio, è senz'altro rassicurante sapere che le fantasie di estrema violenza sessuale occupano l'ultimo posto della graduatoria. Ciò non toglie che 11 uomini e 10 donne tra i 13.553 cittadini britannici interpellati abbiano confessato di nutrire fantasie di estrema violenza sessuale nei confronti delle celebrità; il loro numero è pari allo 0,15% del campione, che rapportato alla popolazione in generale equivale a 69.700 individui. Va in ogni caso sottolineato che queste cifre rappresentano il numero di uomini e donne adulte (circa *un decimo dell'1%*) che nutrono *fantasie* di violenza nei confronti delle celebrità. Con ogni probabilità la grande maggioranza di queste fantasie sessuali non verrà mai messa in atto; sappiamo però che alcune celebrità sono tragicamente soggette a minacce di stupro e omicidio, spesso da parte di quelle stesse persone che fin dal principio nutrono fantasie sessuali verso certi divi.

Fortunatamente, quasi tutte le fantasie riguardanti celebrità implicano relazioni più piacevoli e meno dannose, come evidenziato dagli esempi che seguono.

HOGAN
Del buon vecchio sesso (con qualche preliminare) con Britney Spears, Jennifer Love Hewitt, Julia Roberts.

ENRICO
Robbie Williams.

HARPER
Fare sesso con Kylie.

SHANE
Cristopher Reeve nei panni di «Superman» con il suo costume da «Superman», prima dell'incidente, quando mi poteva ancora scopare per bene.

PRISCILLA
Jude Law nel remake di *Alfie.* Dio, quante donne ha scopa-

to in quel film! Mi piacerebbe essere una di loro. Ho questa fantasia ricorrente nella quale sono sul set del film, e Jude e io dobbiamo continuare a ripetere una scena di sesso. Al regista non va bene che fingiamo di scopare, e «per il bene del film» nonché per «*verismo cinematografico*» ci chiede di avere un rapporto vero senza il preservativo. Jude ha subito un'erezione e mi strappa via le mutandine. Si tuffa sulla mia fica e inizia a leccarla e a succhiarla a più non posso finché non gli fa male la mascella, poi immerge il suo uccello pulsante nella mia vagina e mi monta come un cane in calore, scaricandomi dentro un grosso fiotto di sperma. A me piacerebbe avere un figlio suo, perché immagino sarebbe bellissimo.

THERESA
Isabelle Huppert, l'attrice francese. Ha un corpo stupendo e un viso ancora più bello che arde di una calda sensualità francese. È chic e intelligente, il che mi eccita davvero molto. Nella mia fantasia preferita immagino che lei e io siamo amanti. Lei sguscia fuori dal letto di suo marito e si infila nel mio, dove facciamo l'amore nel modo più dolce che si possa immaginare, ma poi la cosa si trasforma in qualcosa di più impetuoso; ben presto ci troviamo a fare un 69, entrambe tuffate nelle reciproche zone sensibili, leccandoci l'un l'altra finché i muscoli delle nostre gambe iniziano a contrarsi e abbiamo entrambe una serie di orgasmi multipli che durano tutta la notte.

PEACHES
Ringo Starr.

ERROL
Un pompino da Catherine Deneuve quando era sulla ventina.

BEAUMONT
Tony Blair.

DEAGAN
Marilyn Monroe.

ASHLEY
Sandra Bullock, Joanna Lumley.

JOYCE
Sean Connery nei panni di James Bond (qualche annetto fa) con me come Bond girl, un personaggio alla Pussy Galore; dominante, con stivali a tacchi alti, cinture di pelle e fruste.

ISADORA
Gregory Peck. Probabilmente mi fa sembrare fuori moda. Ma non ho mai visto un uomo così bello in tutta la mia vita, be', forse a eccezione di Robert Taylor e Clark Gable, altre due stelle del cinema della mia gioventù. Ma Gregory è il pilastro della mia fantasia. Un figo. Credo sia morto adesso.

TILLY
Fare sesso con David Cassidy quand'era giovane, e anche fare un pompino al principe William.

KENTON
Prendere una copia delle 100 donne più belle della rivista *FHM*... questo sarebbe un buon inizio.

DOBIE
Kim Novak quand'ero un adolescente in servizio in marina; averla nella mia cuccetta quando smontavo di guardia.

BAKER
Scopare brutalmente Britney Spears.

LUCAS
Paris Hilton.

PALOMA
Farlo alla pecorina con Jackie Chan.

PATRICK
Farmi sedurre da Björk.

ANABELLA
Sesso dolcissimo con K.D. Lang.

SELMA
La mia è una fantasia di stupro con Brad Pitt. L'ho visto in *Troy* che saltava da tutte le parti, mettendo in mostra quelle chiappe sode e quelle cosce robuste e muscolose. Avrei voluto tuffarmi dentro lo schermo a prenderlo, e lasciare che lui prendesse me. Mi immagino di essere prigioniera in una galea di schiavi dell'antichità, e Brad mi prende insieme a diverse altre fanciulle; siamo tutte incatenate insieme, e lui mi libera solo per scoparmi come un pazzo e riempirmi dello sperma più bollente che abbia mai sentito. Il mio lavoro nell'accampamento dell'esercito è quello di essere la sua troia da fottere per l'eternità, o almeno finché non si stancherà di me e andrà a scoparsi qualche altra puttanella.

BERGER
La prima è Angelina Jolie. La mia fantasia è di sentire le sue labbra attorno al mio uccello mentre me lo succhiano. La seconda è Nana Visitor, una dei protagonisti della serie TV chiamata *Star Trek – Deep Space Nine*. Indossa un'uniforme molto attillata e agita il culo, il che mi fa venir voglia di masturbarmi.

MARIN
Hugh Grant, Tony Blair e Cherie Blair. Per qualche motivo sono invitata al 10 di Downing Street. Sono vestita in modo molto elegante. È in corso una festa e ci sono molti personaggi famosi. Cherie mi chiede se desidero visitare il celebre

N. 10. Andiamo di sopra, e appena entriamo nella camera lei mi costringe a sdraiarmi sul letto. Mi ritrovo la sua lingua in gola e la sua mano che mi va dritta sotto la gonna. Lei mi mette soggezione, così mi rilasso e le nostre lingue si incontrano. Apro le gambe e la mia gonna sale, poi le sue dita entrano dentro di me. Le sue dita mi fanno bagnare e non ho le mutandine. Lei non dice nulla ma mi strappa la camicetta, mi bacia e mi morde i seni con forza, dominandomi, e continua a baciarmi intorno alla vita. Mi allarga le gambe ancora di più e inizia a leccarmi la fica calda e bagnata. Io sono sua, farei qualsiasi cosa per lei. Inizio a venire dando colpi violenti contro la sua lingua. Mi metto a gridare, mentre vengo come non sono mai venuta prima. Svengo. Quando riprendo i sensi Cherie ha preso da un cassetto un lunghissimo dildo. È sdraiata di fianco a me, e si sta infilando dentro quel lungo dildo. « Bentornata » mi dice. « Vuoi che ti scopi con questo, puttana? » Io mormoro debolmente « Sì, ti prego ». Lei si mette sopra di me con un ghigno malvagio e il dildo ancora sepolto dentro di lei, e piano piano mi spinge nella fica quel lungo pene rosa. « Adesso ti scopo quella tua fica come si deve » mi dice, mentre inizia a dondolare in avanti dentro di me, con il pene che scivola dentro e fuori dalle nostre passere bollenti. Lei si mette a insultarmi, continuando a ripetermi come stia per venire e quanto sia calda la sua fica. Non ho mai sentito un linguaggio così volgare in vita mia, e la cosa mi eccita. Sento delle voci nel corridoio, ma Cherie non sembra curarsene. Tony e Hugh Grant entrano nella stanza, sardonici come due gatti dello Cheshire e con lo stesso sorriso. Prima che me ne accorga Hugh mi sta infilando in bocca il suo cazzo duro. Io succhio avidamente mentre Cherie continua a scoparmi, senza smettere di urlare oscenità. Cambia posizione e si mette ancor più sopra di me. Poi, mentre succhio il dolce cazzo di Hugh, Tony inizia a fottermi il culo, umido dei liquidi miei e di Cherie. Cerco di urlare ma l'uccello che ho in bocca me lo impedisce. Cherie sta urlando e mi chiama la sua puttana, la sua cagna, e intanto viene ripetutamente. Poi sento Tony che si muove a strappi dentro di me. Il mio culo si riempie di sperma caldo e appiccicoso, mentre Hugh mi scarica il suo nella bocca. Io sto per soffocare e ingoio lo sperma. Per tutto il tempo non ho fatto che venire e venire. Mi sento calda ed esausta. Tony e Hugh iniziano entrambi a rivestirsi e Cherie si affloscia su di me, esausta. Quando Hugh e Tony se ne vanno Tony dice: «Grazie, puttanella, non dire una parola alla stampa e un giorno o l'altro lo rifacciamo». Cherie non ha finito. Sfila il dildo da dentro di lei, ma è ancora dentro di me. Lei inizia a succhiarne via i suoi umori, facendo scivolare lentamente la bocca su e giù per la sua lunghezza. Si mette a leccarmi via dal culo lo sperma del marito e mi scopa con dolcezza con il dildo. Mentre lei succhia avidamente lo sperma del marito dal mio culo inizio a venire di nuovo. Vengo e poi mi addormento.

Il grande conto alla rovescia delle celebrità

Ci sono diverse ragioni alla base del richiamo esercitato dalle celebrità sulle fantasie sessuali, dalla pura e semplice attrazione fisica all'espressione di un desiderio di identificazione, fino all'impulso invidioso di danneggiare o di aggredire una persona che noi riteniamo «abbia tutto». Nella mia esperienza clinica, uomini e donne iniziano a interessarsi delle celebrità quando non si sentono considerati, ascoltati o presi sul serio dalle persone a loro più vicine e più care. Ripeto spesso che esiste una sola autentica definizione di celebrità: essere famoso nella propria famiglia, in altre parole essere qualcuno che ottiene dai familiari e dagli amici la stessa attenzione che i paparazzi dedicano ai personaggi dello spettacolo o dello sport.

Nella tabella seguente, basata sulla ricerca principale sulle fantasie sessuali britanniche, sono elencate le celebrità che suscitano la maggiore eccitazione erotica.

Tabella 13

Graduatoria delle celebrità maschili oggetto di fantasie

Posizione	Celebrità maschile	Favorita dagli uomini*	Favorita dalle donne*
1	Robbie Williams	13%	87%
2	Russell Crowe	0%	100%
3	Brad Pitt	17%	83%
4	George Michael	12%	88%
5	Mel Gibson	6%	94%
6	David Beckham	51%	49%
7	Kevin Costner	0%	100%
8	Sir Cliff Richard	11%	89%
9	George Clooney	0%	100%
10	Simon Cowell	0%	100%
11	Jen-Claude Van Damme	18%	82%
12	Jon Bon Jovi	0%	100%
13	Richard Gere	3%	97%
14	Jude Law	43%	57%
15	Tom Cruise	30%	70%

Tabella 14

Graduatoria delle celebrità femminili oggetto di fantasie

Posizione	Celebrità femminile	Favorita dagli uomini*	Favorita dalle donne*
1	Kylie Minogue	96%	4%
2	Britney Spears	74%	26%
3	Sarah Michelle Gellar	97%	3%
4	Pamela Anderson	98%	2%
5	Angelina Jolie	70%	30%
6	Jordan	91%	9%
7	Julia Roberts	100%	0%
8	Marilyn Monroe	92%	8%
9	Kelly Brook	93%	7%
10	Joanna Lumley	100%	0%
11	Paris Hilton	93%	7%
12	Carol Vorderman	98%	2%
13	Nicole Kidman	97%	3%
14	Jennifer Aniston	89%	11%
15	Madonna	88%	12%

* Queste percentuali, tutte arrotondate all'unità più vicina, si riferiscono alla quota di interpellati che ha ammesso di coltivare una o più fantasie erotiche riguardanti le suddette celebrità maschili e femminili.

I dati rivelano molti aspetti interessanti, non ultimo il fatto che ogni anno queste graduatorie cambiano radicalmente. Quando ho condotto lo studio pilota su 3.617 britannici nell'aprile del 2003, per esempio, il cantante pop Justin Timberlake occupava uno dei primi posti nella lista ristretta delle celebrità maschili sulle quali i britannici nutrivano fantasie sessuali, ma già tra novembre e dicembre del 2004, il periodo nel quale ho condotto la ricerca principale su ulteriori 13.553 britannici, il signor Timberlake era praticamente svanito dalla coscienza nazionale. In realtà è assai probabile che alcune delle trenta celebrità sopra menzionate, sia maschili che femminili, abbiano già perso il loro ascendente sull'immaginario collettivo, il che suggerisce come le celebrità assolvano una varietà di funzioni psicologiche e sessuali in un particolare momento, passato il quale la gente ne fa a meno. Soltanto Marilyn Monroe, scomparsa nel 1962, resta nella lista delle trenta celebrità più desiderate, a dispetto del fatto di essere morta da quasi mezzo secolo.

La suddivisione per orientamento sessuale fornisce informazioni altrettanto interessanti. Come ci si poteva aspettare, praticamente tutte le celebrità femminili costituiscono un oggetto del desiderio per i maschi eterosessuali interpellati, mentre a eccezione di Angelina Jolie e Britney Spears praticamente nessuna delle prime quindici celebrità femminili risulta particolarmente attraente per le donne lesbiche o bisessuali, o per quelle prevalentemente eterosessuali che potrebbero avere delle fantasie su altre donne. Quando si tratta di celebrità maschili, invece, un discreto numero degli uomini più eroticamente stimolanti sembrano attrarre tanto le donne eterosessuali quanto gli uomini gay e bisessuali, oltre a quelli prevalentemente eterosessuali ma che nutrono fantasie omosessuali. David Beckham, per esempio, l'unico personaggio sportivo in graduatoria, attrae più gli uomini che le donne (51% contro 49%), il che lo rende indiscutibilmente la principale «icona gay» della Gran Bretagna, malgrado abbia una moglie e dei figli; George Michael invece, dichiaratamente gay, attira infinitamente più le donne che i gay (88% contro 12%), a dispetto delle sue ben note preferenze sessuali. Forse David Beckham risulta più eccitante per gli uomini perché sanno di non poterlo avere, esattamente come accade alle donne per George Michael?

E che dire di Joanna Lumley e Julia Roberts, due donne molto attraenti che hanno sollecitato milioni di fantasie maschili? Perché queste donne non attraggono altre donne, mentre Angelina Jolie e Britney Spears sono assai più popolari nella cultura lesbica? Stessa situazione per George Clooney e Russell Crowe, che secondo queste statistiche sono dei partner ideali per le donne di tutto il mondo ma non esercitano alcuna attrazione sui gay. Non essendo un esperto di celebrità, eviterò di fornire interpretazioni arbitrarie di queste differenze, salvo sottolineare il fatto che esse ci offrono un'ulteriore indicazione circa la complessità della vita erotica.

Malgrado tutte le celebrità sopra citate, a eccezione di Marilyn Monroe, siano di epoca contemporanea e in quanto tali conosciute dal grande pubblico, è interessante notare come i membri più vecchi della popolazione rimangano fedeli agli uomini e alle donne che furono oggetto delle loro fantasie nel passato, e che in molti casi sono ancora i loro amanti immaginari. Di conseguenza, la lista più lunga e completa delle celebrità comprende numerosi riferimenti a stelle del cinema e della musica in voga negli anni '40, '50 e '60, tra cui Brigitte Bardot, Honor Blackman, Pat Boone, Charles Bronson, Doris Day, Clint Eastwood, Jane Fonda, Clark Gable, Ava Gardner, Rita Hayworth, Katharine Hepburn, Tom Jones, Gene Kelly, Grace Kelly, Deborah Kerr, Burt Lancaster, Sophia Loren, Robert Mitchum, Paul Newman, Elvis Presley, Robert Redford, Ginger Rogers, Frank Sinatra, Raquel Welch e molti altri che sarebbe troppo lungo menzionare. È evidente come a dispetto dell'attuale bombardamento di manifesti pubblicitari pieni di Kylie Minogue e Robbie Williams, gli interpellati più anziani (coloro che raggiunsero la maturità erotica subito prima o subito dopo la Seconda guerra mondiale) rimangano fedeli alle loro primitive e più formative impressioni sessuali.

9. Orientamento sessuale

> La vita di un uomo contiene profondità nascoste e ampie zone di segreto.
>
> Plinio il Giovane

Il caso del dildo indossabile

Dall'esame accurato dei nostri dati sull'orientamento sessuale, sappiamo che quasi tutti i cittadini britannici si posizionano lungo un continuum che spazia dall'estrema eterosessualità all'estrema omosessualità. Molti «etero» si infurierebbero profondamente se qualcuno osasse mettere in dubbio la loro eterosessualità, così come molti gay si sentirebbero estremamente insultati se qualcuno si azzardasse a mettere in discussione le loro credenziali relative all'orientamento sessuale.

Prendiamo in considerazione la fantasia fornita da Ulrich, un partecipante cinquantaduenne al Progetto di ricerca sulle fantasie sessuali britanniche. Ulrich non ha alcun problema ad abbracciare in modo caloroso e virile i suoi amici al pub, ma aborrisce qualsiasi altra espressione di intimità con un altro uomo, sia essa fisica o emotiva. Ecco la fantasia sessuale preferita da Ulrich, che ruota interamente intorno ai genitali femminili.

ULRICH

Amo la FICA! Questa è l'unica cosa sulla quale faccio fantasie: fica, fica, fica, nient'altro che fica. A me sembra assolutamente normale, non è così per tutti gli uomini? Mi masturbo fino all'orgasmo almeno cinque o sei volte al giorno, e quando mi meno l'uccello mi piace ripetermi oscenità. Dico cose come: «Mi sto masturbando il pene, pestandomi il budino, sbattendomi l'uccello, sto facendo una sega al mio grosso affare». Poi dico: «Adesso schiaffo il mio bastone da chiavata in un bel taglietto peloso, in una bella passera bagnata, e faccio urlare la puttana. Mi piace stare a guardare una fica pelosa, piantare la mia verga in quella grossa apertura e riempirla di sborra». Non so perché ma mi eccito moltissimo quando mi dico queste volgarità. Faccio un grande uso di pornografia, nelle riviste e su Internet, e mi piace guardare le foto di donne scopate da grossi cazzi, con questi uccelli pelosi che entrano ed escono, e gli uomini che fanno sbattere i loro testicoli pelosi sui pubi pelosi delle loro passere, riempiendole di cazzi e di sperma. Adoro la fica! Datemene ancora.

Quando ho letto per la prima volta la fantasia proto-eterosessuale di Ulrich, e poi l'ho riletta, mi sono chiesto perché si fosse preso la briga di descrivere in modo così vivace queste donne «scopate da grossi cazzi, con questi uccelli pelosi che entrano ed escono, e gli uomini che fanno sbattere i loro testicoli pelosi sui pubi pelosi delle loro passere, riempiendole di cazzi e di sperma». Alcuni commentatori psicologici potrebbero saltare alla conclusione che Ulrich si eccita, almeno in parte, al pensiero del membro maschile; tuttavia, avendo io parlato con lui, ne ho ricavato la forte impressione che prenderebbe a pugni in faccia chiunque avanzasse una simile ipotesi in sua presenza, o anche alle sue spalle.

Ho incluso la fantasia di Ulrich per affrontare l'argomento della *complessità* nel campo dell'orientamento sessuale. Sulla base dei risultati dei questionari e delle mie interviste cliniche, posso confermare che malgrado la larga maggioranza dei britannici abbia un orientamento sessuale definito in modo ragionevolmente chiaro (vale a dire eterosessuale, omosessuale o bisessuale), molte persone hanno la capacità di manovrare, in modo più o meno circoscritto, lungo il continuum dell'orientamento sessuale. Alcuni lo fanno solo occasionalmente, come nel caso di «Romney», un eterosessuale di grande esperienza che nei suoi trentatré anni di vita è andato a letto con molte donne, ma che si presentò a una seduta di psicoterapia in preda al panico perché nel weekend aveva sperimentato una polluzione notturna sognando un vecchio amico delle medie, con il quale all'età di dodici anni aveva provato, in una sola e unica occasione, una reciproca masturbazione. Romney sapeva che una simile esperienza eiaculatoria non metteva in dubbio le sue relazioni decisamente soddisfacenti con le donne, e che il suo sogno non significava necessariamente che lui fosse «segretamente omosessuale». Ma dopo avere analizzato il significato del suo sogno, Romney giunse alla conclusione che nella sua vita c'era una parte di lui che agognava l'affetto e l'apprezzamento degli uomini, in particolare di un padre molto distante che lui non riusciva mai a compiacere. Dopo aver discusso quel sogno vagamente omosessuale, Romney arrivò a comprendere che «forse c'è un lato omosessuale in ciascuno di noi, e se così fosse che problema c'è?» Romney aveva reagito all'eruzione inaspettata di pensieri omosessuali in modo relativamente sereno.

Altri uomini e donne sostanzialmente eterosessuali, tuttavia, si agitano molto più di Romney quando pensieri gay o lesbici iniziano a varcare la loro soglia psicologica. Allo stesso modo, ho incontrato diversi pazienti gay e lesbiche che si preoccupano molto quando provano un'imprevista eccitazione per un membro del sesso *opposto*.

Per alcune persone l'orientamento sessuale è una faccenda piuttosto chiara, in particolare per quanti vivono alle estremità del continuum; ma per un gran numero di persone adulte possono esistere zone più o meno ampie di grigio, le quali possono produrre una miscela di eccitazione e confusione. Il nostro cervello lavora a una tale velocità che ognuno di noi, quando incontra uno sconosciuto, nel giro di due o tre secondi è in grado di stabilire ben di più che se quella persona è maschio o femmina, vecchia o giovane, gentile o maligna, vivace o depressa, ricca o povera, elegante o sciatta; utilizzando non soltanto il nostro apparato visivo ma anche la nostra intuizione possiamo assorbire un'impressionante quantità di dati, che ci forniscono indizi rivelatori per aiutarci a diagnosticare la vita sessuale dell'altro.

Nella nostra cultura sempre più sessualmente liberata, molti di noi amano credersi capaci di « sgamare » le altre persone, esprimendo spesso su queste persone giudizi eccessivamente rapidi e immensamente presuntuosi basati su caratteristiche superficiali. Quante persone continuano a coltivare lo stereotipo che tutte le lesbiche portino i capelli corti o che tutti i gay abbiano l'orecchino o i polsi flaccidi?

Nel corso degli anni ho conosciuto un discreto numero di lesbiche e di gay conformi a questi stereotipi fisici, ma ne ho incontrati altrettanti che non lo sono affatto; ho inoltre intervistato donne dai capelli cortissimi che erano sposate con quattro figli e uomini dai lineamenti effeminati che si rivelavano donnaioli compulsivi. Allo stesso modo, ho conosciuto lesbiche che farebbero sembrare mascolina Claudia Schiffer e gay che potrebbero guidare un mezzo corazzato attraverso una tempesta nel deserto.

Per quanto ci si diverta spesso a fare rapide diagnosi amatoriali sulla vita sessuale degli altri, spesso ci si sbaglia completamente, perché in questa materia non basta un semplice sguardo per giudicare. A volte si può indovinare con grande precisione se una persona sia gay o etero. Ma altre volte anche un esperto psicologo può essere colto in fallo.

Se è già abbastanza difficile accertare l'orientamento sessuale di qualcuno con un semplice sguardo, immaginate quanto sia ancora più difficile determinare i *comportamenti* sessuali di una persona, per non parlare delle sue *fantasie*. Molti anni fa visitai per un consulto un uomo di mezza età che chiamerò il signor Erlenmeyer. Indirizzatomi dal suo medico generico, il signor Erlenmeyer si presentava come una persona piuttosto effeminata. Teneva il capo infantilmente piegato sulla sinistra, portava un grosso anello d'argento sul dito medio della mano sinistra e aveva un tatuaggio sull'avambraccio destro. Basandomi su queste caratteristiche fisiche diedi per scontato che fosse omosessuale, ma questo gentiluomo mi sorprese quando iniziò a parlarmi della moglie e delle due figlie. La seduta proseguì in modo relativamente normale e lui mi raccontò della sua depressione, delle sue inibizioni sul lavoro e di vari sintomi psicosomatici come emicranie e dolori di stomaco; quindi, dopo circa quaranta minuti, il paziente mi disse che era alle prese con una vera e propria difficoltà sessuale. « Aha » pensai compiaciuto « adesso mi confesserà le sue segrete relazioni omosessuali. » Ma il signor Erlenmeyer mi sorprese di nuovo rivelandomi di avere un'amante di nome Gwendolyn che amava colpire con un frustino da cavallo. Iniziava a sentirsi in colpa per il fatto di tradire la moglie, la quale già sospettava che lui avesse una relazione.

Come potremmo definire la sessualità del signor Erlenmeyer? Lo possiamo considerare un eterosessuale? Possiamo sospettare, a causa della sua effeminatezza, che sia in realtà un omosessuale ma che non lo sappia, a testimonianza di ciò che gli psicoanalisti hanno spesso definito « omosessualità *latente* »? Il signor Erlenmeyer si era definito « etero », senza mai mostrare alcuna tendenza a un interesse sessuale per altri uomini.

Un altro paziente, che chiamerò signor Frankenberg, arrivò nel mio studio lamentandosi di avere perso qualsiasi interesse sessuale per la moglie. Aveva un orecchino e dei piccoli baffetti, e ancora una volta io saltai alla conclusione che in realtà fosse gay. Il signor Frankenberg rivelò poi che il suo interesse sessuale nei confronti della signora Frankenberg aveva iniziato a dissolversi dopo che lui aveva iniziato una relazione extraconiugale con Drake, un giovanotto che lavorava nel suo ufficio. «Aha» pensai di nuovo «l'orecchino e i baffetti sono davvero elementi rivelatori.» Tre settimane dopo, il signor Frankenberg venne alla seduta informandomi che aveva da raccontarmi qualcosa di veramente inaspettato. «Ulteriori rivelazioni sulla sua omosessualità nascosta?» mi domandai in silenzio. In realtà, il signor Frankenberg confessò con grande imbarazzo di avere appena conosciuto una splendida donna che lui adorava più della moglie e più di Drake, e desiderava discutere l'opportunità di lasciare sia la moglie sia il suo amante per questa nuova signora.

Come possiamo descrivere il signor Frankenberg? Lo definiremmo un uomo essenzialmente eterosessuale che ogni tanto devia dalla rotta? Lo possiamo considerare bisessuale, un uomo in grado di intrattenere relazioni fisiche con persone di entrambi i sessi? Oppure lo classifichiamo come un omosessuale che va a letto con le donne solo per difendersi dalla sua vera natura apparentemente omosessuale? Non c'è dubbio che in un collegio di professionisti della salute mentale, sessuologi e gente comune ciascuno avrebbe una propria opinione sul signor Frankenberg. Dal canto suo, lui rifiutò di autodefinirsi, dicendomi un giorno che per quanto fosse confuso non voleva vivere la sua vita «chiuso in una scatoletta».

Questi due brevi episodi danno un'idea circa le potenziali complessità della vita erotica. Negli ultimi due decenni ho conosciuto una moltitudine di pazienti le cui vite sessuali mettevano in discussione una per una le ipotesi più comuni che siamo soliti nutrire sulla natura della sessualità umana.

È chiaro che casi di questo genere sfidano il nostro concetto di sessualità come creazione monolitica. I miei colleghi e io abbiamo conosciuto uomini gay che hanno un'erezione in presenza di donne, donne etero cui piacciono uomini omosessuali, lesbiche che provano un forte desiderio per uomini eterosessuali e uomini etero che dopo una sbronza si sono ritrovati a fare sesso con un altro uomo. Esiste qualcuno che abbia un'identità sessuale chiaramente consolidata oppure siamo tutti preda della confusione? Non sarà che gli psicoterapeuti conoscono solo quelle persone che si dibattono nella confusione sessuale?

Dal punto di vista della classificazione, il caso più impegnativo che mi sia mai capitato fu quello della coppia uomo-donna formata da Pablo e Leonore, entrambi quarantaduenni. Dopo anni di vivaci rapporti sessuali, Leonore acquistò un dildo indossabile. Una volta scartato questo nuovo giocattolo sessuale, Pablo insistette che Leonore si allacciasse alla vita il dildo e lo penetrasse analmente. Abbiamo quindi una situazione in cui una coppia sposata apparentemente eterosessuale ha un rapporto nel quale si rovesciano le tradizionali posizioni di «penetrante» e «penetrato», con Leonore che finge di avere un pene con il quale penetrare il retto del marito. Lo dobbiamo interpretare come un pittoresco rapporto sessuale tra due eterosessuali sposati, o dobbiamo considerare le attività sessuali di Pablo e Leonore come un indice di grave turbamento mentale, segnalato dal fatto che Leonore non sa se avere un pene o una vagina e che Pablo vuole subire una penetrazione anale da un pene indossabile, il che indicherebbe una sua primaria preferenza per l'omosessualità? In verità, questa coppia solleva una tale quantità di obiezioni alle teorie più ortodosse sulla sessualità che non saprei da dove iniziare i miei tentativi di teorizzazione.

Se i *comportamenti* sessuali ci possono confondere e obbligarci a rimettere in discussione i nostri concetti di classificazione, allora provate a immaginare quanto diventi complessa la situazione quando prendiamo in esame la *fantasia* sessuale. Se ci possiamo ingannare quando proviamo a indovinare se una persona va a letto con le donne o con gli uomini, vi posso dire che questo genere di indovinello diventa infinitamente più problematico se tentiamo di prevedere quali fantasie farà una persona durante un rapporto sessuale o durante la masturbazione. Per quante difficoltà incontriamo nel prevedere i comportamenti sessuali, alla prospettiva di anticipare quale sia la fantasia masturbatoria di una persona dobbiamo alzare le mani e arrenderci. Il contenuto delle fantasie di una persona non lo si può capire attraverso un semplice sguardo, ma neppure se si avesse a disposizione un diario che descriva nei dettagli la sua intera storia sessuale. Le nostre ricerche rivelano come alcune persone che non hanno mai avuto un'esperienza omoerotica in vita loro si dedichino diffusamente ai rapporti omosessuali nelle loro fantasie, mentre altre che non hanno mai avuto un rapporto eterosessuale abbiano frequentissime fantasie sul sesso opposto. Nel mondo della fantasia sessuale ogni regola e convenzione viene messa in discussione.

La panoplia dell'erotismo: visionari creativi o semplicemente confusi?

RUSSELL
Essere legato a una sedia e costretto a guardare un altro uomo che fa l'amore con mia moglie.

SANDY
Essere con un ragazzo giovane, sui diciotto anni, con il quale spogliarsi a vicenda e succhiarsi l'uccello l'un l'altro. Teneri baci a piena bocca. Non sono gay, ma ho dei pensieri erotici come questo. E poi guardare due donne molto sexy che so essere lesbiche mentre fanno l'amore tra loro.

TAYLOR

Di solito sesso a tre con due uomini o due donne o un uomo e una donna. Anche fantasie lesbiche.

AMBROSE

Io e altri ragazzi etero siamo via per il fine settimana; ci ubriachiamo e ci facciamo trascinare, iniziamo a fare stupidaggini, ci spogliamo, eccetera. Il tutto di solito sfocia in massaggi reciproci e masturbazione di gruppo in cui tutti si danno una mano.

UNDINE

Essere con un'altra donna che fa la sottomessa, mentre io fingo di essere un uomo e la prendo da dietro alla pecorina.

SALVADOR

Una donna si sta facendo scopare vaginalmente da un certo numero di uomini, ciascuno dei quali viene dentro di lei. Quando tocca a me la scopo insieme a un altro ragazzo (insomma una doppia entrata), sapendo che lo sperma dell'altro ci aiuta a entrare meglio nella vagina di lei. Il pensiero di sfregare il mio uccello contro quello di un altro insieme a tutta quella sborra, oltre al fatto che possiamo venire insieme dentro di lei, è quello che mi fa davvero arrapare. A volte aggiungo qualcosa alla fantasia, immaginando di leccare il clitoride della donna e l'uccello e le palle dell'altro ragazzo mentre la fotte, assaporando la sborra di tutti gli uomini venuti prima di noi che le cola da dentro, prima di penetrarla anch'io. In realtà sono gay, ma ho spesso la fantasia di fare sesso con una donna, a patto che ci siano anche altri uomini. Di tutte le fantasie che davvero mi attizzano, questa è la principale.

ELEANOR

Essendo io lesbica può sembrare strano, ma nelle mie fantasie faccio quasi sempre l'amore con uno sconosciuto qualsiasi, con il quale passo un giorno o una notte di sesso semplice, rapido e sfrenato. Nella realtà non credo sarebbe una cosa molto piacevole, eppure mi manca qualcosa del sesso etero... forse la sua banalità fisica.

CAMPBELL
Sono in piedi nudo dietro a un altro uomo, con l'uccello in erezione tra le sue gambe; gli faccio una sega sopra una donna sdraiata sulla schiena che si sta masturbando di fronte a noi. Quando è coperta di sborra mi metto a leccarla, poi la scopo nel culo alla pecorina.

VERONIQUE
Guardo un uomo e una donna che fanno sesso, masturbandomi in un angolo. Per essere lesbica è uno strano modo di eccitarsi.

SANTIAGO
Andare in un locale notturno, rimorchiare una donna molto forte di petto, portarmela a casa e scoprire che è un transessuale.

WANDA
Mi immagino di essere una ragazzina, diciamo sui 18 anni. Mi avventuro tra le dune di sabbia dietro a una spiaggia per nudisti gay (ovviamente nudi) e vengo abbordata, oppure abbordo io due studenti gay che davanti a me si esibiscono nel più osceno degli amplessi gay.

YVES
Essere dell'altro sesso e fare sesso.

ZAZA
Fare sesso con un dildo indossabile con mio marito, penetrandogli l'ano.

Uomini che amano le lesbiche

Per molti, la propensione maschile alla fantasia sulle lesbiche e alla pornografia lesbica costituisce l'autentica cartina di tornasole dell'eterosessualità. Perché limitarsi a una sola donna quando si può godere di due o più donne che fanno sesso tra loro? In apparenza, il consumo da parte di uomini eterosessuali dell'iconografia lesbica sembra piuttosto evidente: agli uomini etero piace vedere donne nude.

Le scrittrici femministe hanno sottolineato più volte che per quanto le fantasie maschili sulle lesbiche sembrino indicare un amore per le donne, in realtà esse esprimano ostilità nei loro confronti, in quanto le trasformano in oggetti pornografici del teatro maschile. La ricerca psicoanalitica, invece, suggerisce che ci può essere un'altra componente alla base dell'amore maschile per il lesbismo. Ethel Spector Person, eminente psicoanalista americana, si è chiesta perché gli uomini si eccitino al pensiero di due donne che fanno l'amore tra loro invece di eccitarsi alla prospettiva che sia un uomo a fare l'amore con una donna. Secondo la Person, spesso gli uomini si eccitano alla prospettiva di guardare due donne che fanno l'amore perché l'uomo nutre dei timori inconfessati sulla sua stessa potenza, sulla sua capacità di soddisfare una donna. Nella loro vita, prima o poi quasi tutti gli uomini si preoccupano delle dimensioni o della capacità di erezione del loro pene; di conseguenza, la fantasia saffica non solo gratifica il piacere di osservare un corpo femminile nudo, ma solleva l'uomo dal peso di dover essere lui a soddisfare la donna. La professoressa Person ha notato inoltre come molti uomini che amano gli scenari lesbici *inconsciamente si identifichino* con le donne e con il loro corpo, e invece di apprezzare la vista di un uomo e una donna che fanno l'amore, scena in cui altri uomini etero amano immaginarsi nella parte dell'uomo, preferiscono guardare due donne e immaginarsi nella parte di una di loro o di tutt'e due. La fantasia lesbica, priva di figure maschili, elimina inoltre qualsiasi competizione mascolina; in altre parole, il maschio che ha questa fantasia non ha rivali maschili, nessuna figura paterna, nessuna figura fraterna, nessun capufficio che possa in qualche modo minacciare il suo senso di potenza.

Inoltre, nel discutere sull'eccitazione fornita dalle fantasie lesbiche con gli uomini in psicoterapia e con quelli che hanno partecipato alle mie interviste, ho scoperto scientificamente che molte di queste persone hanno sperimentato uno o più episodi di rilevante deprivazione materna, spesso di natura macroscopica, nei primi cinque anni di vita, il che stimola un desiderio di *cure materne extra*, in questo caso fornite attraverso la fantasia di più donne che intrecciano rapporti sessuali.

L'interesse degli uomini eterosessuali per il lesbismo serve a illustrare i diversi strati di complessità dell'orientamento e del desiderio erotico, come esemplificato dalle fantasie che seguono. Questi racconti testimoniano una passione per le donne o un'ostilità nei loro confronti, o magari una combinazione delle due cose?

FELIPE

La mia fantasia sessuale preferita è completamente incentrata su Billie, la mia ex ragazza. Siamo usciti insieme per circa sei mesi, poi mi ha lasciato, la stronza. Non so ancora perché, lei mi disse solo che per lei la cosa non funzionava. Quando la vidi la volta successiva, passeggiava per la città abbracciata a questa pollastra molto arrapante, e più tardi ho scoperto che era proprio diventata lesbica. Una grande perdita per l'umanità, anche se capisco che lei trovi sexy le ragazze, è lo stesso per me... Non ne ho mai abbastanza. Comunque, non divaghiamo. Nella mia fantasia, Billie viene a casa mia e mi dice di avere fatto un grosso errore, che non avrebbe dovuto diventare lesbica, che aveva solo attraversato una stupida fase da liceale e che insomma mi rivuole indietro. Io sono molto eccitato ma le dico che lei mi ha ferito, e che se davvero mi ama come dice e se davvero vuole farmi piacere mi deve fare un favore speciale. Lei dice che farà qualsiasi cosa per riavermi. Io le dico che deve portare la sua ragazza a bere qualcosa da me, e che poi le voglio vedere fare un 69 e leccarsi la passera a vicenda. Temo che Billie mi creda un pervertito perché voglio vedere due ragazze che armeggiano tra loro, invece mi dice che sarà un piacere, e nel giro di un'ora Billie ritorna insieme a Bethany, la sua arrapantissima amante lesbica. Dopo qualche sorso di tequila siamo tutti un po' euforici e io mi accendo uno spinello, mi adagio sul divano e dico alle ragazze di intrattenermi. Billie e Bethany non perdono tempo ad accontentarmi. Si sfilano i top, e non avendo il reggiseno mi permettono un bel primo piano delle loro tette davvero arrapanti e di quei loro meravigliosi capezzoli che si drizzano a tutto spiano. La faccenda si preannuncia fantastica. Poi si tirano a vicenda la zip delle gonne, ed ecco che le gonne scendono giù. Le prossime a sparire sono le mutandine, lasciandomi vedere due splendide pelurie dell'amore, una bruna e l'altra bionda. Dico alle ragazze che sarò io a dare gli ordini, anche se ormai sono talmente eccitato da non riuscire a mettere insieme una frase. Dico a Bethany di inginocchiarsi di fronte a Billie e di iniziare a separarle le labbra della passera. Le dico di leccargliele facendo più rumore che può. Lei non ha alcuna esitazione a farlo, ed essendo una lesbica praticante è dannatamente brava. Il rumore che fa mi eccita, e sento l'uccello drizzarsi dentro alle mie Calvin Klein. Inoltre mi immagino di essere io al posto di Bethany, perché vorrei davvero leccare la fica di Billie, ma lo spinello mi ha fiaccato le gambe lasciandomi troppo sprofondato nel divano. «Scambiatevi di posto» dico alle ragazze, e loro lo fanno; adesso è Bethany a stare in piedi e Billie, la puttana, in ginocchio a leccarla. Dalle passere delle ragazze cola molto liquido, quindi dico loro che adesso voglio che facciano un po' di 69, e mi raccomando che sia un bello spettacolo. Le ragazze si mettono in posizione, con le gambe l'una attorno alla testa dell'altra, e in men che non si dica si stanno leccando a tutto spiano, gemendo rumorosamente. Io non devo nemmeno tirare fuori l'uccello, perché la vista di queste due bambole che si scopano è talmente arrapante che mi sborro nelle mutande. Le ragazze capiscono cosa è successo, quindi mi balzano sopra tutte e due, mi sfilano i pantaloni e iniziano a leccarmi via tutta la sborra dalle mutande e dall'uccello. «Ditemi che è deliziosa, ditemi che è deliziosa» dico alle ragazze. Loro si leccano le labbra e rispondono in coro: «È deliziosa». Tutto questo armeggiare con l'uccello e la sborra me ne fa scaricare un altro getto proprio lì; le ragazze si rimettono a leccarla sussurrando in modo sensuale «è deliziosa». Io vengo di nuovo.

FRANCESCO
Mia moglie che ha un orgasmo con un'altra donna.

KIP
La mia fantasia sessuale preferita riguarda mia moglie. È una 36enne molto attraente, anche se gli uomini dicono quasi sempre che ne dimostra dieci di meno, con quelle grosse tette sode stile Barbara Windsor che stanno lì a dimostrarlo. Sono davvero orgoglioso di lei per il fatto che si tiene in forma tanto bene. Nella mia fantasia masturbatoria preferita mi immagino di tornare dal lavoro prima del solito, e con mia grande sorpresa trovo mia moglie con la lingua in bocca della figlia diciottenne del nostro vicino di casa. Non sono affatto un molestatore di bambini o cose del genere, ma questa ragazzina me la scoperei di corsa, è così arrapante che ogni volta la spoglio con gli occhi, chiedendomi come saranno la sua passera e le sue labbra una volta nuda. Comunque, nella mia fantasia è mia moglie ad arrivarci per prima. Le due si stanno baciando a piena bocca, e la temperatura si sta facendo bollente. Mi nascondo dietro a un armadio, ma questa storia delle due donne mi sta

ingrossando l'uccello ogni secondo che passa. A questo punto mia moglie inizia a pizzicare le tette della ragazzina (chiamiamola Anita). Pizzica le tette di Anita, e di lì a poco i reggiseni di entrambe spariscono e le due iniziano a strofinarsi i capezzoli una con l'altra. Ragazzi, l'uccello mi tira talmente che devo slacciarmi la cintura e i pantaloni e iniziare a massaggiarmelo attraverso le mutande. Poi mia moglie inizia a succhiare le tette di Anita. Immagino che debbano avermi visto o sentito, perché a questo punto mia moglie grida: « Hey Kip, unisciti a me e ad Anita, se sei abbastanza uomo ». Io mi precipito brandendo l'uccello e ficcandolo in gola ad Anita. Lei non ha mai preso un cazzo in bocca in quel modo, ma con mia moglie che le massaggia la fica inizia a farsi prendere dalla cosa. In men che non si dica volano bottoni per tutta la stanza, finché non siamo tutti nudi. Ma mentre scopo Anita e mia moglie mi succhia le palle, penso a quanto tutto questo sia eccitante e vorrei che potesse succedere davvero. Sfortunatamente però mia moglie è decisamente tradizionalista, e se facessi qualche avance ad Anita credo che suo padre mi staccherebbe la testa. Ho una figlia giovane anch'io, e so quanto i padri possono essere protettivi. Ma come fantasia masturbatoria è davvero fantastica.

10. Esibizionismo genitale

Anche l'uomo piccolo ha il suo orgoglio.

Proverbio tedesco

Mini-esibizioni

L'esibizionismo costituisce un elemento normale di un sano sviluppo umano. Sarebbe preoccupante se a un certo punto della sua vita l'adolescente non mostrasse i bicipiti che ha sviluppato a forza di esercizi in palestra, o se la ragazzina della stessa età non mettesse in mostra i suoi seni in crescita indossando magliette attillate. Evitare un'appropriata esibizione delle parti anatomiche può indicare un profondo senso di vergogna per il proprio corpo, il che può essere un sintomo di depressione o di altre difficoltà psicologiche. Ma che cosa succede quando uomini e donne iniziano a esibire i loro genitali in pubblico? Quasi tutti gli specialisti di igiene mentale considerano l'esibizionismo dei genitali, altrimenti noto come «flashing», un sintomo preoccupante. Persino l'atto apparentemente semplice di un uomo in impermeabile che all'improvviso mostra il pene a un'ignara spettatrice può provocare anni di trauma nella vittima. E per quanto molti esibizionisti non entrino mai in contatto fisico con le loro vittime, una notevole percentuale di loro, circa un terzo, passa dall'esibizionismo ad atti di violenza interpersonale più gravi. In effetti, molto tempo prima di diventare un serial killer l'americano Jeffrey Dahmer si esibì in atti osceni alla Fiera di Stato del Wisconsin, un primo segnale di preavviso del devastante comportamento sessuale che sarebbe seguito.

Per quanto l'esibizionismo possa risultare una realtà patologico-criminale, gran parte dei cittadini britannici riesce a confinare i propri sforzi esibizionistici al regno della fantasia, o ad altre forme più sublimate di ostentazione (per esempio tenere banco a un ricevimento, presiedere la locale festa di beneficenza, interpretare il ruolo principale nella recita scolastica). Non meno dell'8% delle donne britanniche ha avuto la fantasia sessuale di mostrare il petto in pubblico, contro il 2% degli uomini; inoltre, il 4% delle donne britanniche ha avuto la fantasia sessuale di scoprire i genitali in pubblico, contro il 7% degli uomini. In modo analogo, il 5% dei britannici ama togliersi i vestiti in pubblico, e il 10% davanti a una sola altra persona. Una stima prudenziale indicherebbe che in Gran Bretagna circa 4.000.000 di uomini e donne traggono piacere sessuale dalla prospettiva di esibire i genitali, e spesso il petto. Sul desiderio di spogliarsi dei britannici non ha molta influenza la zona geografica né la classe sociale; l'impulso di esibire le pudende diminuisce però con l'età, tanto che la propensione a fantasticare di spogliarsi di fronte a un'altra persona è circa il doppio nei membri più giovani della popolazione adulta rispetto ai più anziani.

Come indicato nel saggio *Esibizionismo*, uno studio che ho pubblicato nel 2001 in parte basato sul mio lavoro psicoterapeutico con gli esibizionisti, le radici dell'esibizionismo discendono da profonde ansie di inadeguatezza corporea. In questo breve libro ho accennato a una serie di ragioni sul perché gli uomini commettono atti di esibizionismo genitale. Eccone alcune:

1) Una difesa contro l'ansia di castrazione, nella quale si utilizza l'atto di esibizionismo per imporre la potenza maschile.

2) Un'espressione di sadismo nei confronti delle donne, in particolare di astio verso la madre.
3) Un mezzo di espressione narcisistica in una persona altrimenti «invisibile».
4) Una protezione dal rapporto con le donne, che può essere interpretato come pericoloso o castrante.
5) L'espressione di un impulso masochistico a farsi catturare, imprigionare e punire.
6) Un mezzo per trasformare i desideri aggressivi in desideri sessuali, rendendoli di conseguenza più ego-sintonici per il paziente stesso.

La grande maggioranza di chi nutre fantasie esibizionistiche non commetterà mai un reato sessuale passibile di arresto. Ci si chiede, tuttavia, fino a che punto la dinamica dell'esibizionismo genitale patologico sia applicabile anche alle persone per le quali l'esibizionismo è diventato la primaria fonte di stimolo per le fantasie masturbatorie o coitali.

JIM
Fare sesso con la mia partner all'aperto e magari con qualche persona che guarda, ma senza che io lo sappia.

CARTER
Essere sorpreso a masturbarmi da uno sconosciuto.

VICENTE
Io abito al quinto piano del mio palazzo. Mi piace far spuntare il pene fuori dalla finestra e farmi una sega, sperando che qualcuno mi guardi. Non lascio mai cadere giù lo sperma, ma mi piacerebbe. Ho solo paura che colpisca qualcuno.

LUCYANN
Sedere sul balconcino del mio appartamento a gambe spalancate, masturbandomi di fronte a quegli arrapanti adolescenti (17,18,19 anni) che abitano vicino a me. Loro vedo-

no la mia vulva, tirano fuori gli uccelli e si masturbano insieme a me. Mi spruzzano addosso la loro sborra anche se stanno a parecchi metri di distanza.

MELVIN
Tirare fuori l'arnese e farmi una sega di fronte a un gruppo di ragazzine sui 18-20 anni, facendole eccitare tutte. Faccio balenare l'uccello davanti a quella più carina e le dico: «Succhialo, bellezza, succhialo». Lei si mette in ginocchio e mi divora il cazzo, finché non le sborro in gola. Poi le sue amiche si mettono in coda per una generosa razione di sborra di Melvin.

CASPIAN
Sono a una festa e a un certo punto tutti gli uomini vengono mandati in una stanza buia e viene detto loro di spogliarsi. Una alla volta, tutte le donne entrano nella stanza e cercano di identificare il loro partner toccandone, sentendone e persino tastandone i genitali e altre parti del corpo. Dopodiché uomini e donne si scambiano i ruoli e il processo ricomincia. Si confrontano i risultati e ognuno deve mettersi a fare sesso con il partner che ha identificato come proprio. Sempre che dopo tutto quel mordicchiare e carezzare si possa aspettare tanto...

NATE
Avere qualcuno che mi trovi irresistibile in pubblico.

MELBA
Fare sesso con il mio ragazzo durante una festa a casa di un amico. Ci lasciamo trasportare e non ci accorgiamo che i suoi amici stanno guardando. Quando ce ne rendiamo conto, io faccio un autentico show per loro.

CHANA
Essere obbligata ad avere un orgasmo su un treno affollato.

Non mi è permesso attirare l'attenzione su di me e devo raggiungere l'orgasmo appena il treno entra in stazione, dove c'è gente che aspetta di salire. L'uomo che mi porta all'orgasmo è sempre dietro di me e io non lo vedo mai in faccia.

BOSWELL
Tirare fuori Willie e lasciare che tutti lo guardino bene da vicino.

HONEY
Fare sesso nella biblioteca pubblica.

Maxi-esibizionismi

DIMITRI
Sono a una festa in una casa lussuosa di Mayfair. Sono tutti vestiti in modo elegante. Le signore indossano guanti e vestiti da ballo, mentre tutti gli uomini sono in smoking. Stasera sono particolarmente affascinante, e sono piuttosto arrapato avendo preso un po' di cocaina prima di arrivare alla festa. Ci sediamo tutti a un tavolo da pranzo lunghissimo. Ci saranno venticinque o trenta ospiti seduti attorno al tavolo, tutti un po' brilli di champagne d'annata. C'è anche un'intera schiera di camerieri in livrea che aspettano di servirci. Io sono seduto in mezzo al tavolo, con ai lati due splendide bionde di buona famiglia con delle grosse tette. A un certo punto la conversazione cade sul sesso, e una delle due mi chiede a bruciapelo quanto sia grosso il mio cazzo. All'improvviso l'intero tavolo si zittisce; nessuno riesce a capacitarsi di una domanda tanto scandalosa, tanto meno in una casa di Mayfair. Io rimango imperturbabile, e le rispondo che ho una dotazione di trenta centimetri. La ragazza resta a bocca aperta, incredula. Nella vita reale sono sui ventiquattro (piuttosto grosso, a detta di tutti) ma

ehi, questa è la mia fantasia quindi ne aggiungo altri sei. «È vero» dico, e la puttanella mette in dubbio la mia parola. All'improvviso tutti gli uomini e le donne al tavolo iniziano a farsi prendere dalla questione. La padrona di casa dice: «Facciamo un gioco; perché tutte le donne non sbottonano i pantaloni degli uomini seduti di fianco a loro? È semplice, tirate fuori gli uccelli, fateli diventare duri e poi il maggiordomo passerà a misurarli. Il vincitore esibirà il suo cazzo in mezzo al tavolo e potrà scopare la donna che preferisce». Diventano tutti piuttosto nervosi, soprattutto quegli aristocratici boriosi con i loro uccelli microscopici. Io dico che sono abbastanza uomo da accettare la sfida, e gli altri uomini per non sfigurare sono costretti a fare lo stesso. Detto questo il gioco ha inizio, e le due bambolone mi aprono la patta e iniziano a estrarre la mia bestia lunga trenta centimetri e spiccioli. Le altre donne stanno sbottonando i loro compagni, e tutti tranne me stanno arrossendo dall'imbarazzo. Tutti guardano verso di me con gli occhi fuori dalle orbite. Tutte le donne me lo vogliono succhiare, quanto agli uomini hanno l'aria di volermelo tagliare con i loro coltellini da burro. Le signore hanno estratto l'uccello dei loro compagni dallo smoking, ma il mio è talmente grosso che ce ne vogliono due per tirarmelo fuori, e ancora non è uscito tutto da tanto che ce n'è. Alla fine, la padrona di casa si scoccia e mi grida: «Insomma Dimitri, faccia uscire quel cazzo una buona volta». Ben presto eccolo là in bella vista, questo manicotto grande e grosso che sembra tolto da un'autopompa. Mi penzola all'altezza delle ginocchia. A questo punto, la padrona di casa dice a tutti gli uomini di mettersi in piedi sulle sedie con i pantaloni e le mutande abbassati ad altezza delle caviglie. Io sono il primo, perché ho il mio orgoglio. Gli altri finocchi pallemosce si alzano lentamente, terrorizzati all'idea di mostrare quei loro cazzetti da adolescenti. A questo punto la padrona di casa fa girare il maggiordomo con un righello, e lui inizia a leggere ad alta voce le misurazioni: «Lord Windsor, dodici centimetri, Lord Cavendish, quindici centimetri, Lord Testadicazzo, dieci centimetri eccetera eccetera». Quando arriva da me il mio cazzo è più lungo del righello; «Principe della corona Dimitri, trenta centimetri e spiccioli, milady.» Tutti si mettono ad applaudire, e tutte le donne hanno l'acquolina in bocca per la voglia di succhiarmelo. La padrona di casa mi fa salire in piedi al centro del tavolo, e mi dice che posso prendere una signora qualsiasi e chiavarla fino allo sfinimento di fronte a tutti gli invitati. Io scelgo una ricca puttana con delle tette enormi e grossi capezzoli. Le strappo i vestiti di dosso, butto per terra qualche piatto e faccio sdraiare la puttana sul tavolo. «Ti prego, non aprirmi in due» mi sussurra lei. Io inizio a stuzzicarle il clitoride con la punta del cazzo. Il mio uccello è così grosso che con le mani riesco a malapena ad afferrarne la punta. Chiedo a due o tre degli altri uomini di aiutarmi a guidarlo nella passera della ragazza. A questo punto le schiaffo l'uccello nella fica e a momenti gliela squarcio. Tutti gli altri ospiti sono così eccitati nel vedermi manovrare l'arnese che iniziano a farsi seghe o ditalini. Alcune signore afferrano le candele dai candelabri e iniziano a fottersi da sole, mentre gli uomini si buttano sui pezzetti di burro per lubrificarsi il cazzo mentre si masturbano. Adoro mettermi in mostra. Scopo la puttana finché non sviene, e a quel punto le riempio la passerina di un oceano di sborra. Sono davvero un membro dell'aristocrazia, anche se un membro minore, ma quello è l'unico mio «membro» che si possa definire minore!

MARCO
Nei fine settimana mi piace fare il giro dei club gay di Manchester. Vado anche nelle saune, dove i ragazzi girano con addosso soltanto un asciugamano. Vado alla sauna e lascio subito cadere il mio asciugamano, in modo che gli altri stalloni stiano lì ad ammirare la mia virilità. È piuttosto grosso, oltre venti centimetri di bel cazzo sodo, così gli altri omosessuali restano a guardarmi con l'acquolina in bocca, pen-

sando al bel pranzetto che li aspetta. Uno dei ragazzetti più giovani cade in ginocchio e cerca di afferrarmi il cazzo. Io mi prendo l'uccello e lo uso per colpirlo in piena faccia, poi gli dico: «Non così in fretta. Prima dovete tutti adorare il mio pene». Ordino a tutti gli uomini della sauna di mettersi in ginocchio come il ragazzino e intonare: «Tu hai l'uccello più grosso della sauna, tu hai l'uccello più grosso della sauna». Tutta questa adorazione mi fa affluire il sangue al cazzo, che diventa ancora più grosso. Sono talmente eccitato da questa venerazione del mio uccello che un po' di liquido inizia a uscirmi dal glande e gocciolare a terra. Strizzo l'occhio al ragazzino e gli faccio segno di leccarlo via dal pavimento umido, sudato e scivoloso della sauna. Lui fa quel che gli dico. È fantastico! Inizio a sbattermelo finché non spruzzo di caldi getti tutti quei ragazzi in ginocchio, riempiendoli della mia sborra. Dico loro di leccarsi via lo sperma a vicenda, e in men che non si dica si stanno leccando l'un l'altro. Malgrado io sia già venuto, il mio uccello resta lì orgoglioso, più grosso di tutti gli altri che sono ancora in erezione. Ho proprio l'uccello più grosso di Manchester.

CHRISTIAN

Mi eccita molto l'idea di farmi esaminare il pene e le palle da un gruppo di dottori. Una volta, quand'ero adolescente, dovetti andare all'ospedale e farmi fare un'ecografia ai testicoli, e trovai tutta la faccenda davvero arrapante. Ti spruzzano questo gel sulle palle, poi prendono una sonda e te la passano su e giù per vedere all'interno del testicolo. Avevo circa diciassette anni, e non appena provai quell'esperienza diventò subito il centro delle mie fantasie masturbatorie. Questa è quella preferisco. A proposito, adesso ne ho ventiquattro. Ho questo dolore al cazzo, quindi vado dal mio medico generico e lui mi fa spogliare. Sfortunatamente lui non trova nulla di particolare, quindi mi manda in ospedale da uno specialista, che a sua volta mi fa spogliare. Ma nemmeno lui trova niente, quindi convoca un gruppo di medici (uomini e donne), così io mi devo spogliare di fronte a loro e loro si mettono tutti a esaminarmi l'uccello e le palle. Ancora una volta non trovano niente, ma io sento sempre dolore perciò alla fine mi mandano a fare una radiografia. Mi dicono di spogliarmi dalla vita in giù e un tecnico donna mi fa sdraiare su un tavolo. Lei mi guarda l'uccello e dice: «Il dottore non farà fatica a trovare qualcosa. Ha davvero parecchia roba da far vedere». Mi piace da matti il fatto che mi stia guardando il cazzo. Mi fa sdraiare sul tavolo, mi spruzza quel gel sui testicoli e lo sfrega tutto intorno con la punta delle dita. Sto per venire quando entra il dottore. Dà un'occhiata al mio uccello ed esclama: «Dio mio, questo è uno dei membri più grossi che abbiamo mai visto in questo ospedale. Le dispiace se chiamo gli altri membri dello staff perché diano un'occhiata?» «Faccia pure» dico io. Finisce che tutti i medici, le infermiere e i praticanti dell'ospedale hanno visto il mio grosso batacchio spuntarmi fuori dalla pancia. Il mio uccello è famoso, tanto che ci sono delle fotografie che lo ritraggono sulle pareti e anche nei libri di testo. Il dottore mi mette la sonda sulle palle e me le esamina con l'apparecchio per l'ecografia. «Inoltre» dice «lei ha nei testicoli la più grossa quantità di seme che abbia mai visto. Non mi stupisce che senta dolore. Infermiera, liberi quest'uomo dal seme in eccesso». Senza esitare, la splendida infermiera di colore inizia a farmi una sega, finché non le sborro sulla sua faccia nera.

11. Feticismo, travestitismo, omovestitismo e altre forme di amore-oggetto

> «Alcune menti parlano delle cose, e altre menti esprimono le cose stesse».
>
> Friedrich von Schelling
> citato da Ralph Waldo Emerson, *Journal*

Può risultare sorprendente come una parte della popolazione non tragga la sua principale eccitazione erotica da una *persona* in sé, ma piuttosto da un *oggetto*, che si tratti di un capo di vestiario, un particolare frammento di stoffa o tessuto di vario genere, un pezzo di gomma, cuoio, un utensile di cucina o un ortaggio. Per quanto a molti possa piacere, in determinate occasioni, vedere il partner sessuale che indossa una guêpière o un tanga striminzito, di regola quasi nessuno necessita di questo genere di abbigliamento per eccitarsi, tuttavia per il feticista, il travestito o l'omovestito questi oggetti sono *di rigore*, e molte di queste persone trovano difficoltoso eccitarsi *senza* il vestito o l'attrezzatura adeguati. Per questi individui il vestito diventa un elemento rituale dell'atto sessuale, sia esso di tipo masturbatorio o fatto con un'altra persona; sotto questo aspetto, l'uso del vestito o dell'attrezzatura sottolinea una volta di più la potenziale teatralità della vita sessuale.

Sebbene il feticismo, il travestitismo e l'omovestitismo rappresentino tre tipi diversi di desiderio e costituiscano tre differenti sottocategorie della cultura erotica, ho scelto di raggrupparli insieme in quanto ognuno di essi concerne un'eccitazione sessuale vincolata alla presenza di un oggetto fisico esterno. In sintesi, il feticismo può essere definito come l'eccitazione erotica fornita dalla presenza di un qualsiasi oggetto fisico che risulti impregnato di un potere eccitante; nei casi più comuni i feticisti si eccitano con articoli come gomma, cuoio, stivali, scarpe da tennis, tacchi a spillo, briglie, pellicce e altri oggetti che sarebbe troppo lungo menzionare. Di solito ogni feticista si eccita per un tipo di stoffa o tessuto molto particolare. Il travestitismo, invece, si può definire nel modo migliore come l'acuto desiderio di vestirsi con abiti solitamente indossati dal sesso opposto (tipicamente, per esempio, gli uomini in abito da sera). Alcuni individui si eccitano nel praticare il travestitismo in prima persona, mentre altri si eccitano alla prospettiva di fare l'amore con un travestito. L'omovestitismo infine, una variante poco conosciuta del travestitismo, consiste nella propensione a indossare capi di vestiario appartenenti a un altro membro del proprio sesso, per esempio un uomo che ama vestirsi con gli abiti di un altro uomo. Nel caso di uomini con tendenze omosessuali questo implica spesso il rubare o il prendere in prestito i vestiti di un altro uomo e quindi masturbarsi.

In Gran Bretagna circa l'8% degli uomini e il 3% delle donne si eccita con il feticismo, l'11% degli uomini e il 2% delle donne con il travestitismo e il 2% di entrambi i sessi con l'omovestitismo; le fantasie di questo genere si distribuiscono in modo abbastanza omogeneo tra le classi sociali e le zone geografiche. Le persone più giovani sono molto più inclini a riferire fantasie feticiste o di omovestitismo.

Sarebbe inutile in questo contesto tentare una descrizione riassuntiva di una gamma di situazioni psicologiche così complesse; tuttavia quasi tutte le teorie psicoanalitiche, in particolare sul tema del travestitismo e dell'omovestitismo, suggeriscono che quanti lo praticano o lo utilizzano nelle loro fantasie siano alle prese con un'ansia di fondo relativa alla propria identità di genere. Ecco dunque una breve selezione di fantasie nelle quali l'eccitazione è legata a vestiti o ad altri oggetti fisici.

TALBOT

Volevate sapere quale sia la mia fantasia più eccitante, ebbene ve lo dirò. È il cuoio. Non chiedetemi perché, ma fin da bambino trovavo il cuoio davvero stimolante, e adesso che sono cresciuto non ne ho mai abbastanza. Sono cresciuto in una proprietà di campagna, dove avevamo delle stalle con un sacco di cavalli, quindi forse ha qualcosa a che fare con le selle e tutti quegli oggetti di cuoio (stivali, frustini eccetera)... chissà? Comunque sia, sono un eterosessuale al 100% e adoro scopare le donne ogni volta che posso, ma l'intera faccenda diventa molto più sexy se la donna porta indumenti di cuoio, o se li indosso io oppure entrambi. Ne adoro proprio l'odore, la sensazione al tatto, la consistenza; è strano, ma se vedo un donna che indossa articoli di cuoio, soprattutto stivali e cappelli, ma anche una semplice borsetta, mi eccito subito. La mia fantasia principale riguarda Diana Rigg nella serie *Agente speciale.* Lei era il sogno erotico della mia adolescenza (quale ragazzo della mia età non si è masturbato pensando a Diana?); avevo addirittura una rivista con una sua fotografia e le eiaculavo sul viso. L'ho fatto talmente tante volte che alla fine non riuscivo più ad aprire le pagine. Nella mia fantasia, Diana entra nella mia stanza nei panni di Emma Peel, indossando soltanto un paio di lunghi stivali di cuoio. Lei si presenta come Emma Peel, e io le dico «Signora Peel, mi sgusci il prepuzio*» pensando che lei lo trovi spiritoso. Senza indugio lei sale sul letto, mi infila la mano negli slip e mi tira fuori l'uccello poi, come da istruzioni, mi tira indietro la pelle e si mette in bocca la punta del mio cazzo. Mentre mi succhia l'uccello sento l'odore di cuoio dei suoi stivaloni alti fino alla co-

* In inglese «to peel» significa appunto «sgusciare/sbucciare» (*N.d.T.*)

scia, e la vedo carezzarsi la passera. Diana, il cuoio e il pompino messi insieme mi eccitano da matti, molto più di qualsiasi droga io abbia preso negli anni '70, finché non perdo il controllo. Scarico un getto di sperma nella sua bocca calda e umida, e la mia sborra le cola dalle guance fin sulle tette, e un paio di gocce cadono persino sui suoi stivali. Fantastico! Grazie signorina Rigg!

BLAIR
Indossare biancheria intima femminile.

GRIFFIN
Mi piace vestirmi con la biancheria intima del mio coinquilino. È un bel ragazzo ed è uno stallone. Lui non si immagina neppure quanto mi piaccia. A volte tolgo dal cesto della biancheria le sue mutande, do una bella sniffata e le indosso per andare al lavoro. Mi resta duro per tutto il cazzo di giorno, e quando torno a casa la sera mi faccio una sega favolosa nelle sue mutande. Poi le rimetto nella cesta della biancheria e faccio finta che lui lo sappia.

MARLO
Il mio partner in uniforme, questo sì che mi ecciterebbe parecchio.

ATHENA
Inizio a fare l'amore con una donna bellissima, ma poi scopro che in realtà è un bellissimo uomo vestito da donna. È un travestito! Questa fantasia mi eccita davvero molto, ma non lo farei nella vita reale. Ma in una fantasia mi sembra di poter prendere il meglio di entrambi i mondi.

FINTON
Mi eccitano molto le mutandine femminili. Mi piace sgraffignarne qualcuna e sfregarmela sui capezzoli e sull'uccello. Poi ci sborro sopra e lascio che il liquido si asciughi. A vol-

te le indosso pure, sempre che riesca a farci stare dentro l'uccello.

JAMES
Tutte le mie fantasie iniziano dalle calzature. Vedo una donna con dei tacchi a spillo o degli stivali al ginocchio e questo dà il via alla fantasia. All'inizio mi immagino in un ruolo dominante che conduce il gioco, ma una volta arrivati in camera da letto è la donna a prendere il controllo assoluto, trasformandomi nel suo giocattolo sessuale e obbligandomi a leccarle i tacchi e poi la passera, ma non è mai soddisfatta, perciò mi lega da dietro con una cinghia e io devo leccare tutto un'altra volta. È lei a decidere il ritmo del sesso. Usa la bocca e i seni per eccitarmi e tenermi sulla corda, poi mentre mi fa un pompino mi infila la punta di un tacco nella bocca per impedirmi di fare rumore. Alla fine si lascia penetrare, e dopo che siamo venuti lei si fa scivolare il seme lungo le gambe, e io devo ripulirle gli stivali con la lingua.

12. Umiliare e infliggere vergogna

«Quanto all'ultimo arrivato, mi copierà venti volte la frase *ridiculus sum*».

Il maestro di scuola a Charles Bovary
in Gustave Flaubert, *Madame Bovary*

Le fantasie umiliatorie

Nelle interviste faccia a faccia numerosi soggetti hanno ammesso di avere fantasie in cui immaginano di subire umiliazioni o di infliggerle ad altri, oppure di assumere alternativamente entrambi i ruoli. La pratica clinica rileva che le fantasie umiliatorie si collocano fra i sottotipi più comuni di fantasia sessuale. Di solito questo genere di fantasie consiste in una forma di degradazione fisica che si esplica nella brutale esposizione del proprio corpo o di quello altrui. Ecco un elenco delle modalità umiliatorie che sono risultate più diffuse:

1) costringere qualcuno a spogliarsi;
2) essere spogliati con la forza;
3) costringere qualcuno a masturbarsi;
4) essere costretti a masturbarsi;
5) essere costretti a compiere atti sessuali;
6) costringere qualcuno a compiere atti sessuali;
7) farsi urinare, defecare o sputare addosso;
8) urinare, defecare o sputare addosso a qualcuno;

9) radere una o più parti del corpo di qualcuno;
10) farsi radere una o più parti del corpo;
11) farsi ispezionare gli orifizi corporei;
12) ispezionare gli orifizi corporei di qualcuno.

I questionari anonimi hanno invece rilevato che il 3% degli adulti ha fantasie erotiche in cui immagina di infliggere umiliazione e un altro 3% ha fantasie in cui immagina di essere umiliato. Questo equivale a dire che un numero di intervistati pari ad almeno 1.350.000 individui ama essere umiliato mentre un ugual numero si eccita immaginando di umiliare. In realtà le due categorie non sono perfettamente distinte ma trovano diversi punti di intersezione. A un'analisi più approfondita è risultato infatti che in molti casi, pur descrivendo fantasie contenenti atti umiliatori, i partecipanti allo studio non le hanno classificate come tali; questo dimostra che spesso l'umiliazione è riconosciuta soltanto da chi la osserva dall'esterno e che spesso la vergogna di qualcuno equivale all'eccitazione di qualcun altro.

In definitiva, da un punto di vista psicoterapeutico, posso asserire che la percentuale di fantasie umiliatorie fra gli adulti britannici sia molto più alta del 3%.

I fattori personali che influiscono all'insorgere di questo tipo di fantasie sono molteplici, come diverse sono le funzioni psichiche implicate. Le dinamiche dell'umiliazione saranno affrontate in modo più approfondito nella Parte IV di questo libro.

Alcuni intervistati hanno raccontato le proprie fantasie con fare disinvolto e quasi compiaciuto, altri si sono dimostrati molto più riluttanti, manifestando vergogna e profondo imbarazzo. Di seguito riportiamo dapprima alcune brevi fantasie umiliatorie tratte dai questionari anonimi e in seguito una serie di racconti molto più dettagliati, estrapolati sia dalle interviste faccia a faccia sia dai questionari anonimi. Nel leggere i diversi contributi è importante porsi due domande chiave:

1) Quali eventi dell'infanzia possono aver contribuito al sorgere di queste fantasie erotiche?
2) In che modo e perché tali fantasie inducono piacere?

WILLIAM
Mi trovo in una casa e all'improvviso vengo afferrato alle spalle. Vengo bendato e portato in una stanza, dove vengo ammanettato e immobilizzato. Poi entra un uomo che prima mi spoglia, poi inizia a leccarmi i genitali e, quando sono quasi al limite dell'orgasmo, si ferma. Poi inizia a fare sesso con me, mi penetra e si interrompe di nuovo, e così più volte finché non arriva qualcuno che comincia a urinarmi su tutto il corpo. Quando ha finito, quello di prima me lo riprende in bocca fino a farmi eiaculare. A quel punto vengo liberato e portato fuori dalla casa, senza aver visto in faccia nessuno.

VLADIMIR
Immagino di costringere una ragazza a spogliarsi.

CARINA
Vengo drogata, quindi non mi rendo conto di quello che succede. Raggiungo l'orgasmo e poi vengo penetrata da due uomini.

UPTON
Di essere violentato e dominato da una squadra di giocatori di football sedicenni, che dopo la partita, pieni di fango e di sudore e ancora in divisa da football, mi umiliano e mi costringono a fargli delle cose.

KARLEEN
Di essere rapita da una squadra di terroristi che, dopo aver-

mi spogliata, ispezionano tutte le cavità del mio corpo. Poi mi scopano uno dopo l'altro. Non è brutto, anzi, è molto piacevole.

JAY

Di radere mia moglie.

MARITZA

Mi trovo in una stanza insieme ad altri uomini e donne. Non sono persone che conosco nella realtà, ma nella fantasia invece sono persone familiari. Vengo legata ai polsi e alle caviglie tra due colonne con catene e cinghie di cuoio. Indosso collant e scarpe. Le catene servono a farmi stare seduta o in piedi, a farmi cambiare posizione. Alcuni uomini e alcune donne tutti vestiti di pelle o lattice mi dominano a turno. Mi frustano, mi sculacciano, mi insultano, mi mettono dei ganci ai capezzoli, me li tirano e me li mordono sia uomini che donne. Non sono mai più di due per volta, ma gli altri stanno a guardare. Il sesso è sia anale che vaginale. Le donne usano vibratori e strap-on.

LILA

Di essere costretta a masturbarmi davanti alle suore della scuola che frequentavo da ragazzina. Nella fantasia sono già grande, eppure la presenza delle suore mi fa sentire come se fossi ancora piccola. Erano davvero sadiche e questa fantasia nasce da una ragione precisa.

SKIP

Di essere visitato da un medico donna che indossa abiti di pelle e camoscio. Tra le altre cose la visita prevede un clistere, un'ispezione rettale, la palpazione dei testicoli e l'applicazione di un catetere. Poi mi fa inalare un anestetico che mi fa perdere i sensi. Alla fine mi masturba fino a farmi venire.

PAT

Di entrare in una stanza dove ci sono due donne bellissime che stanno giocando fra di loro e non si accorgono di me. Poi una mi nota e mi fa cenno di avvicinarmi. Si mettono a giocare con me. Dopo che mi sono eccitato, una mi lega le mani in modo che non possa fare niente. Poi a turno iniziano a usarmi senza farmi venire, per molto tempo, e alla fine mi fanno eiaculare su di loro.

DUNSTAN

Di essere a scuola e di essere preso in disparte da quelli dell'ultimo anno, che mi costringono a spogliarmi davanti a loro e a fargli cose come un pompino o una sega, e mi infilano in culo i loro bastoni e i loro uccelli.

ENID

Immagino di lavorare negli uffici di un carcere maschile quando a un certo punto i detenuti insorgono e prendono il controllo della prigione. Costringono il direttore a succhiare il pene ad alcuni detenuti, e lo sodomizzano e lo violentano in vario modo. Poi spostano l'attenzione su di me e mi obbligano a stendermi supina sulla scrivania. Mi strappano i vestiti fino a scoprirmi il seno e in mezzo alle gambe. All'inizio il capo dei rivoltosi mi apostrofa volgarmente mentre mi succhia il seno e mi infila un dito dentro. Tutti gli altri guardano e si toccano eccitandosi sempre di più. Alcuni mi tengono ferma in modo che il capo faccia tutto ciò che vuole, così mi spinge l'uccello in bocca e mi costringe a succhiarglielo. Io inizio a bagnarmi, lui si eccita sempre di più e si sposta all'altro lato della scrivania. Affonda il suo uccello nella mia passera e inizia a spingere, gemendo come non mai. Il governatore viene costretto a osservare la scena. Dopo che l'uomo mi è venuto dentro, costringono il direttore a succhiarmi la passera. Poi è il turno di un altro detenuto... Di solito basta questo per...

Maxiumiliazioni

La maggior parte delle persone che hanno partecipato allo studio ha rilasciato descrizioni sintetiche, quasi telegrafiche, delle proprie « relazioni intraconiugali » a sfondo umiliatorio; altre invece hanno scelto di dilungarsi molto di più. Le fantasie che riporto di seguito svelano diversi aspetti nascosti della psiche degli individui che impartiscono o subiscono l'umiliazione, e gettano luce su quel sentimento di *rabbia* che quasi sempre consegue a un episodio umiliatorio.

La grande maggioranza delle fantasie che seguono riguarda individui che traggono godimento dall'infliggere umiliazione oppure alternano il piacere di essere umiliati a quello di umiliare. Buona parte di queste fantasie riguarda rapporti fra omosessuali uomini. A tal proposito sarebbe interessante chiedersi per quali ragioni il motivo dell'umiliazione occorra con molta più frequenza nel sottogruppo degli intervistati gay di sesso maschile anziché femminile. Forse perché nell'arco della loro vita gli omosessuali maschi sono stati costretti a metabolizzare una dose di omofobia tale da averli spinti a erotizzare anziché subire la propria vergogna.

HOWELL

Mi piace fingere di essere un funzionario doganale all'aeroporto di Heathrow e di avere il compito di impedire l'ingresso nel paese di immigrati clandestini, soprattutto alla luce dei recenti episodi terroristici. Mi immagino che un giorno scenda da un aereo un gruppo di ispanici con documenti un po' sospetti e che uno dei miei uomini mi chiami per chiedermi di verificare i documenti di questi sei giovani dall'aspetto latino e vedere di cosa si tratta. Dico a questi uomini di seguire me e un mio collega nella saletta degli interrogatori. Loro sembrano spaventati ma non possono sottrarsi perché non hanno scelta. Con lo sguardo deciso, per fargli capire che faccio sul serio, li faccio spogliare. I giovani mi guardano stupiti e uno mi dice: «Siamo in Inghilterra. Non puoi farci spogliare». «Vogliamo scommettere, sporco meticcio?» gli dico e gli do un pizzicotto sullo stomaco. Con il mio collega iniziamo a prenderlo a calci dappertutto, poi grido agli altri: «Spogliatevi. Subito!» Naturalmente obbediscono tutti e in men che non si dica ci ritroviamo di fronte un gruppo di bei ragazzi ispanici tutti ben messi e totalmente nudi, a mia completa disposizione. Sento crescere un accidenti di rigonfiamento nei pantaloni. Uno alla volta mi avvicino a ogni ragazzo e lo ispeziono con uno sguardo che sembra un raggio laser. Loro iniziano a sudare, si vede che sono terribilmente in imbarazzo e questo mi eccita ancora di più. Li chiamo porci schifosi e gli dico che stanno portando lo schifo in questo paese, che bisognerebbe farli disinfettare. Incomincio da uno di loro; lo facciamo piegare finché le sue natiche pelose non sono bene in vista. Il mio giovane collega applica all'ispanico una specie di divaricatore che serve a tenergli le chiappe allargate, mentre io gli spruzzo uno spray disinfettante nel buco del culo. L'ispanico grida perché brucia, ma gli fa bene. Ripeto l'operazione e disinfetto il culo anche agli altri cinque. Poi gli dico di strofinarsi per pulirsi l'uccello e di mettersi a due a due a leccarsi gli uccelli per bene. A loro fa schifo perché sono tutti chiaramente eterosessuali, ma sono costretti a fare quello che gli dico altrimenti sanno che dovranno trovarsi un buon nascondiglio. Come punizione aggiuntiva, li costringo a sedersi su un secchio e a cagarci dentro, uno alla volta, in modo che tutti li vedano mentre cagano. Poi li costringo a pisciare mentre sono seduti sul secchio ma a una condizione: non devono orientare il pene all'interno del secchio. Lo devono lasciare libero e se va fuori dal secchio tanto peggio per loro: dovranno pisciare per terra e quando lo fanno li costringo a leccare la loro urina. Ad alcuni viene da vomitare, ma io non mostro pietà. Alla fine, per finire la disinfezione, gli do rasoi e schiuma da barba e gli dico di mettersi a uno a uno al centro della stanza e di radersi il pube finché non sono belli lisci. La cosa eccita enormemente me e il mio compagno che vedendo la scena sborriamo tutti e due nelle mutande. Mi piacerebbe davvero che la prossima volta che passo dall'aeroporto di Heathrow un funzionario della dogana ispanico mi fermasse; sarebbe bello che qualcuno mi spogliasse per perquisirmi e poi riempisse ogni orifizio del mio corpo.

IMMANUEL

Sono a capo di una grande azienda e posso dire di essere molto ricco. So di incutere un certo timore nei miei dipendenti e approfitto della cosa perché so che in questo modo lavorano di più. Ho un paio di signorine che lavorano per me part-time come sostitute, segretarie, assistenti e via dicendo, e sono tutte piuttosto carine. Una in particolare, Cherisse, ha un bel paio di tette e un bel visino. Ed è anche abbastanza civettuola. Nelle mie fantasie più arrapanti, mi immagino che un giorno la chiamo nel suo ufficio e le dico che voglio licenziarla senza motivo. Lei rimane di sasso e comincia a singhiozzare: «No, non può farmi questo. Il mio compagno è invalido, abbiamo un bambino piccolo, sono l'unica a portare i soldi a casa e bla bla bla». Le dico che me ne sbatto altamente ma che se mi fa un certo favore potrei anche cambiare idea. Lei con le guance piene di lacrime mi chiede: «Cosa devo fare?» Le rispondo che può cominciare col togliersi la gonna, le calze e le scarpe. Lei è sconvolta, si sente umiliata, ma mi obbedisce perché sa bene che non può perdere il lavoro. Ed eccomela lì, davanti a me, con indosso solo gli slip e un top aderente. Le giro intorno più volte, poi le infilo la mano sotto gli slip di seta per toccarle le natiche e godere del contatto con quella pelle morbida e vellutata. «Adesso ti abbasso gli slip. Se provi a muoverti sei licenziata» le dico. Lei continua a singhiozzare ma rimane lì, immobile. Gli slip scivolano giù scoprendo un cespuglio ordinato e labbra di un bel color roseo. Le passo delicatamente il mio indice sul clitoride e sulle grandi labbra, e dopo qualche istante, ecco che tutta la passera inizia a inumidirsi. Dopo poco la sgualdrinella è completamente bagnata. Le ficco dentro il dito, inizio a muoverlo, e lei si illanguidisce. Fa fatica a stare in piedi, la sgualdrinella, perché il mio dito sul suo sesso la fa contorcere. Mi piace vederla così. Allora inizio a stringerle i capezzoli da sopra il top, poi con tono deciso le dico: «Ora spogliati, o pagherai le conseguenze». Ed eccola nuda, completamente nuda, come piace a me, mentre io sono vestito da capo a piedi. Inizio a succhiarle i capezzoli e le dico di gingillarsi da sola. Lei non vuole, ma io alzo la voce e lei fa quello che le ho detto. «Sei una brava piccola segretaria, Cherisse, e se fai in modo di venire mentre ti succhio i capezzoli, allora forse, dico forse... non ti licenzierò». Lei obbedisce. Il suo respiro si fa sempre più ansimante a mano a mano che spinge prima un dito, poi due nella sua passera. In men che non si dica, la cosa è fatta, ed ecco che la sgualdrinella si dimena, geme e fa sgorgare i suoi umori sulle dita mentre io le succhio i seni. Mi piacerebbe fare queste cose ad alcune mie dipendenti, ma qualche imbecille ha stabilito che questo genere di cose sono illegali.

MURDO
Ho quarantasei anni e sono un operaio saldatore di Aberdeen, lavoro per una grande impresa di costruzioni con molti altri ragazzi dell'ambiente: saldatori, carpentieri, elettricisti e così via. Da poco abbiamo preso un nuovo apprendista di sedici anni che si chiama Scott ed è sotto la mia supervisione. È proprio un bel ragazzo: capelli biondi che scendono sulla fronte, ciglia lunghe, viso femmineo, la pelle morbida e un po' di barba che si farà neppure un giorno sì e uno no. Ha un gran fisico, un torace ampio e le spalle larghe che si assottigliano a formare una vita slanciata, fianchi e cosce forti e massicci, gambe belle e solide. Rischio di venire ogni volta che lo vedo. Gli altri non sanno che sono uno stallone imbizzarrito, perciò devo tenere per

me la mia passione per Scott. Del resto lui non è per niente gay; peccato, perché sarebbe stato perfetto, ma non lo è, quindi niente. Non ha una ragazza, ma quando parla di donne si capisce che gli piacerebbe. Io se non altro posso sognare, così la sera quando torno a casa mi capita di masturbarmi anche più di una volta pensando a Scott. Nelle mie fantasie mi immagino che lo chiamo nel mio ufficio e gli dico che il suo percorso di apprendistato prevede che lo visiti, così gli chiedo di spogliarsi nudo. All'inizio è un po' sorpreso, ma dopo, come molti ragazzi etero della sua età, è fiducioso e pensa: «Chi se ne frega, se lo devo fare facciamolo e non se ne parla più». Senza perdere tempo, con un gesto si toglie la maglietta mostrando quel suo splendido torace e quei ciuffi morbidi e ondulati di peli biondi sotto le braccia che mi provocano subito un'erezione. Poi si sfila i jeans e mi rimane davanti con addosso solo un paio di boxer bianchi di tela. Mi sembra che anche a lui si sia rizzato, così gli dico: «Tira via anche quelli, ragazzo mio». Lui mi strizza l'occhio, sapendo benissimo che provo soddisfazione a umiliarlo, così si abbassa lentamente i boxer fino a metà coscia permettendomi di dare una bella occhiata al suo bell'uccello non circonciso, che deve essere lungo 18-19 cm (posso vantarmi di essere in grado di stabilire la lunghezza di un cazzo solo guardandolo). Gli dico che sempre per il suo percorso di apprendistato come saldatore, mi deve far vedere come sa maneggiare il cannello, così gli chiedo di pompare il suo uccello su e giù diverse volte e poi di sbattersela sul ventre. Esegue quello che gli dico con vivace trasporto. A quel punto non posso più trattenermi. Gli balzo addosso, lo masturbo poi mi caccio in gola il suo geyser. Gli dico di succhiarmi il cazzo, lui esita, ma poi gli spingo la testa verso il mio uccello duro e gli fotto la gola. Oh, se solo Scott sapesse quello che si perde. Gli potrei far conoscere certe gioie. Mi fa male pensare che questa fantasia non si potrà mai realizzare. Ma resta comunque una gran bella fantasia e io continuo a sperare. Masturbarsi pensando a un ragazzo etero è molto più eccitante perché il bello sta in tutto quello che viene prima. Se fosse un ragazzo gay a offrirsi, sarebbe tutto troppo facile, sarebbe troppo buttata lì. Perciò per un buon pompino, una sega e magari una scopata o due, meglio addestrare Scott e tutti i suoi amici etero.

PRAKASH

Io immagino di travestirmi. Sto insieme a una ragazza meravigliosa e molto sexy. Lei mi guarda mentre mi spoglio dei miei abiti maschili e mi metto addosso i suoi. Quando facciamo sesso, lei si distende sul divano, un po' come una regina alla corte di Persia, e mi urla gli ordini, mentre io faccio l'umile servo che deve fare tutto quello che lei comanda. All'inizio mi fa togliere la camicia e dopo che me la sono tolta inizia a fare commenti sul mio petto virile. Poi mi fa togliere le scarpe e le calze, quindi i pantaloni. Alla fine resto davanti a lei in mutande e inizio a eccitarmi. A quel punto lei mi dice che non mi è permesso farmelo venire duro in sua presenza e che devo rimanere lì finché non mi faccio passare l'erezione perché « ha altri progetti per me dopo ». Lei esce dalla stanza e io rimango lì, seminudo, che mi sento un cretino e cerco di pensare a qualcosa che mi faccia ammosciare il pisello in modo da obbedire alla volontà della mia padrona. Quando torna, mezz'ora dopo, il mio pisello è floscio ma appena la vedo, vestita con qualcosa di trasparente, mi si indurisce di nuovo, così lei si arrabbia e dobbiamo ricominciare da capo. Quando torna la seconda volta, ce l'ho ancora duro. Allora lei mi urla: « Ti dispiace sfogarti una volta per tutte in modo che quel tuo uccello del cazzo si abbassi, altrimenti non entrerà mai nelle mie minuscole mutandine ». A quel punto chiama nella stanza le sue amichette e si mettono tutte a sedere sul divano, mentre io sono costretto ad abbassarmi gli slip e a mostrare un uccellone grosso, scuro e fremente con un lungo prepuzio. « Presto » ordina lei, così io mi prendo in mano il pene e inizio a passare le dita sul prepuzio per ritirarlo. Mi sento umiliato, soprattutto quando le ragazze iniziano a ridacchiare vedendomi masturbare davanti a loro. Poi inizio a darmi da fare, il mio pene si gonfia fino quasi a scoppiare e prima che me ne accorga sparo un'enorme fontana di sperma sul pavimento. «Inginocchiati, schiavo, e lecca» urla la mia padrona. Questa volta l'umiliazione è davvero tanta, ma obbedisco, e benché non abbia mai assaggiato lo sperma prima d'ora, faccio quello che mi è stato detto e mi metto a leccare tutta quella pozza di sperma che è venuta fuori dal mio lungo pene scuro. Poi la mia fidanzata-padrona mi dice: «Adesso che abbiamo sborrato, il tuo pene è avvizzito e può entrare senza fatica nelle mie mutandine usate». Mi passa un paio di minuscole mutandine di seta viola di pizzo e mi dice di indossarle. Io mi sento ridicolo perché il mio fisico non è fatto per quelle mutande invisibili, ma le indosso comunque, mentre tutte le ragazze iniziano a ridere e il mio uccello, ormai floscio, si ricopre del tessuto sexy delle mutandine. I miei peli pubici sono molto folti perché non li dirado come fanno le donne, perciò mi sbucano fuori dai lati delle mutandine e anche dall'elastico in alto. Sembro davvero ridicolo, ma vado avanti finché le altre ragazze non mi aiutano a mettere un reggipetto, una camicetta di seta nera, le calze e infine una gonna a tubo davvero attillata. Mi fanno mettere i tacchi, una parrucca bionda e poi mi truccano anche, rendendomi quasi credibile come donna. Io mi sento effeminato, imbarazzato, ma il mio uccello inizia a indurirsi sempre di più. «Una pollastra con l'uccello» ridono tutte, e io vengo nelle mutandine strette e striminzite della mia fidanzata.

MARIANGELA

Sono una ragazza di ventiquattro anni e vivo nel Nord dell'Inghilterra. Purtroppo nella mia vita mi sono dovuta sottoporre a continue cure mediche a causa di una lesione precoce della colonna vertebrale che ha influenzato non poco la mia vita. Negli anni mi sono sottoposta a diversi interventi chirurgici e a numerose visite mediche, alcune svolte con il dovuto tatto, ma molte altre con modi davvero brutali, della serie «Si levi tutto». La mia fantasia preferita quando mi masturbo (perché non ho rapporti con uomini) è di trovarmi da un chirurgo per una visita medica. Immagino di andare nel suo studio, dove c'è anche un gruppo di giovani assistenti che lo dovranno affiancare durante la visita. Con modi piuttosto burberi il dottore me li presenta a uno a uno: il dottor A, il dottor B, C, D ed E. Il chirurgo mi dice che per il mio problema, ha bisogno di farmi una visita generale, perciò mi devo svestire completamente perché i vestiti non gli diano fastidio. Incomincia la visita ma siccome sono agitata e sono in difficoltà con i bottoni della camicia, il chirurgo dice gridando: «Per carità, non ho tutto il giorno a disposizione. Qualcuno di voi può slacciare la camicia e il reggiseno alla signorina?» Si fa avanti il dottor B, un giovane crucco sulla ventina, che mi slaccia sbrigativamente i bottoni, quasi strappandomeli. Ma fa quello che gli è stato chiesto e mi toglie la camicetta e la canotta. Dopo comincio a togliermi le scarpe e i collant, ma di nuovo sono impacciata e il chirurgo fa segno al dottor C di levarmele in fretta. Ha tutta l'aria di uno spogliarello forzato. In poco tempo mi ritrovo completamente nuda con sei uomini intorno che mi guardano, ma mentre io cerco di coprirmi con le mani, mettendone una sui seni e una sul sesso, il chirurgo me le toglie e mi poggia lo stetoscopio gelido sul petto. I giovani assistenti si ammassano tutt'intorno, come se fossero interessati alla visita del professore, ma vedo benissimo che in realtà mi guardano la vagina e i capezzoli e uno di loro, il dottor C, ha un'erezione che riesco a vedere da sopra i pantaloni. Dico al chirurgo che mi sento molto in imbarazzo a stare nuda di fronte a tutti quei dottori. Lui mi lancia un'occhiata ammiccante e mi chiede così, a sorpresa: «Si sentirebbe più a suo agio se non fosse la sola a essere nuda qui dentro?» Io gli rispondo: «Sì, mi sentirei molto più a mio agio». «D'accordo» dice lui. «Scelga uno dei miei colleghi qui e gli dica di spogliarsi». Io scelgo il dottor E, che fra tutti è quello con il fisico più attraente e la faccia più interessante e lo indico senza parlare. Il dottor E sembra sconcertato dalla richiesta, ma il chirurgo, che è il suo capo, gli dice di smettere di fare la «femminuccia» e di spogliarsi in modo che la paziente si senta più a suo agio. Gli altri dottori iniziano a ridacchiare mentre il dottor E si toglie la cravatta e si sbottona la camicia. Allora il chirurgo sbraita: «I signori lo trovano divertente? Allora adesso si spoglieranno anche loro». In un batter d'occhio il chirurgo fa spogliare nudi tutti e cinque i dottori. All'inizio restano tutti in boxer o slip, poi il chirurgo li guarda finché non si spogliano completamente, come me, e io posso vedere i loro uccelli penzolanti. Adesso mi sento più rilassata perché non sono l'unica a essere nuda lì dentro. Il chirurgo dice ai dottori svestiti che mi farebbe bene avere un orgasmo perché mi aiuterebbe a sciogliere la tensione del mio corpo martoriato, così a uno a uno i dottori nudi si avvicinano, si mettono tra le mie cosce divaricate e mi stimolano il clitoride. Stanno uno dietro l'altro, in fila indiana, l'uccello di uno che sfrega il sedere dell'altro e poi iniziano con me, con i loro uccelli sull'attenti. L'atmosfera si surriscalda. Poi il dottore gli dice di scoparmi uno alla volta e loro si fanno avanti, in ordine alfabetico, prima il dottor A, che mi sbatte l'uccello contro la fica e lo spinge avanti e indietro finché non viene, poi il dottor B, e di seguito tutti gli altri, finché non ho lo sperma di tutti e cinque dottori che gocciola lungo le cosce e sul pavimento. Poi, quando penso che ci sia stato tutto il sesso che doveva esserci, i cinque dottori svestiti sollevano il chirurgo e lo spingono quasi fosse un siluro con la faccia contro la mia fica e lui inizia a leccare tutto lo sperma. Io esplodo con un orgasmo multiplo che sembra durare ore e ore, davvero soddisfatta delle cure mediche ricevute.

13. Incesto

« Anche se caccerai la natura con la forza, essa ritornerà ».

Orazio, *Epistole*

Le devastazioni dell'incesto e altre forme di abuso sessuale

Come medico psicoterapeuta, dedico buona parte della mia vita professionale ad affrontare le conseguenze psicologiche degli abusi sessuali sulla prima infanzia. Per fortuna oggi la grande maggioranza degli individui britannici può dire di essere cresciuta in un ambiente familiare in cui i legittimi tutori hanno usato verso il corpo dei bambini tutta la cura, l'attenzione e il rispetto dovuti. Tuttavia esistono purtroppo minori – neonati, bambini o adolescenti – che hanno subìto varie forme di abuso sessuale precoce per mano delle loro madri, dei loro padri, dei loro nonni, zie, zii, fratelli, governanti, ragazze alla pari, amici di famiglia, vicini di casa o estranei.

Mancano dati certi sul numero di bambini britannici vittime di abuso sessuale, ma accurati studi hanno accertato che almeno un terzo dei bambini britannici ha subìto il comportamento sessuale inappropriato di un individuo adulto. Lloyd deMause, direttore dell'Institute for Psychohistory di New York e autorità indiscussa in materia di abusi sessuali perpetrati fra le mura domestiche, studia l'incidenza e la diffusione dell'abuso sessuale sui minori da oltre quarant'anni e in numerose sue pubblicazioni, in particolare in *The History of Childhood* e in *The Emotional Life of Nations*, e sulle pagine della rivista *The Journal of Psychohistory*, ha scoperto che nel corso dei secoli gli abusi sessuali sull'infanzia sono stati molto più numerosi di quanto non si temesse. Nel suo saggio capitale sull'« universalità dell'incesto » apparso su *The Journal of Psychohistory* nel 1991, deMause ha prodotto prove inconfutabili che dimostrano come nei soli Stati Uniti almeno il 60% delle bambine e il 45% dei bambini siano vittime di abusi sessuali.

Ma che cos'è esattamente l'abuso sessuale? Com'è intuibile l'abuso si colloca su uno spettro molto ampio: si va dall'adulto che palpa i genitali, il sedere o i capezzoli di un bambino a quello che inserisce un corpo estraneo (un pene, un dito o un oggetto non anatomico) in un orifizio del corpo di un minore (bocca, ano o vagina). L'abuso può essere perpetrato da un singolo individuo o, nei casi estremi, da un gruppo di individui, come succede per le reti di pedofili coinvolte nel giro della pornografia.

L'esistenza di forme estreme di abuso sessuale sui minori, unanimemente condannate eccetto dagli stessi pedofili, fa sì che molti minimizzino l'impatto di forme « meno gravi » di abuso. Tuttavia la mia esperienza clinica mi insegna che ogni atto, sguardo o allusione sessuale ai danni di un minore compromette per sempre in tale individuo il proprio senso di integrità fisica. Citerò brevemente il caso di una ragazza di ventotto anni che non aveva mai ricevuto alcun abuso fisico da parte dei propri genitori. Un giorno, tuttavia, da bambina era capitata nella camera dei genitori e aveva sorpreso il padre con il pene in vista mentre era intento a masturbarsi davanti a una videocassetta pornografica. Benché sia una persona sana e attraente, a tutt'oggi questa giovane donna non ha mai avuto una relazione o un rapporto sessuale con un uomo e prova spavento alla vista di un pene. Questo dimostra che perché si parli di abuso sessuale non è necessario che ci sia penetrazione o perlomeno contatto fisico.

Psicologi e altri ricercatori hanno condotto numerosi studi per indagare la natura e in particolare le conseguenze dell'abuso sessuale sui minori. Oggi sappiamo che tale abuso, da quello più «lieve» a quello più estremo, avrà conseguenze nefaste sul benessere generale dell'individuo. I risultati degli studi dimostrano che i bambini vittime di abusi sessuali da adulti saranno più soggetti:

1) all'ansia;
2) a disturbi alimentari (anoressia nervosa, bulimia nervosa, bulimaressia);
3) a forme di autolesionismo (tagli con rasoi, ustioni con sigarette);
4) a forme di promiscuità sessuale;
5) ad avere relazioni interpersonali discontinue;
6) a disturbi psichiatrici gravi (depressione clinica, disturbi borderline di personalità)
7) a insuccessi scolastici per deficit di concentrazione;
8) a disturbi fisici apparenti o ad altri disturbi psicosomatici;
9) a sperimentare la prostituzione o dedicarvisi;
10) ad abusare di farmaci o altre sostanze;
11) ad abusare di alcol;
12) a comportamenti collerici o aggressivi;
13) a comportamenti criminali;
14) a disturbi del sonno;
15) ad atteggiamenti pedofili nei confronti dei propri figli o di quelli altrui.

Tali sintomi rappresentano solo una minima parte delle devastanti conseguenze che l'abuso sessuale sui minori comporta.

Nell'ansia di risalire alle origini del fenomeno della pornografia infantile e di altre pratiche legate alla pedofilia, spesso dimentichiamo che la vasta maggioranza degli abusi infantili si compie all'interno delle famiglie d'origine e che un terzo circa di tali molestie viene perpetrata da altri individui non ancora adulti, molto spesso da fratelli e sorelle maggiori. Ecco perché se è importante continuare ad agire per sradicare il fenomeno dell'*abuso extrafamiliare* (ovvero delle violenze che accadono fuori dalle mura domestiche), è ancora più urgente intervenire sull'*abuso intrafamiliare* (ovvero sugli incesti perpetrati all'interno delle mura domestiche).

Con grande stupore ho dovuto constatare che sono numerosi gli adulti britannici, sia uomini sia donne, che nel corso della propria vita sessuale hanno fantasie sessuali a sfondo incestuoso. Risulta infatti che al 3% degli uomini sia capitato di fantasticare consapevolmente di avere rapporti sessuali con la propria sorella, e a un unanime 1% di uomini e donne sia capitato di avere una simile fantasia verso il proprio fratello. Sono pochissimi coloro che hanno dichiarato di aver avuto fantasie sia verso il proprio fratello sia verso la propria sorella; di solito tra gli uomini, coloro che si dichiarano eterosessuali tendono a fantasticare sulle proprie sorelle, mentre coloro che si dichiarano omosessuali orientano le proprie fantasie verso i fratelli maschi. Una stima prudente di tali percentuali ci consente di dire che almeno 900.000 adulti britannici nella loro vita hanno avuto un orgasmo pensando al fratello o alla sorella. Se nella stima si includono anche coloro che hanno dichiarato di fantasticare sulla propria madre (l'1% dei britannici maschi), la cifra degli individui che si dichiarano mentalmente incestuosi sale a oltre 1 milione di individui. Per molti la sola idea è rivoltante: com'è possibile consentire che la mente fantastichi di rapporti sessuali con un membro stretto della propria famiglia, quando per molti è inconcepibile perfino ammettere che i propri genitori felicemente sposati abbiamo rapporti consensuali finalizzati alla procreazione?

L'1% degli uomini ha ammesso fantasie sulla propria madre, mentre lo 0% delle donne ha ammesso fantasie sul proprio padre. Com'è ovvio, tali dati non tengono conto delle fantasie che molte donne vittime di abusi sessuali hanno esposto a me e a numerosi colleghi in sede psicoterapica. In ogni caso, da un punto di vista statistico la loro percentuale sarebbe pari allo 0%, come per le donne e gli uomini che hanno fantasie sui rispettivi padri.

Il quadro si complica enormemente quando si estende la statistica ai parenti acquisiti, in particolare a cognati e cognate. Il computo degli uomini che hanno fantasie sulle cognate raggiunge il 13%, quello delle donne che hanno fantasie sui cognati si ferma al 3%, mentre un ulteriore 1% di uomini ha fantasie verso i propri cognati maschi, per un totale di circa 8 milioni di individui con fantasie verso questa categoria di parenti acquisiti. Sebbene quello fra cognati non sia un legame di parentela fra consanguinei, ho scelto di includere questa tipologia di fantasie erotiche nella categoria delle fantasie incestuose in considerazione della contiguità e dell'inviolabilità universalmente riconosciuta del legame tra cognati.

Il grado di istruzione non sembra essere una variabile significativa per l'incidenza delle fantasie incestuose, se si eccettua una maggiore propensione a tali fantasie da parte di ragazzi con una media scolastica più bassa (ragazzi con voti al di sotto della sufficienza, rispetto a ragazzi con voti da pienamente sufficienti a ottimi). Sembrerebbe infine che le fantasie sessuali a carattere incestuoso siano più frequenti con il crescere dell'età (ha ammesso di fantasticare sulle proprie cognate il 9% degli intervistati maschi dai 51 anni in su, a fronte di un 2% al di sotto dei 30 anni), ma questo soltanto perché, per forza di cose, i ventenni hanno di solito un numero di cognati minore rispetto agli ultracinquantenni; fatta questa distinzione, l'età non sembra incidere sulla predisposizione verso le fantasie incestuose.

Prima di soffermarci in modo più approfondito sulla natura delle fantasie incestuose, passiamone in rassegna alcune tra le più rappresentative.

TADEUSZ
Vado a fare visita alla madre di mia cognata. Busso alla porta e lei viene ad aprire. Le dico di voltarsi, lei lo fa e io le metto le mani sui seni. Lei si sbottona la camicetta, allora io le slaccio il reggiseno e le accarezzo i seni. Lei mi trascina in camera da letto (la casa è a un piano solo), mi sbottona i pantaloni, me li abbassa, poi anche le mutande, mi prende in bocca il pene, poi ci spostiamo sul letto e facciamo sesso. Subito dopo arriva sua figlia che dice che vuole essere scopata, allora la spoglio, la porto sul letto e faccio sesso con lei, poi di nuovo con sua madre e così via. Ce n'è un'altra in cui vedo la mia vicina in giardino, piegata, che sta curando le piante, allora io scendo, le alzo la gonna sulla testa, le abbasso le mutande ed entro.

LIONEL
Di prendere a forza mia cognata, che dopo però diventa completamente accondiscendente.

DARBY
Vorrei che mia madre si inginocchiasse, mi slacciasse i pantaloni e me lo succhiasse fino a quando non vengo.

REMI
Sesso anale con mio fratello, e magari con uno o due dei suoi amici fighi.

ROBBIE
Sesso orale con mia cognata, cioè io che le lecco il clitoride e le labbra e la fotto con le dita mentre lei mi succhia il pene.

NICK
Di scopare mia cugina, che è una bambina. Mi è sempre

piaciuta e quando mi masturbo me la immagino. È fantastico. Grazie per l'assistenza.

GUIDO
Ho una sorellastra fantastica, con due tette spettacolari. Non ho mai fatto niente con lei, ma mi piacerebbe scopar-mela. Lei non sa niente ma io mi masturbo un sacco pensando ai capezzoli, ai seni, alle curve che ha e a tutto il resto. Mi piacerebbe anche venirle sulla faccia. Un'altra fantasia che ho è farmi sorprendere mentre lo facciamo, magari da suo padre.

WAYNE
La mia ragazza impazzisce per suo zio. Lui la desidera da morire, e questo la fa impazzire. Lei sta in cucina e lo sente mentre chiude la porta dopo aver salutato l'ultimo ospite. Sente la porta che si chiude e lo zio, un omone grasso e brutto, che si ferma un attimo, poi si gira, percorre il corridoio e viene verso la cucina. Lei dorme in cucina, ha il letto in un angolo. Lui entra e dice: «Bene». E le sorride. Quello che succede dopo è completamente muto, lui non parla mai se per non provare meraviglia, mentre lei acconsente in silenzio, si sottomette con piacere. Lui le si inginocchia davanti, inizia a sbottonarla, lei ondeggia eccitata, lui le succhia le tettine e la trascina sul pavimento, poi si alza e la porta sul letto. Lei oppone meno resistenza e lui con la sua determinazione rende la situazione ancora più calda. Lui le spinge la testa verso l'uccello per fargliełо succhiare, poi con un gemito la lascia ricadere indietro sul letto. Le si inginocchia davanti, le apre le gambe e si inserisce dentro, lei è bagnata ma molto stretta, per questo lui deve fare piano per non farle troppo male. Ma invece alla fine un po' le fa male.

LUPE
Mi vergogno molto di questa fantasia perché riguarda mio figlio Jorge, che è un adolescente di diciassette anni. Jorge

è il vero uomo di casa perché ho divorziato da suo padre quando era ancora piccolo. Nell'ultimo anno ha fatto uno sviluppo incredibile ed è diventato davvero un bel ragazzo, bello dentro e fuori. È proprio uguale a suo padre, alto, snello e imbronciato... E poi suo padre poteva essere una merda, un vero bastardo, ma nessuno mi ha mai fatto godere quanto lui. Con lui ho fatto il miglior sesso della mia vita. Quando la notte sono da sola nel mio letto, cioè sempre, ho questa fantasia erotica su Jorge. Mi immagino di sentirlo gridare dalla sua stanza, che è accanto alla mia. Da brava mamma latina, accorro nella sua stanza e lo trovo che si sta masturbando, che si scopre il glande e si rotola nel letto con le riviste porno che si è portato a letto con lui. Io entro nella sua stanza e lui mi guarda con uno sguardo osceno come per dire: «Mamma, perché non vieni qui vicino a me?» Io gli dico che è un ragazzo svergognato e che sarà punito per i suoi peccati (siamo una famiglia cattolica, molto tradizionalista). Ma Jorge mi risponde che sa bene che sono sola da molti anni ormai e che se non faccio sesso con lui questa notte mi trasformerò in una di quelle anziane vedove con le vagine rinsecchite! Io rimango stupita dalla franchezza e dall'oscenità delle sue parole, e mi bagno tutta. Lui continua a dimenarsi il pene, su e giù, su e giù, facendo fuoriuscire abbondante liquido dal suo glande. Poi mi stupisce dicendomi: «Mamasita, se vuoi bene al tuo piccolo Jorge, succhiamelo». Gli dico che così andrà all'inferno, ma lui mi spinge verso il suo pene, mi prega di aprire la bocca e mi dice di succhiare. Neanche mi accorgo di quello che sta succedendo che già ho ingoiato fino alla gola l'uccello di mio figlio e trovo che abbia un gusto delizioso. Gli stringo le sue palle pelose e lui allunga le braccia e afferra le mie tette da sopra la camicia da notte. Continuo a succhiare finché non mi spara in gola il suo seme. Io vorrei sputarlo, ma lui mi dice che una buona madre lo ingoierebbe, allora faccio come dice. Nel frattempo con le dita mi strofino la vulva come una capra in calore e presto raggiungo il più bagnato degli orgasmi. Se Jorge lo sapesse sarebbe disgustato, ma io lo trovo molto attraente e ho questa fantasia su di lui almeno una volta al giorno, a volte due.

JON-ERIC

Quando mi masturbo, il che capita molto spesso – due o tre volte al giorno, 365 giorni all'anno –, raggiungo il piacere pensando a mio zio, che ha trentanove anni ed è un tipo davvero in gamba. Io ne ho diciannove. Non so quando ho iniziato a sentirmi attratto da mio zio ma mi masturbo con le sue fotografie da sempre. Lui è una persona perbene e ha cinque figli con mia zia. Non ha niente di gay e questo in un certo senso mi stimola ancora di più a fantasticare su di lui. Comunque, fra tutte le fantasie su mio zio ce n'è una che preferisco ed è questa. I miei genitori sono via per il weekend. Anche se ho diciannove anni e sono capacissimo di badare a me stesso pensano che è più sicuro se trascorro il weekend a casa di mio zio. La prospettiva mi eccita e accetto volentieri. Quando arrivo da lui, mi dice che la zia è andata con tutti e cinque i bambini a far visita alla madre dall'altra parte dell'Inghilterra, che perciò trascorreremo un weekend casalingo «fra uomini», e spero non ti dispiaccia. Stai scherzando? Sono così arrapato che è l'unica cosa che mi viene per evitare che mi esploda un'erezione gigantesca nelle mutande da un momento all'altro. Si prospetta un weekend alla grande. Getto le mie cose giù in camera e raggiungo mio zio in sala. Lui ha già stappato un paio di lattine di birra e iniziamo a bere. Manco a dirlo, fa un caldo soffocante, così chiedo a mio zio se posso togliermi la camicia. Lui mi dice certo, nessun problema, e io mi levo la maglietta lasciando che lui veda il mio petto di ragazzo in pieno fulgore. Non mi vede così da quando ero ancora un adolescente e strabuzza gli occhi dallo stupore a vedermi così cresciuto. «Cavolo, hai fatto un bello sviluppo dall'ultima volta. Ma ti alleni? Perché hai i pettorali ben definiti e hai anche un po' di peluria sul torace che non avevi l'ultima volta che ti ho visto». Tutto questo parlare sul mio fisico mi eccita terribilmente così chiedo a mio zio se non ha qualche video porno. Mi dice che deve averne qualcuno in fondo all'armadio, al piano di sopra, e mi dice di andare a dare un'occhiata. Salto giù dal divano, salgo in camera sua e in fondo all'armadio cosa mi vedo? Un mucchio così di video e dvd porno con tanto di immagini di fanciulle in mutandine di pizzo e tettone giganti. Scelgo una videocassetta a caso, scendo di corsa le scale e infilo il nastro nel videoregistratore. Lo zio mi dice che lo guarderà insieme a me e in poco tempo iniziamo a eccitarci tutti e due. Lui i vestiti ce li ha ancora addosso ma io la maglietta l'ho tolta e si vedono i capezzoli che si induriscono sempre di più finché non sporgono come due Smarties. Comunque, iniziamo a guardare e, cavoli, la cosa si fa bollente, e pure lo zio inizia a respirare forte mentre il tipo e la ragazza si danno da fare come se fosse l'ultima scopata della loro vita. Chiedo allo zio se gli dà fastidio se tiro fuori l'uccello e lui mi dice che non ci sono problemi. Lui ha ancora tutti i vestiti addosso. Io sono un po' nervoso ma anche molto su di giri e in un attimo giù i pantaloncini, giù gli slip e il mio 18 cm è lì sull'attenti che già erutta la prima spuma. Lo zio mi sorride e dice: «Ragazzo, stai diventando davvero grande». E io: «Grazie, zio». E inizio a scuotere il mio uccello. Anche se lo zio è etero non riesce a staccare gli occhi dalla mia verga e in men che non si dica si avventa sul mio uccello e se lo prende in bocca. È il coronamento di anni e anni di desideri, speranze e attese: finalmente il mio grande zietto è lì che mi succhia l'uccello ed è fan-ta-sti-co! Io inizio a fotterlo in bocca, lui me lo prende fino in gola, mentre mi strofina le palle pelose. Mi diventa sempre più duro e mi sembra che stia per esplodere, la pelle tira, ma la saliva dello zio rende tutto morbido e umido, e io sto per esplodere il mio carico di sborra nella sua bocca. Mi allungo ad afferrare il suo uccello e avverto una grande chiazza umida sulle sue mutande: anche lui ha sparato il suo carico. Ci addormentiamo l'uno nelle braccia dell'altro.

KYRA

La mia fantasia masturbatoria si basa su esperienze reali che ho vissuto negli ultimi due anni. Ora ho diciannove anni, ma quando ne avevo quattordici mio zio Hutch che viveva poco distante da casa dei miei mi invitava sempre a fargli visita. I miei genitori adoravano lo zio Hutch e lo adorano anche adesso, perciò non c'era niente di cui sospettare, pensavano semplicemente che volesse essere gentile, e a suo modo credo che lo fosse. Quando andavo a trovarlo, lo zio Hutch mi offriva sempre lo sherry e io pensavo che era fantastico perché i miei non mi permettevano di toccare neanche un goccio d'alcol. Credo che l'euforia dello sherry e l'essere da sola con lo zio mi eccitassero, così, anche se la prima volta mi spaventai un po', dopo mi abituai all'idea di abbassargli la cerniera e scuotergli l'uccello ogni volta che me lo chiedeva. Mi spargeva sempre in faccia il suo seme, poi iniziò a infilarmi la mano sotto la camicia e nelle mutandine. All'epoca non avevo mai avuto un vero ragazzo, perciò tecnicamente era la mia prima esperienza sessuale. E anche se so che fu la cosa sbagliata, la cosa mi eccitò e mi bagnai tutta. Ebbi il primo orgasmo quando lo zio Hutch mise la sua mano nella mia passera e con le dita iniziò a stimolarmi il clitoride e la vagina e mi fece venire. Tutto questo si ripeté in segreto per un certo periodo; per diversi anni, in realtà. Un giorno, quando avevo quasi diciassette anni, uscii da casa dello zio Hutch verso le cinque del pomeriggio e girando l'angolo incontrai mio cugino Ben, mio coetaneo, che si dirigeva chiaramente verso casa dello zio. Gli chiesi cosa facesse di bello da quelle parti; lui parve imbarazzato e mi rispose che poteva farmi la stessa domanda. Più tardi, dopo che lo sommersi di domande, venne fuori che tutti e due andavamo dallo zio Hutch regolarmente per queste udienze speciali con la nipotina e il nipotino. Ben e io iniziammo a parlare e ci confidammo che trovavamo la cosa molto erotica in senso sporco e che nessuno dei nostri genitori immaginava minimamente cosa stesse succedendo. Un giorno che dovevo andare dallo zio Hutch, Ben e io decidemmo di fargli una sorpresa e di presentarci tutti e due insieme. Hutch venne ad aprire e parve stupito nel vedere insieme nipote e nipotina. Ma da uomo astuto qual è, prese in pugno la situazione e ci invitò a entrare, offrendoci come sempre birra e sherry. Poi non perse tempo a dire a Ben che sarebbe stato molto eccitante se mi avesse baciato. Ben obbedì, poi, sempre istruito dallo zio Hutch, iniziò a carezzarmi i seni da sopra la camicetta. Dopo ci spogliammo tutti e tre e Hutch incoraggiò Ben a strofinare il suo pene da diciannovenne su e giù per il mio clitoride, che era diventato tutto umido. Il cazzo di Ben sembrava il trampolino di una piscina, teso com'era a 90 gradi dalla boscaglia di peli pubici castano chiari. Lo zio mi incitò a succhiarlo e non passò molto che Ben mi schizzò un bel getto di seme in gola. Lo ingoiai, poi lo zio Hutch mi infilò la lingua in gola e se lo spazzolò via. La cosa lo eccitò talmente che chiese a entrambi di piegarci sul divano e poi ci chiavò uno alla volta, Ben nel culo, e me nella vagina ma da dietro. Ecco a cosa penso quando mi masturbo; mi fa venire nel giro di pochi istanti.

SELENA

Mio padre è in soggiorno con indosso i vestiti della mamma – collant, reggicalze, tubino – e ci sono due tipi che se lo infilzano come uno spiedo, da tutte e due le parti. Io non credo ai miei occhi: mio padre lì, senza difese, che si lascia inculare. Allora io mi siedo sul divano, mi alzo la gonna e mi inizio a masturbare mentre osservo quei due che si scopano mio padre e neanche mi guardano. Uno gli viene in bocca, l'altro gli viene in culo, e io vengo sul divano. Poi dicono: «Allora grazie, ci vediamo la prossima settimana alla stessa ora». E se ne vanno. Mio padre mi guarda e mi dice: «Non dirglielo alla mamma, ma a me piace l'uccello». «Va bene, non glielo dirò, però allora devi scoparmi». Lui guarda la sua principessina e inizia a togliersi i vestiti di mamma. Ma io gli dico: «No, no, con i vestiti di mamma». Lui accenna un sorriso e io gli dico di sdraiarsi. Poi mi siedo sul suo uccello duro dandogli le spalle e inizio a cavalcarlo finché non vengo. Poi mentre gli cago sulla pancia lui viene dentro di me. Lui è stravolto, così mi alzo e lo guardo sorridente sul tappeto. Allora mi sposto in piedi e apro le gambe sulla sua testa, gli dico di aprire la bocca e gli piscio dentro.

LEO
No, ma riguarda mia suocera!

GUSTAVO
Sono stato violentato da mio padre quando avevo 16 anni. Spesso mi masturbo pensando a questo.

LAVERNE
Siamo già a letto. Il mio uomo ha le mani legate alle sbarre del letto e gli occhi bendati. Io lo sto cavalcando alla grande quando mi accorgo che non siamo soli nella stanza. Suo figlio, che ha 25 anni, ci ha cercato di sotto, poi ha sentito rumori al piano di sopra ed è salito per dare un'occhiata. E ora è lì, in piedi in mezzo alla stanza, tutto vestito di nero: stivali, jeans, t-shirt aderente e il suo giaccone di pelle nera. Quando mi giro lui mi sorride, si tira fuori l'uccello e inizia a toccarsi, facendo cenno a me di continuare con suo padre. Gli indico di avvicinarsi e ricomincio a dimenarmi sul mio uomo. Suo figlio si masturba accanto a noi e mentre io continuo a darci dentro lui viene avanti e ficca l'uccello in bocca a suo padre. Poi sale sul letto, si mette con la testa del mio uomo fra le ginocchia, si avvicina a me e inizia a baciarmi appassionatamente mentre tutti e due continuiamo a scoparci suo padre. Poi arriva suo figlio minore, di 10

anni, che sorridendo si spoglia e ci raggiunge, inizia a masturbare suo padre e a trastullarsi con lui. A questo punto di solito raggiungo l'orgasmo.

Incesto dislocato: masturbarsi pensando a insegnanti, capi, infermieri, medici e altre persone

Vorrei concludere il capitolo soffermandomi su un'ulteriore tipologia di fantasie che ho denominato « dell'incesto dislocato ». Ritengo che molti individui si eccitino fantasticando sui propri insegnanti, sul proprio medico, sul proprio capo o su altri rappresentanti dell'autorità perché questi ultimi agiscono *in loco parentis*; in altre parole, prendendosi in qualche modo cura dell'individuo, fanno le veci dei genitori, provvedono ai suoi bisogni corporali e al suo benessere fisico, proprio come veri genitori. Per questo l'infatuazione di un adulto verso un proprio insegnante non può considerarsi come una scelta sessuale neutra, bensì come lo strascico di un sentimento incestuoso sublimato che l'individuo ha provato durante l'infanzia nei confronti delle cure parentali. Di seguito riportiamo un campione rappresentativo di fantasie « dell'incesto dislocato ».

BRANDY

In bagno, con il mio capo, che ci insaponiamo. Poi lui mi lava, mi asciuga e dopo facciamo sesso.

ANTONIA

Immagino di essere a servizio in una bella villa e di essere sorpresa a masturbarmi dal padrone di casa che mi porta nel suo studio e mi fa togliere le mutandine. Poi inizia a sculacciarmi e quando si accorge che sono bagnata mi dice che sono una porca e mi fa succhiare l'uccello e leccargli le palle. E alla fine mi scopa di brutto.

BRUCE

Mi immagino con un'insegnante della scuola, di quando ero alle elementari.

NINOTCHKA

A me fa impazzire questo tipo in ufficio che chiamerò Julian. Lui è un avvocato e io sono l'assistente personale di un suo collega. Non abbiamo molte occasioni di interagire perché non sono una sua collaboratrice e lui è spesso in tribunale, ma ogni volta che lo vedo mi eccito incredibilmente e ho voglia di fare sesso con lui. A quanto si dice lui è felicemente sposato con figli e neanche mi guarda. Ma io penso a lui in continuazione, già al mattino, quando mi lavo. Immagino che un giorno il mio capo è già andato a casa mentre io resto in ufficio fino a tardi e anche Julian. La sua segretaria è dovuta andare a casa per assistere la madre anziana e lui ha assolutamente bisogno di qualcuno che lo aiuti a redigere un verbale urgente. Viene da me e mi dice che lo sa che non rientra nelle mie mansioni ma mi sarebbe infinitamente grato se potessi aiutarlo. Io ho i brividi dall'emozione ma cerco di non farglielo vedere. Gli dico che lo faccio volentieri, così prendo penna e taccuino e lo seguo nel suo ufficio. La causa riguarda un adulterio, tratta di un tipo che si scopa un'altra donna, perciò Julian deve scendere in particolari piccanti. Inizia a dettare e io cerco di seguirlo ma il racconto delle scene di sesso tra il cliente di Julian e l'amante mi eccita così tanto che mi cade la penna. Julian si precipita a raccoglierla da sotto le mie gambe, dov'è caduta, e nel porgermela incontra il mio sguardo. Non faccio in tempo a dirgli grazie che mi afferra per le spalle e si mette a baciarmi come non mi ha mai baciato nessuno, in modo deciso, maschio, appassionato e sensuale. Sento il contatto della sua barba sul mio viso e la sua lingua che cerca di insinuarsi fra le mie labbra, poi inizia a esplorarmi la bocca eccitandomi sempre di più. Con un impeto animale, spazza via tutti i fogli e mi porta sull'enorme scrivania.

Io gli passo le dita fra i capelli brizzolati e mi tiro su la gonna per mettermi a cavalcioni su di lui. Non mi sembra vero che stia succedendo e sono al settimo cielo. Julian fa avanzare la sua mano sotto la gonna e inizia a massaggiarmi il monte di venere da sopra i collant e le mutandine. Sento la sua fede che mi sfiora il clitoride ed è bellissimo. Anche perché l'anello mi ricorda che stiamo facendo qualcosa di proibito e la cosa mi eccita ancora di più. Di colpo l'avvocato tutto d'un pezzo si trasforma in un selvaggio e il suo aplomb scompare quando mi strappa le calze a rete e mi tira via le mutandine. Dopo avermi spogliato dalla vita in giù mi fa stendere sulla schiena e tenendomi le gambe sollevate affonda la faccia nella passera e inizia a succhiarla e a leccarmela, come nessuno mai. I ragazzi con cui sono stata me lo facevano ma mi sembrava sempre che lo facessero controvoglia, invece con lui era una cosa naturale, spontanea, e bellissima. Sento la sua barba sul mio clitoride gonfio e rosa e me ne vado in paradiso con un orgasmo che mi sembra durare cinque minuti. Dopo sto quasi per perdere i sensi, ma Julian non vuole che mi addormenti. Così continua a leccarmi finché non devo staccarlo da me perché non ce la faccio più a reggere il piacere. Dopo l'orgasmo multiplo ho quasi male, così lo afferro e lo attirò alle mie labbra. Ci baciamo ancora e poi inizio con lui, gli sbottono i pantaloni neri cuciti a mano scoprendo il pene più bello, pulito, lungo e sottile che abbia mai visto. È un uccello davvero elegante, proprio quello che ti aspetteresti da un uomo della sua posizione, e inizia a gonfiarsi fra le mie mani. Lo prendo in bocca e lui sussurra: «Oh sì, succhiami la verga, succhiamela». È bellissimo tenerlo in bocca, così pulito e con un sapore così buono che non vorrei smettere mai. Lo lecco tutto mentre lui mi accarezza la testa. Dopo un po' che lo massaggio andando su e giù, lui mi dice: «Sto per venire, sto per venire... ti prego... ingoialo... vengo». Mi spruzza in bocca una buona cucchiaiata di sperma e io lo ingoio fino all'ultima goccia. Crolliamo tutti e due sulla scrivania e ci risvegliamo la mattina dopo, ancora l'uno nelle braccia dell'altra, pronti a incominciare un nuovo giorno di lavoro senza che nessuno dei nostri colleghi sospetti nulla.

KADY
Immagino un professore di biologia di mezza età che mi sgrida perché non ho fatto i compiti a casa, allora mi dice di passare da casa sua, mentre sua moglie non c'è, per qualche ora di doposcuola. Io mi presento con l'uniforme della scuola, con un reggiseno nero sotto una camicetta scollata e senza mutandine sotto la gonna corta. Lui mi accarezza dove non dovrebbe; la cosa mi piace ma faccio finta che non voglio, che deve smettere, ma in realtà gli faccio capire che deve continuare. Mi dice che sono una monella, poi mi tocca la vagina, che è incredibilmente bagnata, mi sbottona la camicetta e mi succhia i capezzoli, mi lecca, mi fa venire. Io gli faccio un pompino, ma senza farlo venire. Poi mi costringe a fare sesso contro una parete e smettiamo prima che arrivi sua moglie.

BONAR
Con un'infermiera, senz'altro. Ci sono io, malato, in ospedale e lei che mi deve lavare con una spugna. Quando arriva all'uccello e alle palle io mi agito, ma lei mi dice: « Sta' tranquillo, rilassati ». Allora mi tranquillizzo e lei inizia a lavarmi. Passa poco che le spargo una buona spruzzata di sperma sulle mani. Le dico di leccarlo e lei lo fa poi mi bacia e ce lo passiamo in bocca l'un l'altro. Fantastico!

14. Violenza sessuale estrema

«Alcuni crimini precedono sempre grandi crimini».

Jean Racine, *Fedra*

Come è emerso nei capitoli precedenti, la violenza è un tratto che connota spesso le fantasie sessuali, comparendovi sotto forma di abusi fisici o psicologici subiti o perpetrati; al punto che molti eminenti studiosi, tra cui lo psichiatra e psicoanalista Robert Stoller, ipotizzano che in molti casi sia proprio l'aggressività ad alimentare la fantasia sessuale e a provocare eccitazione.

Dalla nostra indagine è risultato che il 4% degli intervistati fantastica di fare violenza su altre persone mentre il 6% si eccita al pensiero di subirla; nella prima percentuale rientrano principalmente intervistati uomini, nella seconda compaiono soprattutto donne. Tradotte in cifre, queste percentuali significano che circa 1.800.000 adulti hanno dichiarato fantasie in cui immaginano di impartire violenza. Tuttavia, pur essendo piuttosto alta, tale cifra non fotografa perfettamente la realtà, dal momento che molti intervistati hanno ammesso fantasie violente in altre parti del questionario ma, rispondendo a questa domanda specifica, non si sono riconosciuti come persone «violente» perlomeno nella fantasia. Eppure il 15% degli adulti intervistati riconosce di eccitarsi pensando di applicare manette, bende o collari e un altro 23% immaginando di legare con corde il proprio partner sessuale. Resta quindi da accertare se tali preferenze costituiscano una forma di violenza sessuale o possano essere attuate in una forma affettuosa e controllata: oltre quale limite si parla di violenza sessuale? Questo quesito conduce in un terreno accidentato: c'è chi si eccita legando e ammanettando il proprio partner alla spalliera del letto e chi considera questo un atto abominevole, che denota pericolo e perdita di controllo.

La maggior parte degli psichiatri forensi che ha avuto a che fare con individui pericolosi all'interno di strutture di massima sicurezza concorda nell'affermare che i responsabili di violenza sessuale sono stati a loro volta vittime di gravi abusi (sessuali, fisici, psicologici o di natura composita) nel corso della loro infanzia. Tali trascorsi violenti si sono poi tradotti in un'erotizzazione della crudeltà nella vita adulta. Di seguito presentiamo una breve selezione di fantasie che contemplano la violenza sessuale ai danni di altri individui adulti.

FRANCINE

Di essere presa contro la mia volontà, di solito da un gruppo di uomini che «hanno il diritto» di farlo. Per esempio immagino di essere in un paese del terzo mondo e di essere fermata dalla polizia, portata in una sorta di prigione e legata con i vestiti completamente strappati. Poi tutti iniziano a guardarmi come un oggetto sessuale e uno mi violenta; solo che piace anche a me.

DELIA

Di essere una schiava sessuale in un bordello di alto livello e di subire ogni tipo di tortura sessuale.

MILTON

Lo so che può apparire malato, ma a volta quando mi masturbo mi immagino la mia ragazza che viene decapitata da un boia. Poi mi mettono la sua testa fra le gambe e io vengo sulla sua faccia.

RICHARD
Di essere legato e costretto a guardare la mia partner che viene scopata da qualcun altro e poi doverle pulire il corpo imbrattato di sperma.

PALMER
La mia padrona mi ha costretto a vestirmi da puttana, con una minigonna invisibile, calze a rete bianche, grosse tette fasciate in una camicetta di seta aderentissima e trucco pesante. Vengo messo su una sedia o uno sgabello con ai piedi scarpe da ballo con 25 cm di tacco che mi tendono le caviglie fino al limite. La mia padrona mi toglie la minigonna e inizia a battermi prima con una mano e poi con un frustino. Quando decide che ho urlato abbastanza, mi impala con lo strap-on e mi usa senza ritegno. Poi a un certo punto grida qualcosa e qualcuno entra nella stanza. È un uomo nudo a cui la mia padrona dice di avvicinarsi alla mia bocca. Poi raggiungiamo l'orgasmo tutti e tre contemporaneamente.

AGNES
Faccio la governante in una casa, credo, vittoriana. La moglie è invalida e il marito è molto sexy anche se in modo composto. È contento di come seguo i bambini, di come so essere severa con loro ma non cattiva. Una sera viene da me e mi dice che ha un problema: dato che sua moglie è troppo malata per poter fare sesso con lui, è andato con una prostituta e adesso merita una punizione. Mi chiede di punirlo con una bacchetta. Io obbedisco, mettendomi nei panni di una maestra di scuola che castiga un cattivo scolaro. A lui piace così tanto che quando smetto vedo che gli è diventato duro. Lui mi ringrazia ma io gli dico che non ho finito, glielo prendo in bocca e glielo succhio.

DUFFY
Di essere immobilizzata e costretta a fare sesso.

IVANNA
Di essere legata in un campo di prigionia e di essere violentata da guardie che mi vogliono estorcere informazioni.

BRENNA
Di frustare il mio amante finché non urla di dolore e fino a farlo sanguinare.

COLBY
Di violentare.

FLO
Sono una giovane schiava di colore e sono in fila con altri schiavi. Arrivano i ricchi proprietari della piantagione e si mettono a frugarmi e a stuzzicarmi con le mani, mi toccano il seno e mi infilano le mani sotto la gonna per toccarmi il sesso. Poi vengo prelevata e portata nella piantagione sul retro di un carro, vengo fatta entrare in una cabina e preparata per il *badrone* da due donnone nere che cercano di descrivermi quello a cui andrò incontro (e che probabilmente anche loro hanno passato). Finiscono di lavarmi e sono pronta. Non so ancora per cosa, ma sento i suoi passi sul legno della veranda all'esterno. Tremo per la paura ma anche per l'eccitazione. So che le altre donne sono nella cabina accanto e so cosa mi aspetta...

DORO
Di essere bendata da due uomini e di non riuscire a fermarli.

NOAH
Mi torturano l'uccello e le palle. Godo a farmi trafiggere i capezzoli mentre una dominatrice mi afferra i testicoli e li massaggia con vigore.

BILLIE-JO

Di essere stuprato da un gruppo di neri e di essere incapace di reagire. Può cambiare lo scenario, ma immagino sempre di essere usato e di non avere il controllo della situazione.

SHERIDAN

Di solito immagino di essere preso selvaggiamente da un omaccione rosso, alto, forte e possente. All'inizio è appassionato, poi a mano a mano che la penetrazione continua diventa sempre più aggressivo e accanito. Mi fa passare da una posizione all'altra senza chiedere e senza negoziare. Poi quando raggiunge il culmine del piacere perde il controllo e mi prende senza pietà. Poi dopo essere venuto mi prende tra le sue braccia e mi bacia in modo tenero e appassionato.

LORELLE

Saddam Hussein. È questa la mia fantasia. Tutti pensano che sia brutto, malvagio e disgustoso. Lo so che è un brutale dittatore, che è un tiranno e che tutto il mondo lo odia, ma penso che sarebbe fantastico farsi sbattere a più non posso da lui e farsi trattare come un pezzo di carne. A volte quando sono da sola in casa chiudo le tende della stanza e resto stesa sul letto in reggiseno e mutandine, chiudo gli occhi e inizio a masturbarmi e faccio finta che Saddam faccia irruzione in casa mia e mi prenda in ostaggio. Fuori ci sono i caschi blu che gli danno la caccia e quando scoprono dov'è lui gli dice che se non lo lasciano stare mi ucciderà. Poi mi strattona via dal letto, mi porta alla finestra e mi tiene puntato un coltello in modo che le pattuglie fuori vedano che è armato, pericoloso e che fa sul serio. Passa un po' prima che le autorità decidano il da farsi, così io e Hussein abbiamo molto tempo per noi. Lui mi dice che per ingannare l'attesa mi tratterà come il cane che sono. Mi copre la faccia e mi strappa la biancheria intima, poi mi rigira sulla pancia e mi alza all'aria le chiappe come un animale. Poi tira fuori l'uccello, lungo meno di 13 cm, ma piuttosto grosso e puzzolente, e inizia a scuoterlo per farselo drizzare. Immagino che stia per penetrarmi da dietro e invece a sorpresa me lo infila nell'ano, mi violenta così e mi lascia un deposito di sperma nel sedere. Mi fa un male terribile e mi fa sanguinare, ma sono anche molto eccitata e la mia vagina freme di piacere. Lo supplico di chiavarmi la figa, ma lui rifiuta, dicendomi che mi ha già dato il suo prezioso seme. Io invoco altro cazzo dal grande dittatore, ma lui rifiuta di concedere un bis. Mi trascina vicino alla finestra, nuda e con il sangue che mi scende lungo le cosce, e di nuovo mi tiene puntato il coltello per farmi vedere ai militari là fuori. Poi all'improvviso si sente un rumore di vetri rotti: qualcuno ha buttato gas nervino dalla finestra e sia io sia Saddam Hussein siamo fuori gioco. Quando mi sveglio sono nuda in un ospedale militare. Intorno a me ci sono due soldati armati che mi chiedono come mi sento. Gli rispondo che ho bisogno di scopare perché Saddam mi ha inculato ma non mi ha fatto venire. I soldati occidentali sono mossi a compassione così uno alla volta mi speronano con i loro uccelli e mi fanno impazzire al punto che vengo più volte immaginandomi di avere dentro sempre il bel 13 cm di Saddam Hussein.

15. Adolescenti e bambini

> «Dio salvami da quei pensieri che gli uomini pensano solo con la mente».
>
> William Butler Yeats, *A Prayer for Old Age*, «Parnell's Funeral and Other Poems»

Flirtare con i minori

Benché la maggior parte dei britannici preferisca partner sessuali adulti, sono numerosi gli individui che hanno fantasie sessuali riguardanti minori. Ben il 31% degli intervistati maschi, vale a dire quasi 6 milioni e 975 individui, ha dichiarato una o più fantasie sessuali popolate da adolescenti dai 16 anni in su, mentre l'8% degli uomini, pari a 1,8 milioni di individui, ha avuto nella sua vita almeno una fantasia su adolescenti di età inferiore ai 16 anni e talvolta perfino più giovani, ovvero fantasie che, se messe in pratica, costituirebbero reato. Sembra invece che le donne fantastichino di meno sui teenager: solo il 4% ha fantasie che riguardano adolescenti di età superiore ai 16 anni, mentre soltanto l'1% ha fantasmi erotici concernenti ragazzini di età inferiore.

L'attrazione verso un adolescente di 15 anni o ancora più giovane è riconducibile a una serie di fattori che vanno dalla voglia sadica di fare del male al ben più infantile desiderio di riconquistare parte della propria giovinezza attraverso il corpo di un adolescente. A seguire presentiamo alcune testimonianze di adulti britannici sulle loro fantasie sessuali riguardanti adolescenti al di sotto o al di sopra della soglia della maggiore età. In questa sezione ho inserito sia le fantasie che esprimono un interesse sessuale diretto verso gli adolescenti, sia quelle che manifestano un interesse sessuale simbolico, per esempio nel caso di coloro che immaginano il proprio partner adulto vestito da scolaretto o da scolaretta. In alcuni casi gli intervistati non hanno indicato l'età precisa del minore in questione, perciò ho classificato tali fantasie sotto la categoria generica di « fantasie su adolescenti », anche se, in mancanza di indicazioni più precise, non si può essere certi che esse non riguardino anche individui più giovani.

ED
Una fantasia su un'allieva generica, un'adolescente senza un volto o un'età precisa (ma probabilmente minorenne) che si alza la gonna e si masturba per me, e dopo lascia che la svergini brutalmente.

SANFORD
Di sedurre una quindicenne ancora vergine. All'inizio è drogata, ma quando torna in sé prova piacere anche lei.

JOHNSON
Penso a quando ho perso la verginità con una donna più grande e ho annusato le MERAVIGLIE del GIARDINO di una signora per la prima volta.

AUDREY
Uno stupro collettivo con me e una dozzina di brutali adolescenti di colore.

COSMO
Non ho una fantasia specifica ma in genere mi eccito pensando a un'adolescente con l'uniforme della scuola o perlomeno le mutandine bianche di cotone. Immagino per esem-

devono masturbarmi. Dopo che vengo gli faccio vedere come masturbarsi a vicenda usando le dita e la lingua. Anch'io partecipo e, mentre vengono a una a una, mi esplode un orgasmo fenomenale.

ANDI
Un'altra donna che mi tratta come una bambina, mi esamina i genitali e mi dice di fare la brava mentre mi guarda e mi accarezza il clitoride.

EBENEZER
Mi eccito all'idea di farmi masturbare mentre sono vestito da neonato, con i pannolini. Una volta l'ho fatto con la mia ragazza ed è stato fantastico.

La psiche del molestatore di bambini

Per un bambino nessuna esperienza è più devastante di un abuso sessuale subìto a opera di un individuo più grande, sia esso un adulto o un adolescente. Sono necessari lunghi anni di psicoterapia per aiutare una vittima di abusi precoci a superare l'infinità di danni emotivi che il più delle volte compromettono ogni aspetto della sua vita. Ricordo il caso di una mia paziente che era stata violentata dal padre e dal fratello quando aveva meno di dieci anni. La incontrai per la prima volta in una luminosa giornata estiva mossa da una leggera brezza, una di quelle giornate di bel tempo che tutti i britannici aspettano con ansia. Non così la mia paziente che, appena entrata nel mio studio, esclamò: «Detesto le giornate calde come quella di oggi, in cui tutti vanno in giro in bermuda e camicie a maniche corte, con tutta quella carne in vista. A molti piace, ma io non ce la faccio a camminare per strada con tutta quella carne esposta che mi ricorda lo stupro».

L'1% degli adulti britannici, per un totale di circa

225.000 individui di sesso maschile, ha dichiarato di avere fantasie sessuali su «bambini» anziché «adolescenti» e meno dell'1% ha dichiarato fantasie su neonati. Meno dell'1% di donne britanniche adulte ha ammesso invece di avere fantasie su bambini o neonati. Va chiarito che chi ha fantasie sessuali di questo tipo non necessariamente commetterà, o è più portato a compiere, un reato di pedofilia. Tuttavia tutti coloro che si sono macchiati di questo tipo di reati hanno avuto in precedenza fantasie su bambini. Da tempo gli psicoterapeuti e le forze dell'ordine cercano di determinare, ammesso che sia possibile, quali individui interessati da questo genere di fantasie sessuali siano maggiormente soggetti a commettere abusi su bambini e neonati.

È interessante notare come la maggioranza degli adulti che ha ammesso di avere fantasie sessuali verso i bambini appartenga a una fascia di età compresa tra i diciotto e i ventinove anni o superiore ai cinquantuno. Gli uomini tra i trenta e i cinquant'anni e quelli del Sud dell'Inghilterra eccetto Londra hanno ammesso invece un numero molto inferiore di fantasie sui minori. Non intendo trarre nessuna conclusione incontrovertibile a partire da questi dati, ancor più che i numeri sono *pressoché* irrilevanti rispetto ad altri tipi di fantasie. Tuttavia, mi sembra lecito supporre che, considerata l'illegalità della pedofilia, molti intervistati abbiano scelto di tacere eventuali fantasie sui minori.

Gli adulti che hanno fantasie sessuali sui bambini denotano una devianza psichiatrica molto più accentuata rispetto a coloro che fantasticano sugli adolescenti. Perciò sarebbe sbagliato equiparare un uomo che ha pensieri lascivi nei confronti della figlia quindicenne del vicino con uno che rivolge gli stessi pensieri a un bambino di 5 anni, benché entrambi gli atti, se perpetrati, sarebbero ugualmente perseguibili. Gli individui che mostrano una spiccata tendenza alla pedofilia sono stati a loro volta vittima di abusi sessuali durante la loro infanzia e spesso in maniera inconscia tenderanno a infliggere abusi simili su altri minori nel disperato tentativo di espellere dalla mente ricordi così dolorosi. Ecco alcuni esempi di fantasie potenzialmente pedofile.

TANDY

RANDY

ZACHARIAS

EAMON

RICA

CORBY

CHERYL

16. Necrofilia, bestialità e alieni

«Ti sarai convinto ch'era più che una nostra fantasia».

William Shakespeare, *Amleto*

Cose fuori dal mondo: sesso senza gli umani, sesso con i marziani, sesso nell'antichità e sesso nel futuro

Se la maggioranza dei britannici ha fantasie sul proprio partner, su personaggi famosi, parenti o colleghi di lavoro, una percentuale di individui si eccita al pensiero di fare sesso con animali, persone defunte o appartenenti ad altre epoche storiche. Senza dubbio chi sogna di amoreggiare con Enrico VIII presenta tratti psichici molto diversi da chi si immagina un rapporto sessuale con un dobermann, tuttavia ho scelto di collocare queste due fantasie sotto la medesima categoria in quanto esprimono entrambe una predilezione per una situazione extraumana o extratemporale. Dallo studio è emerso che in Gran Bretagna gli uomini e le donne che fantasticano di fare sesso con animali ammontano al 3%, pari a un totale di 1,35 milioni di individui; l'1% della popolazione adulta maschile e femminile, pari a mezzo milione di persone, ha fantasie di asfissia autoerotica, in cui cioè lo strangolamento è fonte di piacere sessuale; infine, pur non avendo dati precisi in proposito, posso testimoniare che un certo numero di intervistati ha ammesso di avere fantasmi erotici popolati da vampiri e alieni.

EDITH
Di fare da cavia agli alieni.

STERLING
Ho sentito che l'imperatore Caligola era solito legare ai pali alcune cortigiane per poi lasciare che le belve feroci strappassero loro i vestiti e le sbranassero. È pazzesco ma mi eccita terribilmente.

HYDE
Mi eccita l'idea di bere sangue.

SERGIO
Di essere ai tempi di Caligola, quando tutto era permesso. Proverei di tutto, tranne la pedofilia.

HEDDA
Vorrei fare sesso con Carlo II. Era un tale donnaiolo che sono sicura che avesse un pene enorme e mi sarebbe piaciuto essere una delle sue amanti per succhiargli fino in fondo quel suo Uccello Reale.

FRIEDRICH
Un vampiro mi entra in camera e al mio risveglio lo trovo che mi sta succhiando il collo. Detta così suona peggio di quella che è, ma è solo che ho il collo sensibile.

MACK
Praticamente sono su un'isola, nel futuro. Qualcuno ha sparso nell'atmosfera un virus che colpisce soltanto gli uomini e le donne brutte, uccidendoli nel modo più agghiacciante e crudele. Per farla breve diciamo che è una morte lunga e dolorosissima. All'inizio diventano impotenti. Poi tutti urlano di dolore e vomitano. Ovviamente, per qualche strano motivo, io sono l'unico a non essere colpito dal virus, e le donne sopravvissute sono tutte lesbiche bisessuali.

Alla fine della giornata vengo stuprato da un gruppo di lesbiche mozzafiato affamate di sesso e pronte ad ammazzarsi fra loro pur di procreare con me.

KRISTA
Di avere addosso una veste bianca, leggera e trasparente, e di essere legata a un masso sacrificale sopra a una collina mentre dal cielo piovono tuoni, pioggia e fulmini. E di essere stuprata dal capo della setta.

RHODA
Vengo attaccata da un grosso cane, tipo un alano, che mi azzanna senza pietà strappandomi tutti i vestiti e mi inizia a leccare la vagina, facendomi godere, meglio di mio marito. Poi gli succhio il coso, riempiendomi la bocca di sperma canino.

JOJO
Sono una schiava dell'antica Roma o dell'antica Grecia. Vengo comprata dall'imperatore che mi vuole regalare al figlio per il suo diciottesimo compleanno per farlo impratichire col sesso.

HARVEY
Di essere legato nudo e di essere lasciato in un bosco con il pene in erezione ricoperto di miele per far mangiare le formiche.

PENNY
Mi piacerebbe essere la settima moglie di Enrico VIII. Naturalmente quando lui era ancora vivo. Perché immagino che adesso sia un po' marcito.

Le fantasie possono uccidere? Sesso al cimitero e altre forme di pericolo

Per alcuni individui la morte, la prospettiva della morte o la sua prossimità possono essere fonte di eccitazione. Ricordo la testimonianza di un uomo che raccontava di aver avuto i rapporti sessuali più intensi di notte in un cimitero. Ecco altri esempi di fantasie legate alla morte.

SULLY

Di essere completamente avvolto in una tuta di gomma, che mi lascia scoperte solo le narici. Poi mi mettono in una bara di gomma e chiudono il coperchio. Poi un donnone grasso si siede sulla bara e ostruisce i fori di aerazione.

PATIENCE

Mi piace immaginare di fare sesso con uomini sieropositivi. Mi piace l'idea della roulette russa, del non sapere se il loro seme mi infetterà o meno. A volte mi vengono queste manìe suicide e mi piace sperimentarle con questo tipo di fantasie.

TINA

Il pensiero del mio ragazzo vestito con un abito serio tutto nero mentre facciamo sesso in un cimitero o sulla spiaggia.

LOGAN

Forse non capirà alcune delle cose che le dirò, ma cercherò di spiegarmi. La mia fantasia più ricorrente riguarda il mio compagno e un paio di miei amici. Questi mi prendono e mi infilano in un sacco a pelo di gomma con addosso una maschera antigas e poi mi infilano ancora in un altro sacco a pelo di pelle. Poi mi oscurano la maschera a gas con il nastro isolante nero e mi infilano in tre altri sacchi a pelo imbottiti. A questo punto mi mettono in una cassa di legno, collegano un tubo di gomma alla maschera a gas e chiudono il coperchio della cassa. Poi sento che mi trasportano da qualche parte. Mettono la cassa in una buca scavata nel terreno e mi seppelliscono, lasciandomi il tubo per prendere aria dall'esterno.

Le fantasie possono uccidere?

CASIMIR

Quando mi masturbo penso sempre alla mia ragazza che mi mette la testa fra le gambe e mi succhia l'uccello. A volte la sua testa si stacca, proprio come a san Giovanni Battista, e dopo che ha ingoiato il mio seme, io rimango con la sua testa in mano. È rivoltante, ma è anche molto eccitante e ogni volta che mi immagino la scena vengo e mi imbratto tutto il ventre. Mi capita spesso.

ERIKA

Da quando mio marito mi ha tradito, ho spesso pensieri macabri su di lui. Mi fa eccitare un sacco l'idea che gli cada acqua bollente sul pene o meglio ancora sui testicoli, di cui va tanto fiero. Una volta, mentre mi masturbavo, me lo sono immaginato che lo tenevano fermo mentre io gli versavo acqua bollente sui genitali e poi all'improvviso gli veniva un infarto e moriva.

MAIA

Essendo stata violentata da bambina, a volte provo un forte odio verso gli uomini e sogno di ucciderli. In una delle mie fantasie sessuali immagino di essere la Regina assassina; rapisco dieci uomini e li costringo a masturbarsi. A quel punto dico loro che se non vengono moriranno, ma anche che appena vengono saranno ammazzati comunque. Sono in un circolo vizioso, costretti a masturbarsi a sangue nel vero senso della parola. È una fantasia perversa?

PAULETTE
Sono stata molestata dal mio superiore e sogno di mettergli il pene in un tritacarne. Una volta mi sono masturbata immaginando questa scena ed è stato incredibilmente eccitante.

17. Zucchero, un po' di sale e piacere a volontà

> «Il matrimonio è così popolare perché associa il massimo della tentazione con il massimo dell'opportunità».
>
> George Bernard Shaw, *Maxims for Revolutionarists*

Fedeltà coniugale. Una rarità?

Dopo aver esaminato la precedente serie di testimonianze, superiori al migliaio, si potrebbe pensare che non c'è britannico che ami il proprio coniuge. In molti casi questo corrisponde a verità: occupandomi di psicoterapia di coppia, posso testimoniare che molti individui desidererebbero veder morta la propria metà. Tuttavia chi crede ancora nel matrimonio non ha motivo di deprimersi, poiché è in buona compagnia: nonostante l'aumento del numero dei divorzi e il dilagare dell'infedeltà coniugale e delle malattie trasmesse per via sessuale, il matrimonio rimane la scelta di vita più diffusa in Gran Bretagna. Nella tabella che segue sono raccolti i dati relativi alle scelte di vita dei britannici secondo l'indagine sulle fantasie sessuali condotta nel 2004 nell'ambito del Progetto di ricerca sulle fantasie sessuali britanniche.

Tabella 15

Le scelte di vita sessuale nella Gran Bretagna contemporanea

Stato attuale	Percentuale totale	Uomini	Donne
Sposato, convivente	52%	54%	50%
Non sposato, convivente con un partner fisso	16%	15%	17%
Non sposato, con un partner fisso, non convivente	12%	11%	12%
Non sposato, senza un partner fisso	19%	19%	19%
Altro	1%	1%	2%

Le fantasie sessuali dei britannici sono popolate da cognate e cognati, insegnanti e vicini di casa, da Margareth Thatcher e Tony Blair, Robbie Williams e Kylie Minogue, da biancheria di seta, carote e cetrioli e mille altri personaggi e oggetti che sarebbe troppo lungo elencare. Ma nell'immaginario sessuale del britannico medio *c'è spazio anche per i partner fissi, per i compagni di lunga data, per il proprio marito o la propria moglie, anche se non così frequentemente come ogni moglie o marito vorrebbe.*

Prima di tutto occorre fare una distinzione tra il fantasticare sul proprio partner in generale e il farlo mentre ci si masturba da soli o ancora mentre si fa sesso con il partner in questione.

Mentre ha rapporti con il proprio partner, circa i due terzi dei britannici pensa a lui con notevole frequenza, mentre un terzo lo fa solo di rado o *mai*. È significativo che tale dato non vari fra uomini e donne; questo equivale a dire che nella maggior parte delle coppie eterosessuali britanniche la fedeltà, o infedeltà, coniugale è ugualmente ripartita fra i due sessi. Bisogna inoltre ricordare che per ogni buon numero di adulti che pensa quasi costantemente al proprio partner mentre fa sesso con lui, c'è un drappello di britannici che pensa invece a *molto altro*.

La tabella 16 illustra con quale frequenza gli adulti hanno fantasie sul proprio coniuge o sul proprio partner fisso mentre hanno rapporti con lui.

Tabella 16
Frequenza delle fantasie sul proprio coniuge o partner fisso

Frequenza	Percentuale totale	Uomini	Donne
Sempre	10%	11%	8%
Molto spesso	16%	18%	14%
Abbastanza spesso	21%	23%	18%
Non spesso	19%	19%	20%
Mai	9%	8%	10%
Non ha partner	15%	6%	12%
Non ha fantasie	9%	6%	12%
Preferisce non rispondere	2%	2%	1%

Il dato, forse per nulla sorprendente, che risulta dalla tabella suggerisce che con l'avanzare dell'età e del rapporto si hanno sempre meno fantasie sessuali sul proprio partner; infatti, se fra i giovani dai 18 ai 29 anni il 14% pensa al proprio compagno ogni volta che ha un rapporto con lui, fra coloro che hanno raggiunto i 51 anni solo il 6% pensa regolarmente al proprio compagno durante il rapporto. Questo significa che in media il 90% degli adulti britannici pensa a qualcun altro mentre fa sesso con il proprio partner.

Durante la masturbazione solitaria il tasso di fedeltà mentale precipita e quando non c'è nessuno a occupare l'altra metà del letto la mente si mette a spaziare ancora di più. Come dimostra la tabella seguente, durante la masturbazione solo il 33% degli adulti britannici pensa regolarmente al proprio partner.

Tabella 17

Frequenza delle fantasie sul proprio coniuge o partner fisso durante la masturbazione

Frequenza	Percentuale totale	Uomini	Donne
Sempre	4%	3%	5%
Molto spesso	11%	12%	10%
Abbastanza spesso	18%	22%	15%
Non spesso	19%	23%	16%
Mai	13%	13%	13%
Non si masturba	14%	8%	21%
Preferisce non rispondere	2%	2%	2%

La tabella mostra ancora una volta come la maggioranza dei britannici non pensi regolarmente al proprio partner mentre si masturba: risulta infatti «mentalmente fedele» solo il 4% degli adulti. Tuttavia, se si accorpano i primi tre gruppi di risposte (sempre, molto spesso e abbastanza spesso) risulta che durante la masturbazione pensa al proprio partner il 37% degli uomini contro solo il 30% delle donne.

Con l'avanzare dell'età il tasso di infedeltà masturbatoria aumenta, poiché si tende a introdurre maggiore varietà nel proprio immaginario sessuale. Così, fra i britannici con meno di 30 anni di età, il 6% pensa costantemente al proprio partner durante la masturbazione, il che equivale a una percentuale piccola ma comunque pari a un numero significativo di individui. Fra gli adulti dai 30 ai 50 anni, invece, tale percentuale scende al 5% e, oltre i 51 anni, si assesta al 3%, il che equivale a dire che dopo i 51 anni gli individui che si masturbano pensando sempre al proprio partner sono la metà rispetto a quelli dai diciotto ai trent'anni.

AMY
A mio marito che si masturba.

MARY-LOU
Di fare un piacevole bagno caldo in compagnia di mio marito e poi scopare. Scopare tutta la notte, fermarsi per colazione, e poi ricominciare. Fantastico!

BOB
Di essere svegliato da mia moglie per fare sesso, di guardarla mentre si spoglia e fare sesso orale con lei.

CALLIE
Di essere da soli senza i bambini.

ELVIRA
Di essere riempita di attenzioni e baciata dal mio compagno.

MARNIE
Vorrei che il mio ragazzo mi scopasse fino a farmi impazzire. Mi piace sentire il suo grosso gingillo entrare e uscire dalla mia gattina e godo da morire. Vorrei poterlo fare con lui per tutto il giorno. Che scocciatura che domani è lunedì.

KESHONDRA
Non ho fantasie del genere, tranne qualche giorno in cui penso che mi piacerebbe fare sesso con mio marito quando torna la sera.

MARVIN
Con mia moglie di quarantacinque anni.

TANIKA
Di essere messa di nuovo incinta dal mio compagno.

BENJAMIN
Ultimamente penso che la mia compagna, che è morta lo scorso maggio, torni da me una notte e facciamo l'amore per l'ultima volta.

Quarta parte

Le origini della fantasia sessuale

«Ché non per gli occhi Amore guarda il mondo,
ma per sua propria rappresentazione,
ed è per ciò che l'alato Cupido
viene dipinto col volto bendato».

William Shakespeare, *Sogno di una notte di mezza estate*

18. Il sadismo

> « L'uomo, a prescindere dalle molte altre catene che la passione gli impone, è legato da un gran numero di relazioni necessarie ».
>
> Johann Wolfgang von Goethe

L'ultimo strip poker

Nella prima e nella seconda parte del presente studio abbiamo appurato che in media ogni individuo sessualmente maturo ha fantasie erotiche. Spesso fonti di piacere, a volte di angoscia distruttiva e altre ancora di entrambi gli stati d'animo, tali fantasie emergono di solito nel corso di interviste o sedute terapeutiche oppure dalle confidenze di persone comuni. Nella terza parte abbiamo presentato un'ampia selezione di tali fantasie, delineando un quadro significativo delle predilezioni erotiche dei britannici di oggi.

Nella quarta parte cercheremo di individuare le motivazioni delle fantasie sessuali e le funzioni inconsce alle quali esse assolvono. Percorreremo la frastagliata linea di confine che separa la fantasia malata dalla fantasia sana, cercando di scoprire per esempio cosa si nasconda nella mente di un individuo che immagina di essere sadicamente percosso dal proprio partner.

- Ha una mente « disturbata », « perversa », « contorta » e ha bisogno di essere aiutato?

- È abbastanza intelligente da relegare i propri impulsi distruttivi nell'innocuo recinto delle fantasie?
- È sessualmente più emancipato e creativo della media?
- È in conflitto con la propria aggressività e manifesta tale conflitto in ambiti non strettamente sessuali della propria vita?

In altre parole, cercheremo di capire se è possibile considerare le proprie fantasie come uno scampolo di divertimento privato, all'insegna di « un po' di perversione non ha mai fatto male a nessuno », oppure come fattori in grado di influire pesantemente su altri ambiti della propria vita.

Mi propongo di iniziare la mia analisi citando il caso di Callum, uno dei volontari intervistati nell'ambito del Progetto di ricerca sulle fantasie sessuali britanniche, la cui fantasia ha partorito una delle partite di poker più originali e colorite mai immaginate.

La prima volta che incontrai Callum pensai subito che fosse un personaggio davvero singolare: un omone alto più di un metro e ottanta, muscoloso, con due spalle quadrate e una stretta di mano da fratturare le falangi. Entrò nello studio, si stravaccò a gambe aperte sul divano, quasi fosse quello di casa sua, e con tono spavaldo e confidenziale mugghiò: « Allora amico, di cosa tratta quest'intervista? » Quarantaduenne, con un lavoro da imprenditore edile e una voce da baritono, Callum era venuto a Londra da un piccolo villaggio alla periferia di Newcastle-upon-Tyne per sottoporsi all'intervista, intenzionato ad arrotondare qualche spicciolo.

Malgrado il suo evidente entusiasmo, notai subito in lui una strana inalterabilità: descriveva ogni aspetto della sua vita con lo stesso tono assertivo. Ma se mi riuscì facile comprendere la fierezza, la soddisfazione e la sicurezza con cui mi raccontò che aveva guadagnato una grossa somma sul lavoro e anche l'evidente orgoglio con cui mi raccontò che da studente era stato un asso nella squadra di rugby della scuola, non potei impedirmi di trasalire quando per dirmi che aveva perso la «mamma» poco prima di compiere otto anni usò la stessa calma distaccata e la stessa freddezza clinica di un corrispondente di guerra navigato che annunciasse al mondo: «Gli ufficiali di Buckingham Palace hanno confermato che la madre di Callum è deceduta, lasciando il proprio figlio alle cure di un padre disinteressato».

La notizia che aveva perso la madre a una così tenera età mi colpì al punto che contrassi tutti i muscoli della faccia, reagendo come qualsiasi altro psicoanalista avrebbe fatto al pensiero di quanto fosse stato doloroso per lui. Callum notò il cambiamento di espressione e subito mi rassicurò dicendo: «Tranquillo, amico, è tutto apposto. Lei è in pace e la vita continua». Non osai dirgli nulla, ma percepii chiaramente che la sua apparente forza d'animo celava una fragilità forse troppo difficile da affrontare e dalla quale si difendeva vestendo quell'armatura da duro.

Sono convinto che esistano individui capaci di superare ogni genere di perdita, trauma o abuso mostrando una grande resistenza, senza soccombere necessariamente agli eventi negativi della vita. Alcuni sono perfino capaci di superare prove terribili. Tuttavia, nella mia esperienza di psicoterapeuta, posso dire di non aver mai visto un bambino accettare la perdita di un genitore senza pagare un prezzo a livello emotivo. In molti casi, quel bambino svilupperà una personalità fragile e delicata, potenzialmente esposta a vari tipi di disturbi o peggio ancora a patologie psichiche gravi; oppure, per reazione, si ritirerà dietro una corazza, assumendo un atteggiamento antipatico e aborrendo ogni forma di dipendenza e vulnerabilità nei riguardi degli altri, e svilupperà un'indole violenta che, in alcuni casi, sfocerà in una vera e propria attitudine criminale. Iniziai quindi a sospettare che l'atteggiamento da macho e la sua ruvida millanteria da muratore muscoloso non fossero altro che un involucro protettivo che Callum si era cucito addosso per nascondere l'animo ben più tenero del bambino provato da una grave perdita.

Proseguimmo con il colloquio e dopo avermi parlato freddamente della morte della madre, mi raccontò che il padre si era risposato circa sei mesi dopo scegliendo per moglie una donna che, a quanto pare per la gioia di tutti, era «un pezzo di figa con due meloni così». Fui colto da sorpresa e incredulità a sentire Callum descrivere la sua matrigna con parole così esplicite. Era pensabile che un bambino di appena otto anni che aveva perso la madre da così poco tempo potesse essere nello stato d'animo da apprezzare i seni della sua matrigna? E se anche fosse, era normale che li chiamasse «meloni»? Subito mi chiesi se fra i due non ci fosse stata qualche forma di relazione incestuosa.

Così chiesi a Callum di descrivermi quali fossero stati i rapporti con la sua matrigna e se la sua costante presenza in casa non avesse acuito ancora di più il dolore per la perdita della madre. «Per niente, tutto normale». Poi si fermò per la prima volta durante il colloquio, e tradendo un lieve imbarazzo mi disse: «Una volta, quando avevo tredici anni, mi sorprese mentre mi facevo una sega nel cesso». Sapevo per certo che non era stato l'unico adolescente sorpreso dall'intempestiva intrusione di un genitore nell'impaccio della foga masturbatoria, ma subito gli domandai come e perché la sua matrigna fosse entrata nel bagno proprio in quel momento. Con mia sorpresa, Callum mi spiegò che la donna non era proprio entrata in bagno ma che in casa erano soliti andare in giro nudi senza curarsi di chiudere le porte; ecco allora che sua madre non era «entrata» materialmente in bagno mentre Callum si stava masturbando, ma «si era semplicemente trovata a passare per il corridoio». Poi anticipando la mia domanda successiva mi disse che non lo aveva imbarazzato farsi sorprendere dalla matrigna con i calzoni abbassati e che al contrario la cosa lo aveva alquanto eccitato. Si era sviluppato da poco e provava una certa soddisfazione a «mostrare il suo armamentario».

Nel corso del colloquio chiesi a Callum di raccontarmi la sua storia sessuale. Immaginavo che fosse sposato e avesse figli, invece mi rivelò arrossendo che non aveva mai avuto una relazione con una donna che fosse durata più di quattro mesi. Malgrado il suo fisico piazzato, il suo aspetto vigoroso e il suo successo come imprenditore edile, non aveva mai avuto una compagna. Intuendo il mio interesse a sapere perché trovasse così impegnativa una relazione duratura, ammise: «Be', perché mi piace parcheggiare l'apparecchio, sganciare gli ordigni e squagliarmela». Sghignazzò un po' fra sé, poi mi rese partecipe confidando: «Come mi dice sempre il mio amico Harry, io con le donne faccio così: una scopata e via».

Il lessico di Callum iniziava a preoccuparmi seriamente. In vita mia avevo parlato decine di volte con uomini che consideravano le donne come semplici oggetti sessuali da «scopare» per poi «passare avanti», ma Callum aveva fatto una descrizione ancora più misogina paragonando se stesso, e in particolare i suoi genitali, a quelli di un pilota di un cacciabombardiere durante la Seconda guerra mondiale, che parcheggia l'«apparecchio» e sgancia «gli ordigni». Mi chiedevo che cosa avrebbero pensato le sue ex se lo avessero sentito parlare in un modo così spacciatamente denigratorio. Come sorprendersi che le sue relazioni fossero durate così poco?

Dopo avermi descritto la sua storia sessuale, dichiarando di essersi portato a letto più di un centinaio di donne diverse negli ultimi venticinque anni, Callum mi confidò la sua fantasia masturbatoria più eccitante, che riporto letteralmente.

CALLUM

Si basa tutta sul poker, perché, vedi, sono molto bravo a poker. Gioco ogni settimana con i miei amici Harry e Charlie, che lavorano con me, e con altri quattro o cinque. Andiamo matti per questo gioco e io sono tra i più bravi e negli anni ho guadagnato un mucchio di soldi. Solo che, anche se questi ragazzi sono miei amici, non sono molto belli da guardare. [*Ride*] Nella vita reale non ho mai voluto giocare a poker con le donne perché penso che non sanno giocare, che, insomma, non hanno proprio il senso della competizione. Ma quando mi masturbo immagino che al tavolo non ci siano altri *maschi* ma solo io e un gruppo di ragazze; cinque o sei ragazze e io, l'unico uomo. Siccome non ci sono altri uomini, propongo di giocare a strip poker perché a quello le donne sono bravissime. Iniziamo a giocare a mani e ogni volta che qualcuno perde una mano, via un vestito. Dopo un po' siamo tutti nudi e lì, in mezzo a tutte quelle donne nude, mi viene duro e devo assolutamente fare qualcosa. Così propongo di rendere il gioco un po' più interessante: visto che non ci sono più vestiti da togliere, perché non giochiamo a «sfide»? Questo gioco non esiste, me lo sono inventato io. A ogni carta è associato un atto sessuale mentre il colore, rosso o nero, stabilisce se sei *tu* a dover fare qualcosa alle *ragazze* o se sono le *ragazze* a dover fare qualcosa a *te*. Cioè, se esce il nero è l'uomo che fa qualcosa alle ragazze, se esce il rosso sono loro a fare qualcosa a te. Le carte invece funzionano così: se peschi un 2 stuzzichi i capezzoli; se peschi 3, la passera; 4, il cazzo; 5, il culo. Con il 6 succhi il sesso. Con il 7 fai una sega e così via. Le figure sono tutte jolly e puoi fare tutto il cavolo che vuoi. E poi, se esce l'asso devi infilare un dito nel culo, tu alla ragazza o la ragazza a te. Insomma, per fare un esempio, se esce il 6 di fiori significa che devo succhiare la figa a una ragazza perché il 6 corrisponde a succhiare il sesso e il nero significa che sono io che lo devo fare alla ragazza. Se invece pesco il 6 di cuori devo scegliere da quale ragazza farmi fare un pompino. Alla fine della partita, le faccio mettere tutte in fila, distese a pancia in su, come sardine in una scatoletta, e me le scopo una a una, come un nastro trasportatore, una dopo l'altra finché non sono sfinite e si addormentano soddisfatte. Nella fantasia ho dieci-quindici orgasmi e quando ho finito sborro un sacco di sperma. La mia fantasia è così. Non sono di quelli che si fanno una sega veloce e tirano su la cerniera; mi piace fare con calma e questo richiede tempo ma ne vale la pena. [*Ride*] Scommetto che questa non l'avevi mai sentita. Se solo riuscissi a mettere sul mercato questo tipo di poker sono sicuro che ci sarebbero un sacco di ragazzi interessati, e anche un sacco di ragazze.

Callum aveva ragione a pensare che nessuno mi aveva mai raccontato una fantasia simile prima. Senza dubbio la sua fantasia masturbatoria mi aveva colto di sorpresa, essendo oltretutto in netto contrasto con quella confidatami poco prima, quella stessa mattina, da un signore più avanti con l'età. «Scopo mia moglie» mi aveva detto, e quando gli avevo chiesto maggiori dettagli aveva aggiunto: «Gliel'ho detto: scopo mia moglie. Niente fronzoli, una semplice scopata. Nulla più». Iniziavo a chiedermi come fosse possibile che alcuni individui avessero fantasie così scarne e altri invece, come Callum, elaborassero lunghe e intricate messinscena di sperimentazione sessuale.

Chiesi a Callum che cosa trovasse eccitante in quella fantasia e se ricordava quando l'aveva elaborata per la prima volta. Mi rispose con un minuzioso resoconto biografico: «Mi masturbo così da sempre. Penso che sia cominciata quando mi dissero che prima che mia madre morisse i miei genitori giocavano a poker. Non credo che giocassero a *strip* poker, anzi sono certo di questo, ma un mio compagno di scuola quando avevo dieci o undici anni mi parlò di questo gioco e ricordo che pensai che doveva essere molto eccitante».

Era chiaro che il poker doveva aver affascinato Callum fin da una tenera e impressionabile età. Ma perché la sua psiche ne aveva fatto il principale oggetto di erotizzazione? Dopotutto molti ragazzi crescono in famiglie in cui uno o entrambi i genitori si sfidano a poker o a un altro gioco di carte, nondimeno suppongo che raramente il poker occupi un posto così centrale e determinante nella fantasia masturbatoria in età postpuberale. L'impressione è che Callum avesse preso a pretesto il poker per veicolare altri desideri inespressi.

A un'analisi superficiale, la fantasia di Callum benché molto elaborata, sembra adattarsi perfettamente all'immagine di individuo «normale». Quale maschio eterosessuale sicuro di sé, virile e amante delle carte non si ecciterebbe all'idea di essere l'unico giocatore maschio in un harem di giocatrici donne in cui prima o poi tutti si spogliano e fanno sesso con gli altri? Non c'è nulla di particolarmente perverso in questa fantasia: nessun impulso pedofilo, nessuna spinta sadica, insomma niente che meriti una riflessione psicoanalitica. In altre parole, tale fantasia sembrerebbe confermare Callum nella categoria del perfetto maschio eterossessuale.

Ma a un'analisi più approfondita, la fantasia di Callum perde la sua apparente ordinarietà: mi viene in mente che Callum è andato a letto con un centinaio di donne diverse negli ultimi venticinque anni e non ha mai avuto una storia che sia durata più di quattro mesi. Un vissuto sessuale simile è dovuto semplicemente a una lunga serie sfortunata oppure denota invece una pecca o un deficit nella capacità di Callum di stabilire un legame affettivo duraturo e responsabile? E tale vulnerabilità non emerge forse dalla sua fantasia erotica nella misura in cui quest'ultima rispecchia il desiderio di avere rapporti sessuali superficiali con molte donne diverse anziché con un'unica partner stabile?

Ho incontrato Callum soltanto una volta, ma nella mia esperienza clinica ho conosciuto molti uomini che come lui sono andati a letto con decine di donne diverse in una spirale dongiovannesca. Questa tipologia di individui di solito suscita molto invidia presso i colleghi «monogami», che reagiscono con frasi del tipo: «Che figlio di puttana, ci potessi andare io con la metà di quelle che ti sei portato a letto». Puntualmente però, quando il Don Giovanni arriva nello studio dello psicoterapeuta lamenta che, nonostante l'intensa attività sessuale con una serie sterminata di donne, è comunque afflitto da depressione e da un incolmabile senso di vuoto, poiché tutta quella attività erotica è in fin dei conti inappagante e priva di significato.

Giovenale, l'autore latino delle famose *Satire*, scrisse a tal proposito «*voluptates commendat rarior usus*», che si potrebbe tradurre con «i piaceri riescono tanto più cari quanto più raro è il loro uso». Nella stessa direzione va l'esempio cinematografico di *Alfie*, brillantemente interpretato da Michael Caine e, nel recente remake, da Jude Law: la stupefacente facilità di conquista da parte del protagonista all'inizio appare invidiabile ma ben presto lascia il posto alla disperazione generata dalla mancanza di rapporti affettivi autentici.

A questo punto vale la pena ricordare le parole con cui Callum descriveva il suo rapporto con l'altro sesso: «Mi piace parcheggiare l'apparecchio, sganciare gli ordigni e squagliarmela». La si potrebbe considerare la tipica affermazione del macho malandrino che si diverte a fare sesso nudo e crudo con le donne, ma le sue parole denotano anche tratti di *astio* e *ostilità* nei confronti del genere femminile. Malgrado il suo professato amore per le donne, infatti, Callum ha scelto di descrivere l'atto sessuale come una spedizione militare in cui il pene è un cacciabombardiere e lo sperma le bombe che lui sgancia prima di squagliarsela. Una scelta metaforica, la sua, che sconvolgerebbe molte donne, e certamente anche molti uomini.

Durante il colloquio chiesi gentilmente a Callum se intravedesse nella sua fantasia tracce di ostilità nei confronti dell'altro sesso, ma lui rigettò l'idea con la sua solita aria sprezzante e mi liquidò bruscamente dicendo: «È solo una fantasia con tante ragazze. A me le donne piacciono, amico». È indubbio che a Callum le donne piacciano; tuttavia sospetto che nella sua psiche si annidi un atavico e radicato risentimento nei loro riguardi, che si manifesta non solo nel suo linguaggio militaresco e aggressivo ma anche nella sua incapacità di stare con una donna per più di quattro mesi e nel fatto che, nelle sue fantasie, le donne diventino oggetti intercambiabili, privi di identità, con l'unico ruolo di allinearsi come sardine in una scatoletta di latta per essere penetrate una dopo l'altra.

La storia personale di Callum getta luce tanto sul suo atteggiamento denigratorio nei confronti delle donne quanto sui contenuti della sua fantasia masturbatoria preferita. Pur sapendo poco sul reale rapporto tra Callum e la madre naturale, di cui lui stesso dice di ricordare poco, posso intuire che la morte materna sia stata per lui un duro colpo. Come ho già anticipato, infatti, è pressoché impossibile che una tale perdita non lasci cicatrici o persino profondi traumi in un bambino di otto anni. Quando un figlio perde un genitore in tenera età può riuscire a elaborare il lutto solo se chi gli è rimasto accanto gli dà la possibilità di piangerne la morte partecipando al funerale, di rievocarne la memoria con racconti, fotografie, video e altri ricordi. Solo confrontandosi costantemente con il genitore morto il bambino può superare la perdita, pur continuando ad aggrapparsi all'immagine del genitore che porta dentro di sé. Se invece il genitore che gli è rimasto accanto tenta di rimuovere subito l'accaduto cancellando la memoria della figura che è venuta a mancare, il figlio svilupperà numerosi sintomi, tra cui la depressione e varie tipologie di disturbi psicosomatici. Con ogni probabilità il padre di Callum fece del suo meglio alla morte della moglie, ma appare evidente che la perdita gli sembrò troppo dolorosa da sopportare, al punto da colmarla subito con il «pezzo di figa» dotata di «meloni».

Si potrebbe obiettare che, essendo impegnato con il lavoro, il padre aveva bisogno di trovare una donna che lo aiutasse a prendersi cura del bambino ed è perciò encomiabile che si sia risposato così presto fornendo al figlio una figura materna sostitutiva. Tuttavia ritengo che sposandosi alla prima occasione il padre abbia trasmesso a Callum il messaggio che ogni figura femminile sia facilmente rimpiazzabile con un'altra, proprio come le donne nel letto di Callum o quelle nello strip poker, in cui non importa quale delle tante peschi il 3 di quadri, purché una qualsiasi lo tocchi o si faccia toccare da lui.

Come psicoterapeuta ho incontrato molti individui che hanno perso la madre naturale prima dei cinque anni di età, di solito a causa di una malattia. Da adulti molti di loro hanno sviluppato una vita sessuale promiscua, avendo interiorizzato un modello multiplo di figura femminile (dalla madre naturale alla matrigna alla tata e così via). Naturalmente molti adulti hanno un comportamento sessuale promiscuo pur non avendo perso la madre, perciò sarebbe ingenuo spiegare tutti i comportamenti «libertini» come un tentativo di elaborare il lutto; tuttavia posso affermare che la perdita prematura della madre diventa un notevole fattore di rischio per lo sviluppo della promiscuità, sia essa nella realtà o nella fantasia.

Nel caso di Callum, il modo in cui i familiari hanno affrontato la perdita della madre spiega la sua visione delle donne come accessori usa e getta e anche la sua profonda paura di veder morire, come la madre, ogni donna che gli stia vicino per più di quattro mesi. Sopprimendo le sue donne allo scadere del quarto mese, o anche prima, Callum cerca in realtà di proteggersi dalla prospettiva di sopportare la morte di un'altra donna a lui vicina.

Il suo disprezzo per le donne si accentuò in lui quando il padre sposò la procace matrigna che in seguito lo avrebbe sorpreso a masturbarsi in bagno; un episodio che lo eccitò e lasciò una profonda impronta nella sua sessualità di adulto, come ogni altra esperienza infantile o adolescenziale. Il fatto che la matrigna non fosse impallidita sorprendendolo a masturbarsi e non fosse scappata via disgustata né avesse chiuso la porta invitandolo a tenere segreto il suo atto sessuale potrebbe avergli fatto capire che poteva avere tutte le donne che avesse voluto, anche senza chiedere.

Rievocando nella sua fantasia una partita a poker, Callum era riuscito a riportare in vita qualcosa che la madre aveva amato, ovvero il gioco di carte che amava condividere con il padre. Benché sostenesse di ricordare poco della madre e di non sentirne la mancanza, sospetto che questa sua ostentazione di autosufficienza fosse in realtà una difesa che si era costruito per non soffrire troppo della sua mancanza. Ricorrendo al gioco del poker sia nella vita reale sia nella fantasia, Callum era riuscito a ricreare un aspetto della vita della madre morta, risuscitandola simbolicamente.

Ma Callum non si masturbava pensando all'immagine del padre e della madre che giocavano a poker; si figurava invece un gruppo di estranei che giocavano a *strip* poker. Di per sé non è strano che un individuo si immagini nudo nelle proprie fantasie sessuali; ma nel caso di Callum ciò che conta è il fatto che in casa sua nessuno si preoccupasse di chiudere la porta quando andava in bagno cosicché tutti potevano vedergli i genitali in qualsiasi momento, come era successo con la matrigna; la nudità era stato un elemento molto presente nella sua tarda infanzia e prima adolescenza. Mi chiedo se, quando fu sorpreso a masturbarsi dalla madre, oltre a eccitazione Callum non abbia provato vergogna.

Nella fantasia di Callum nessuno entra in bagno mentre lui si sta masturbando; al contrario, il *padrone* dello strip è proprio lui: è lui che conduce il gioco ed è lui stesso a spogliarsi avendo il pieno controllo della situazione. Attraverso la fantasia dello strip poker, Callum trasforma il trauma della perdita e dell'esposizione dei genitali nel trionfo del controllo. Nella sua fantasia non ci sono donne morte, ma solo donne vive e vegete, che fungono da antidoto all'esperienza reale della morte della madre; e anche se per qualche ragione una delle ragazze della fantasia dovesse morire, Callum avrebbe tutta una serie di riserve con cui sostituirla.

La fantasia dello strip poker consente a Callum di soddisfare ogni bisogno e desiderio psicologico correlato, ma soprattutto gli permette di esprimere la sua aggressività nei riguardi delle donne. Benché si consideri come un amante delle donne, in realtà le teme e qualche volta le detesta. Suppongo che odi ancora sua madre per essere morta e odi la sua matrigna per essere stata una figura sessualmente stimolante e invadente anziché una figura materna, poiché un bambino di otto anni che ha da poco perso la madre avrebbe bisogno di una matrigna protettiva non sexy.

L'interpretazione psicoanalitica di una fantasia sessuale non deve essere affrontata in modo superficiale. Anche gli psicoterapeuti più sperimentati devono procedere con cautela quando districano il contenuto inconscio delle fantasie, poiché è noto che i significati nascosti di una fantasia sessuale possono essere altrettanto complessi, plurimi e contorti quanto quelli di un sogno astruso. Né io né i miei colleghi oseremmo mai trarre conclusioni affrettate sul vero significato di un sogno o di una fantasia. Preferiamo proporre *speculazioni* informate basate sulla conoscenza del caso in questione e di casi precedenti con caratteristiche analoghe. Dalla nostra indagine psicoanalitica non potremmo trarre nessuna certezza assoluta, ma solo ipotesi, dalle quali partire per orientare il percorso psicoanalitico.

Se invece di partecipare semplicemente alla mia indagine, Callum si fosse rivolto a me in qualità di paziente per intraprendere un processo di analisi, avrei avviato con lui una lunga, metodica e cauta investigazione sul significato o sui significati possibili della sua fantasia masturbatoria, al termine della quale avrei forse formulato la seguente ipotesi d'indagine: « Mi domando se il tuo gusto a trattare le donne come sardine o come oggetti su cui sganciare "bombe" non celi sentimenti più complessi verso le donne, in particolare verso quelle che potrebbero averti deluso ». Confrontato a un simile spunto di analisi, un paziente diffidente come Callum potrebbe appassionarsi, ma molto più probabilmente irritarsi. Talvolta i pazienti preferiscono evitare di affrontare temi delicati all'inizio dell'analisi, ma lo psicoterapeuta ha la libertà, anzi l'obbligo, di tornare sull'argomento in un secondo momento, quando la persona si sentirà più forte e meglio attrezzata per confrontarsi con le sue debolezze.

Se Callum avesse intrapreso un percorso di analisi, sono certo che nei primi mesi avrebbe continuato ad assecondare i suoi impulsi sessuali, andando a letto con ragazze diverse; in un secondo momento, tuttavia, avrebbe iniziato a parlarmi sempre più spesso di delusioni, litigi, rotture, e del crescente autoappagmento ottenuto con la masturbazione. A quel punto, se avesse il coraggio di raccontarmi la sua fantasia segreta sul poker, avremmo molti più dati a disposizione per analizzare la sua ostilità nei confronti delle donne, la sua tendenza a oggettificarle e, nonostante tutto, il suo desiderio di trovare con loro un punto d'incontro. Non bisogna infatti dimenticare che pur mostrandosi violento nei confronti delle ragazze dello strip poker, Callum desidera ardentemente la compagnia e le attenzioni femminili. In questo senso la fantasia di Callum lascia ben sperare che in qualche modo troverà un modo per interagire positivamente con l'altro sesso.

Con il tempo, se Callum riuscisse a proseguire la psicoterapia e a non disfarsi del suo analista come delle sue donne, insieme potremmo elaborare un modello comportamentale di intimità psicologica e di longevità del rapporto, uno schema che in seguito potrebbe applicare alla sua vita sessuale e alle sue relazioni con le donne. Io e i miei colleghi abbiamo affrontato spesso casi simili a quello di Callum e talvolta, dopo anni di duro lavoro, abbiamo visto questi individui trasformarsi da casanova in compagni fedeli e affidabili. C'è chi ci accusa di essere asserviti a una morale borghese e ansiosi di convertire poligami libertini e festaioli liberati in scialbi casalinghi monogami e provinciali. In realtà, di fronte a un paziente dal comportamento sessuale promiscuo – nella realtà o nella fantasia – ci imponiamo di fuggire la tentazione di trasformarci in dottor Frankenstein della psiche che rimodellano la mente del paziente secondo la propria idea di normalità sessuale. Se diamo al paziente l'opportunità di esprimere la sua ostilità nei confronti dei suoi affetti infantili, lo vedremo abbandonare spontaneamente la sua protopromiscuità per iniziare a desiderare un'intimità più intensa e a non considerare più noiose o malvagie le relazioni a due. Più che imporre al paziente una condotta sessuale, ci sforziamo di indagare le ferite del passato che gli impediscono di gioire del contatto con gli altri.

Le ostilità dietro le fantasie masturbatorie

La fantasia dello strip poker raccontata da Callum richiama altre fantasie apparentemente « normali » emerse nel corso dell'indagine, che hanno per oggetto interazioni sessuali aggressive, seppur prive di episodi di violenza estrema come stupri e omicidi. Di solito l'individuo in questione nega che la sua storia masturbatoria celi trascorsi negativi, ma mi permetto di dubitarne. Prendiamo in esame per esempio le seguenti fantasie, relative a individui britannici di entrambi i sessi, che vivono al di fuori del sistema carcerario e hanno per la maggior parte relazioni sessuali stabili.

NEAL
Sculacciare e fare sesso con una segretaria in camicetta, gonna e tacchi a spillo o stivali.

OREN
Di far vestire la mia compagna in modo sexy e di legarla al letto.

PARTHENOPE
Di essere una schiava sessuale che un padrone o una padrona mette a disposizione dei suoi amici.

QUISHA
La mia fantasia preferita è una specie di stupro senza violenza. Vengo legata, bendata e costretta a fare sesso e tutto quello che mi viene chiesto. Sono terrorizzata ma anche molto eccitata. Vengo completamente sottomessa. Di solito ci sono una o più persone; a volte anche una banda intera di ragazzi sexy e arrapati, con un corpo perfetto e niente pancia da birra. Tipo Brad Pitt, insomma. Mmm. Ma è solo una fantasia.. Non voglio essere violentata nella vita reale.

Le fantasie appena descritte presentano evidenti tracce di ostilità. In nessuna di queste si accenna a dolci brezze o a spiagge caraibiche e piña colada. Benché siano meno estreme di altre viste in precedenza (per esempio delle fantasie umiliatorie del capitolo 12 o di quelle sulla violenza sessuale del capitolo 14), presentano comunque elementi di aggressività o celato sadismo. Raccontano tutte di individui sculacciati, legati, resi schiavi sessuali, stuprati, di cunnilingus imposti, di umiliazioni e sesso forzato. Neal, per esempio, sogna di sculacciare la sua segretaria dopo averle fatto indossare camicetta, gonna e tacchi alti o stivali. Una simile fantasia può suscitare differenti reazioni: qualcuno potrebbe trovarla eccitante, qualcun altro potrebbe incuriosirsi all'idea di sculacciare o farsi sculacciare, qualcun altro ancora potrebbe ammirare la sedicente libertà erotica di Neal; c'è invece chi la potrebbe considerare denigratoria nei riguardi delle donne o ritenerla opera di un pervertito sessuale o di un feticista sadomasochista. Ma allora chi è Neal? Un bravo ragazzo che ogni tanto si diverte a interpretare ruoli diversi o un individuo disturbato da tenere a debita distanza dalle proprie mogli, figlie e segretarie? Nella mia esperienza di psicoterapeuta ho incontrato molti Neal che durante il coito o la masturbazione immaginavano di sculacciare la propria partner. Sono certo, tuttavia, che il 90% o addirittura il 95% di questi individui non abbia mai alzato un dito contro le donne e le abbia invece sempre trattate con rispetto e dignità.

A prima vista, oggi nessun lettore mediamente illuminato resterebbe scioccato dalla breve fantasia di Neal, riassunta in sedici parole (sculacciare e fare sesso con una segretaria in camicetta, gonna e tacchi a spillo o stivali). Anzi, essa appare del tutto innocua se paragonata a quella, raccontatami da un collega, di un maniaco sessuale che circolava per le vie affollate trafiggendo con forbici appuntite il sedere della prima donna che incontrava. Tuttavia, benché non sia così sinistra e spaventosa, la fantasia di Neal rivela comunque tracce di quello che definisco « comune sadismo della vita quotidiana ». È evidente che Neal non schiaffeggerebbe certamente la sua segretaria, se anche lei fosse consenziente: nella sua testimonianza Neal ha descritto un *fantasma*, non un *comportamento* sessuale; ma è pur vero che nella sua fantasia, che si svolge in un dato scenario e con un dato costume di scena, il protagonista impartisce una punizione, seppur moderata.

È difficile stabilire con certezza se coloro che immaginano di sculacciare e coloro che immaginano di essere sculacciati costituiscano due categorie separate, anche perché molti amano entrambi i ruoli. Tuttavia possiamo affermare che a tutt'oggi fra i cinque e gli undici milioni di britannici si eccitano immaginando di impartire o subire una sculacciata. Di questi, alcuni sono stati sculacciati dai propri genitori quando erano piccoli, mentre altri non ricordano di aver subìto tale punizione durante l'infanzia. Ecco allora che si pone una questione cruciale, che solleva accesi dibattiti sia nell'ambiente clinico sia nell'opinione pubblica. Se due individui si dedicano consensualmente a questo tipo di pratica, bisogna richiedere l'intervento della polizia o del soccorso psichiatrico, o bisogna lasciarli alla loro intimità? E se tale pratica è oggetto di una semplice fantasia masturbatoria, bisogna allertare comunque la polizia nel caso in cui l'individuo che l'ha elaborata la traduca prima o poi in azione?

Di fronte a casi conclamati di perversione sessuale – relativi a episodi di pedofilia, stupro, abuso sessuale domestico verso i minori –, di fronte cioè a tentativi di trarre piacere sessuale impartendo danni fisici o psicologici a un altro essere umano, mi premuro di chiamare in causa psicoterapeuti, psichiatri, assistenti sociali, avvocati, polizia e altre figure che intervengano a preservare l'incolumità fisica di entrambi e a fornire loro un adeguato supporto psicologico. Tuttavia, come membri della comunità scientifica e dell'opinione pubblica, non sempre ci troviamo di fronte a casi incontrovertibili, come confermano le testimonianze riportate in questo capitolo. Personalmente ritengo di non essere né qualificato né propenso a esprimere un giudizio su una questione così complessa e spinosa. Dopo aver meditato per anni sull'ambivalenza della fantasia sessuale, dopo aver ascoltato le fantasie di migliaia di individui e aver letto la trascrizione di decine di migliaia di fantasmi erotici, sono pervenuto alla conclusione che è molto facile cadere nella tentazione di trarre giudizi frettolosi e inappellabili anziché soffermarsi a valutare ogni caso nella sua complessità. Sono colpito dalla facilità con cui molto miei colleghi emettano giudizi sui casi in questione, seguendo sei diversi orientamenti.

1) Considerano le fantasie simili a quelle di Neal o di Quisha come prodotti di menti profondamente disturbate e di un'infanzia traumatica.
2) Le reputano inezie rispetto ai crimini degli stupratori, dei pedofili e degli assassini con cui hanno avuto a che fare.
3) Le concettualizzano come sintomi di conflitti irrisolti che interferiscono con l'immaginario quotidiano.
4) Pur considerandole sintomi di conflitti aggressivi irrisolti, ritengono che rimangano incapsulate in recessi della psiche senza interferire con la normale condotta dell'individuo.

5) Le giudicano dei mezzi potenzialmente creativi per dominare l'aggressività.
6) Alzano le mani in segno di vile impotenza, attanagliati fra l'istinto medico di scovare la patologia e il desiderio, da individui emancipati, di essere indulgenti, tolleranti e di ampie vedute.

Nel corso della mia carriera ho adottato ognuna di queste sei posizioni, constatando quanto sia difficile pronunciarsi sulle fantasie sessuali altrui. Con il tempo posso dire di essere giunto a una visione clinica composita, riconoscendo che, stando alla mia esperienza, nessuno intraprende un percorso di analisi solo per discutere una fantasia sessuale. I pazienti si rivolgono a noi per i motivi più svariati: depressione, ansia, problemi coniugali, dipendenze, perdita del lavoro, lutto, noia, blocco creativo e migliaia di altri problemi. Il nostro compito non consiste nell'emettere sentenze sulle fantasie sessuali che possono emergere nel corso dell'analisi, ma nel creare le condizioni per un colloquio costruttivo che permetta eventualmente di far risalire una fantasia a un particolare disagio. Per esempio, se scoprissi che quando Quisha dice che viene «scopata», «fottuta» e «sbattuta» non si riferisce solo alla sua fantasia bensì al suo rapporto di coppia, ai suoi rapporti con le amiche, con i fratelli o con i genitori, allora, e solo allora, inizierei a considerare la sua fantasia come una manifestazione patologica da curare e non più solo come un gusto erotico condiviso da milioni di individui.

Tornando a Callum, proviamo ora a riesaminare la sua fantasia del poker orgiastico in cui lui e un gruppo di ragazze vivono una suspense fortemente erotica, incerti su quale sarà la prossima carta, ansiosi di scoprire se la prossima volta che pescheranno un 3 o un jack dovranno subire una fellatio o una penetrazione, se dovranno farsi leccare o fare tutto questo a qualcun altro. Dobbiamo pensare che Callum sia segretamente affetto da una forma di sadismo?

Oppure che la sua fantasia denoti una libertà sessuale che i più repressi fra di noi bramano, condannano o entrambe le cose insieme?

È indubbio che la lunga serie di relazioni disastrose con l'altro sesso abbiano causato in Callum una lieve forma di depressione, un senso di disperazione che mi aveva spinto a indirizzarlo da un mio collega. Malgrado le sue difficoltà psicologiche, tuttavia, durante il nostro colloquio Callum si era rivelato un amico fedele, un conversatore brillante, un cittadino dedito al volontariato, un professionista bravo e realizzato, insomma un uomo benevolo e responsabile. In nessun modo avrei potuto giudicarlo ed etichettarlo come individuo deviato, pervertito, depravato o sessualmente degenerato. Al contrario, credo che fosse, come molti altri, un «caso misto», un uomo pieno di ferite e debolezze, ma al tempo stesso ricco di talenti e qualità.

Credo che se la madre di Callum non fosse morta così presto o se suo padre gli avesse permesso un'elaborazione del lutto più matura, Callum avrebbe avuto un diverso tipo di fantasia sessuale. Ritengo inoltre che se non avesse subìto la dolorosa perdita della madre e un'inopportuna stimolazione sessuale da parte della matrigna, le figure femminili presenti nella sua fantasia non sarebbero state così numerose. A un'analisi psicologica, dunque, si potrebbe dire che le fantasie sessuali di Callum siano il risultato diretto del suo vissuto. Eppure sono convinto che molti uomini (e forse molte donne), che pure non hanno perso la madre in tenera età né sono stati sorpresi a masturbarsi in bagno dalla propria matrigna, troverebbero eccitante la fantasia di Callum e la userebbero volentieri per praticare l'autoerotismo o per vivacizzare la loro vita sessuale. Per concludere, le esperienze e i traumi della propria vita permeano il nostro immaginario, ma non possono spiegare ogni aspetto della nostra sessualità.

19. Lottare con la vergogna e l'umiliazione

> «Strani accessi di passione ho conosciuto:
> e oserò raccontare,
> ma solo all'orecchio degli amanti,
> quello che un giorno mi accadde».
>
> William Wordsworth, *Strani accessi di passione ho conosciuto*

Le mestruazioni di Debora: e se avessi un cancro all'utero?

La vergogna e l'umiliazione occupano senza dubbio un posto di rilievo nelle fantasie presentate nei precedenti capitoli. Le fantasie riguardanti scenari di umiliazione inflitta o subita sono così numerose che potrebbero costituire da sole l'oggetto di una trattazione separata. Già nello studio pilota del 2003 e in quello più vasto del 2004 l'umiliazione e la vergogna comparivano in modo ricorrente. Tali fantasie meritano pertanto una riflessione più approfondita, se non altro perché aiutano a chiarire altre tipologie di fantasmi erotici.

Si può dire che tutti gli individui abbiano sperimentato durante l'infanzia il sentimento della vergogna, quell'acuta e tormentosa sofferenza emotiva causata dall'umiliazione. Secondo Erik Erikson, acuto discepolo di Freud e pioniere della psicoanalisi, la vergogna radicata implica sempre un'esposizione fisica. Nessuno prova vergogna se il suo corpo, una parte di esso o una sua funzione non vengono fatti oggetto di scherno o critiche. Spesso il primo episodio di vergogna si rivela un'esperienza devastante, non importa se causata da un berretto d'asino imposto ancora oggi in molte culture per deleteri fini pedagogici oppure dall'attribuzione di appellativi come « cicciobomba », « quattrocchi », « negro » o « mezzasega ». In età adulta, possono avere un effetto simile le critiche subite sul posto di lavoro a causa di un ritardo, di una trascuratezza, di una negligenza, in quanto tendono a essere dislocate e a essere considerate rivolte alla propria fisicità.

Negli anni mi è capitato di ascoltare dai miei pazienti numerosi racconti legati all'esperienza della vergogna. Nei successivi paragrafi illustrerò alcuni casi di uomini e donne che hanno vissuto una vita nella vergogna dopo aver subìto, nella preadolescenza, l'umiliante esposizione del corpo.

Intendo iniziare l'esplorazione del significato psicologico delle fantasie sessuali connesse alla vergogna o all'umiliazione descrivendo il sogno di una donna di mezz'età mentalmente sana e socialmente ben inserita. Partirò da questo studio per riflettere sull'incidenza dell'umiliazione e della vergogna nei diversi ambiti della vita.

Deborah, un'insegnante quarantaseienne di Glasgow, si era accostata per la prima volta alla psicoterapia per combattere un sentimento devastante di ripugnanza verso la propria persona. Odiava il suo corpo, il suo volto e la sua voce che alle sue orecchie suonava maschile; eppure le sue corde vocali emettevano un timbro piacevolmente femmineo e il suo corpo, sebbene non slanciatissimo, era ben proporzionato e sicuramente oggetto di ammirazione.

Il caso di Deborah mi fece ricordare che ognuno di noi possiede due corpi distinti: il *corpo esterno*, che è quello che vedono gli altri, e il *corpo interno*, che è quello che abbiamo nella nostra testa, una rappresentazione mentale e visiva di noi stessi spesso viziata da strascichi dei nostri traumi infantili. Il più delle volte esiste una profonda disparità fra la nostra idea individuale di corpo e la sua realtà oggettiva. A tal proposito, la mia collega Susie Orbach ha definito «falso corpo» il fenomeno per cui le esperienze pregresse e la percezione di sé influenzano e distorcono la capacità di abitare o apprezzare il proprio corpo. Deborah aveva un corpo esterno piacente, ma un corpo interno profondamente segnato.

Deborah veniva da una famiglia operaia poverissima; aveva perso la madre a soli undici anni ed era rimasta da sola con un padre depresso e due fratelli più piccoli. Il genitore era impegnato in fabbrica dodici ore al giorno ed era lei a doversi prendere cura dei fratellini Henry e Lon. Pochi mesi dopo che la madre era deceduta per un cancro all'utero, Deborah era entrata in età puberale e aveva avuto le prime mestruazioni. Non potendo contare sul sostegno della madre in un momento così delicato, fu stravolta dalla comparsa del primo ciclo e in bagno non trovò altro per tamponarsi che un asciugamano bianco. Ecco come mi raccontò l'episodio: «Il fatto che l'asciugamano fosse bianco rese tutto ancora più terribile perché quel bianco faceva risaltare il rosso del sangue. Pensai che mi fosse venuta un'emorragia e che anch'io sarei morta come la mamma».

Deborah provava troppa vergogna, imbarazzo e spavento per confidare quello che era successo ai fratelli o al padre. Incapace di parlare della sua esperienza con un'adulta fidata o con un'amica, come avrebbe fatto qualsiasi ragazzina emotivamente più serena, Deborah tenne nascosti i cambiamenti del suo corpo. Nel corso delle sedute di analisi, scoprimmo che non parlando a nessuno delle sue mestruazioni, Deborah aveva permesso alla sua mente di perdersi in ruminazioni sul proprio corpo che, pur affliggendola, la proteggevano dal pensare in continuazione alla perdita della madre.

Non avendo nessuno con cui parlare di igiene e pubertà femminili e avendo ricevuto dalla scuola solo nozioni rudimentali di anatomia, biologia e igiene sessuale, Deborah procedeva alla cieca di fronte ai mutamenti del proprio corpo. A undici anni, fu una delle prime nella sua scuola ad acquisire i caratteri sessuali secondari (peli pubici, crescita del seno, peluria ascellare e così via). Troppo impegnata a badare al padre e ai fratellini più piccoli, non iniziava mai i compiti prima delle nove di sera, quando era troppo stanca per concentrarsi a fondo. Spesso si addormentava sui libri e non aveva né l'energia né la voglia di fare un bagno o una doccia prima di andare a letto. Al mattino si alzava prestissimo per preparare la colazione ai fratellini e accompagnarli a scuola, mentre suo padre era già in fabbrica. Passavano quindi dei giorni senza che Deborah avesse il tempo di lavarsi accuratamente, così spesso andava a scuola con i capelli sporchi e unti.

Un giorno stava pranzando nel refettorio della scuola seduta in mezzo a due bambini. Non appena iniziò a mangiare i suoi spaghetti, i due presero i loro vassoi e andarono a sedersi da un'altra parte. Stupita, Deborah continuò ma dall'altro lato della mensa vide i due ragazzini che ridevano di lei mentre la indicavano tappandosi il naso. Poco dopo, sei o sette bambini si misero a intonare la cantilena: «Deborah puzza, Deborah puzza», pinzandosi le narici per mimare il cattivo odore emanato dalla bambina. Con il passare delle settimane le fu affibbiato il crudele soprannome di «Debby la puzzolente». Alcuni compagni lo scrissero addirittura con il pennarello sul suo armadietto; e benché Deborah cancellasse in continuazione quelle parole offensive, tutte le volte qualcuno tornava a riscrivere l'insulto, che le restò addosso per molto tempo. Era diventata lo zimbello della classe. Anni dopo, durante una seduta, mi disse: «Ha presente il detto "Pietre e bastoni rompono le ossa, ma le parole non fanno alcun male?" »*. Feci cenno di sì. Allora lei mi guardò e mormorò: «Be', non è vero».

* *Sticks and stones may break my bones, but names will never hurt me*. È un detto inglese che non ha un corrispettivo in italiano. [*N.d.T.*]

Deborah sviluppò una forma sempre più acuta di depressione al punto che il preside la fece vedere da uno psicologo che l'aiutò a fronteggiare un nuovo sintomo emerso nel frattempo: la totale incapacità di concentrarsi durante le lezioni. La sua mente era talmente assorbita dalle critiche sul suo cattivo odore che era incapace di impegnarsi nello studio. Nel corso di alcune sedute con lo psicologo scolastico, Deborah parlò delle sue difficoltà in famiglia e della morte della madre, ma non ebbe il coraggio di raccontare del soprannome «Debby la puzzolente» e della cantilena «Deborah puzza, Deborah puzza». Era troppo doloroso e la ragazzina non sapeva se attribuire il cattivo odore al sudore sotto le ascelle o al mestruo.

L'esperienza mi insegna che simili traumi infantili influiscono drammaticamente sullo sviluppo della personalità. Gli episodi di umiliazione corporale sono cicatrici difficili da rimarginare. Ho conosciuto bambini che sono stati schiaffeggiati, presi a calci o a pugni dai propri genitori, che sono stati chiamati «stupidi», «testa di cazzo» o in altri modi ancora peggiori; tuttavia nessuno di questi assalti verbali e di queste crudeli calunnie feriscono al punto da lasciare il bambino con la bruciante percezione che il suo corpo possa essere disgustoso. Invece era proprio questa la sensazione provata da Deborah e nessuna doccia, nessun assorbente le avrebbe mai lavato via la vergogna di quell'umiliazione subita nella mensa scolastica.

Durante i nostri incontri, Deborah mi disse che all'epoca pensava di avere un cancro all'utero, come la madre. Altrimenti perché avrebbe sanguinato e perché quel sangue avrebbe avuto quel cattivo odore? Malgrado avesse ricevuto aiuto dallo psicologo della scuola, Deborah non riusciva a fidarsi di lui al punto da confidargli per intero la sua vergogna. Così si portò dentro quegli insulti e quelle accuse mortificanti per più di trent'anni di disperazione, durante i quali non ebbe mai un compagno, mai un rapporto sessuale, convinta di essere troppo sporca e rivoltante, pensando che se mai avesse osato avvicinarsi a un uomo, prima o poi questo l'avrebbe respinta per il suo sangue o per il suo odore.

Nel corso delle sedute di analisi, Deborah fece un grosso lavoro su se stessa per affrontare i ricordi della sua infanzia, riuscendo a compiere notevoli progressi. Dopo tre anni di incontri settimanali, iniziò a rafforzare la propria autostima. Come risultato del nostro lavoro e del suo coraggio ad affrontare lo spesso difficile processo psicoterapeutico, un giorno fece irruzione nel mio studio annunciandomi che sul posto di lavoro aveva conosciuto un uomo più giovane dal quale si sentiva attratta. Trascorse tutti i cinquanta minuti della seduta a parlarmi di Asher e a descrivermi dettagliatamente ogni suo pregio. Mi sentivo come un genitore orgoglioso che sperava fra sé che qualcosa di costruttivo e gioioso potesse nascere tra Deborah e Asher.

Dopo una serie sempre più positiva di inviti a cena e uscite al cinema Deborah mi disse che Asher l'aveva invitata fuori per il weekend. Fino a quel momento fra i due vi erano stati solo baci, ma la prospettiva di trascorrere un fine settimana fuori e di condividere la medesima camera di albergo apriva inevitabilmente alla possibilità che fra loro vi fosse anche del sesso. Da vergine, Deborah si chiedeva come sarebbe stata la penetrazione e perfino come sarebbe stato il pene, dal momento che non ne aveva mai visto uno da vicino. Piena di eccitazione, acquistò dei vestiti nuovi per l'occasione e mi confidò di aver fatto incetta di profumi e lozioni per il bagno allo scopo dichiarato di condire la scena con «essenze sensuali» ma, nella realtà, per il bisogno inconscio di coprire l'odore di sudore e di sangue mestruale che continuava a persistere *nella sua mente* dalla fatidica età di undici anni.

Sperai che la sua prima esperienza sessuale si rivelasse un successo, ma purtroppo non fu così. Quando tornò dal weekend, Deborah venne nel mio studio e scoppiò in lacrime mentre cercava di descrivermi quello che definì il suo «*sporco* weekend» con Asher. Il venerdì sera i due avevano cenato piacevolmente e avevano bevuto molto vino. Dopo essersi ritirati nella loro suite, Asher aveva iniziato ad accarezzarla. Tutto era andato liscio finché l'uomo non le aveva tolto delicatamente la biancheria e non aveva iniziato a praticarle un cunnilingus. A quel punto Deborah aveva avuto una crisi isterica e aveva iniziato a urlare. Asher aveva cercato di calmarla dicendole che, a differenza di molti uomini, lui adorava «mangiucchiare» il sesso femminile e pensava quindi di farla contenta. Non poteva sapere che quell'uso viscerale della parola «mangiucchiare» non avrebbe fatto altro che peggiorare la situazione: Deborah raccolse la sua biancheria e si rinchiuse in bagno. Quella reazione compromise il resto del weekend e, com'era prevedibile, allontanò Asher. La breve vacanza si concluse nel peggiore dei modi: prima del pomeriggio della domenica Asher aveva già smesso di parlarle e i due avevano fatto ritorno a Londra in macchina senza scambiarsi una parola.

Questo amaro e accorato racconto illustra l'indelebile strascico lasciato dalle offese e dagli insulti corporali subiti durante l'infanzia. Tali umiliazioni non feriscono solo nel momento in cui sono inferte, ma continuano a suppurare anche nella vita adulta, talvolta intaccando o compromettendo persino le sfere piacevoli della nostra esistenza, come quella della sessualità fra adulti consenzienti. Molte donne avrebbero sicuramente apprezzato un amante tenero come Asher, felice di soddisfare una donna con il sesso orale, ma per Deborah l'esposizione dei propri genitali e la paura di contaminare Asher con l'odore di quando aveva undici anni si erano rivelati scogli troppo difficili da superare. Quel trambusto emotivo le aveva provocato una momentanea nevrosi isterica che le aveva rovinato il weekend ma l'aveva al tempo stesso protetta dall'eventualità che i suoi genitali potessero ancora una volta emetteva cattivo odore.

Naturalmente continuammo a lavorare per molti mesi sugli strascichi di quello spiacevole capitolo della sua vita e dopo un lungo periodo di terapia, Deborah riuscì a vincere i suoi demoni interiori e a superare il tormento provocatele dal suo « corpo interno », riuscendo infine ad avere dei rapporti sessuali soddisfacenti.

Dopo una delle nostre sedute successive a quel disastroso fine settimana, Deborah si era lasciata andare a uno sfogo contro Asher mormorando: « È un maniaco sessuale. Mi ha ingannato con la scusa di trascorrere un weekend romantico, ma in realtà voleva solo fare sesso. È un maiale; se penso che voleva leccarmi la vagina senza neanche conoscermi... » Naturalmente la lasciai sfogare ed esternare tutta la sua rabbia, per quanto poco giustificata potesse apparire agli occhi di un osservatore esterno. Personalmente mi sentivo molto solidale con Asher, che aveva tutta l'aria di una persona perbene, colpevole solo di aver cominciato a uscire con una donna di cui ignorava la problematicità.

Al successivo incontro, Deborah mi raccontò con imbarazzo di aver fatto un sogno « veramente orribile » dal quale si era svegliata in un bagno di sudore. Aveva sognato che Asher si era introdotto nella sua casa e aveva cercato di raggiungerla in camera da letto per violentarla. Per sottrarsi alle grinfie malefiche di Asher era corsa in bagno, proprio come aveva fatto durante lo « sporco weekend » in campagna. Nel sogno, però, Asher era riuscito a sfondare la porta del bagno e a lottare con lei sul pavimento. Nel disperato tentativo di difendersi, Deborah aveva afferrato lo spazzolone del water, che nel suo racconto aveva descritto come « più simile a un attizzatoio », e aveva colpito Asher al capo, facendolo cadere sui ginocchi. Approfittando del momentaneo vantaggio, gli aveva spinto la testa nel water e aveva tirato lo sciacquone perché « l'acqua sporca del gabinetto » gli lavasse la testa. Dopo aveva continuato a tirare lo sciacquone finché i tubi non avevano provocato un rigurgito facendo tornare a galla urina e feci che avevano completamente ricoperto Asher.

Applicando alla lettera il metodo freudiano, trascorremmo lungo tempo ad analizzare il significato inconscio di quel sogno. Nel novembre del 1899 Freud aveva pubblicato *L'interpretazione dei sogni*, un'opera di così capitale importanza da spingere gli editori a inserire nel frontespizio la data « 1900 » perché tutti associassero il libro all'inizio del nuovo secolo. Nella sua opera Freud postulò che ogni sogno nasconde un desiderio segreto e che scopo dello psicoanalista è quello di aiutare il paziente a svelare tale brama nascosta che cerca compimento nel sogno, una brama così impronunciabile da essere difficilmente soddisfatta o ammessa nello stato di veglia. Sebbene successive generazioni di psicoanalisti e psicoterapeuti abbiano messo in dubbio la validità dell'ipotesi di Freud, personalmente ho sempre ritenuto che la sua convinzione che il sogno celi un desiderio inconscio fosse un utile punto di partenza nella complicata e avvincente arte dell'interpretazione dei sogni.

Scomposto in sequenze, il sogno di Deborah richiama in molti punti il travagliato weekend trascorso in compagnia di Asher: la coppia inizia a fare sesso, Deborah reagisce e corre a chiudersi in bagno. Ma a quel punto il sogno prende un'altra direzione: non accade che Deborah si mette a piangere e Asher si incupisce, come era accaduto nella realtà, ma tutto prende una piega *impetuosa e violenta*. Asher *sfonda la porta del bagno* per raggiungere Deborah (una metafora neanche così velata del desiderio segreto di Deborah di essere penetrata). Ma invece di consumare il rapporto, Deborah si arma di una possente spranga fallica (lo spazzolone del water) e, anziché interpretare il ruolo della donna passiva che viene penetrata, si trasforma in un'attiva picchiatrice, in una sorta di caricatura maschile che colpisce Asher al capo, abbandonando le spoglie di vittima e vestendo quelle di carnefice. Poi immerge la testa di lui nel water e tira lo sciacquone finché i tubi non scoppiano ricoprendo Asher di urina e feci, rendendolo cioè inevitabilmente maleodorante e pieno di vergogna e umiliazione.

In modo ingegnoso, l'inconscio di Deborah aveva attinto

a un recente episodio dalla vita reale rivisitandolo: nella camera d'albergo Deborah aveva avuto paura di emanare un cattivo odore che avrebbe impedito ad Asher di praticarle un cunnilingus; nel sogno invece era Asher a emanare un cattivo odore, molto più nauseante di quello che lei stessa avrebbe potuto emettere.

Nel sogno Deborah non solo era riuscita a trasformare una recente esperienza dolorosa in un episodio che la vedeva vincitrice, ma era anche riuscita a inserire nella sua messinscena episodi traumatici della sua infanzia. Attaccando Asher, aveva sferrato un attacco simbolico anche ai due bambini del refettorio e agli altri compagni di scuola che l'avevano umiliata per il suo cattivo odore. Nel sogno Deborah rimane pulita, incontaminata dal sangue mestruale e da ogni altro sgradevole effluvio, mentre il giovane Asher, simbolo di tutti gli altri ragazzini beffardi, viene ricoperto da ogni lurida sporcizia. Del resto era stato lui a progettare quello «sporco» weekend. Giunti a questo punto, si potrebbe ipotizzare che il sogno di Deborah rappresenti un esempio freudiano di desiderio inconscio esaudito, in cui Deborah si trasforma nell'attiva e non maleodorante somministratrice di violenza e Asher diventa invece il ricettacolo di tutto ciò che è sporco e nauseante. Il sogno realizzato consiste nell'astuta manovra che ha permesso a Deborah di essere attiva e pulita anziché passiva e sporca (come si era sentita da bambina); ma è anche riuscita a sfogare il suo odio e la sua aggressività verso il sesso maschile identificandosi con i carnefici della sua infanzia e ripagandoli con la stessa moneta.

Il sogno, tuttavia, non rappresenta solo il semplice compimento di un desiderio infantile e di un desiderio adulto correlato, ma costituisce altresì un campanello d'allarme sia per il paziente sia per lo psicoterapeuta, ai quali comunica il persistere di un conflitto irrisolto. Secondo la psicoanalisi moderna, il sogno è un terreno in cui le difficoltà psicologiche, principalmente quelle irrisolte, possono essere esplorate con successo. A quel punto della sua vita Deborah non aveva ancora sepolto lo spettro dell'umiliazione subita da bambina, o della vergogna e dell'aggressione che ne erano seguite. Il sogno, perciò, diventava un veicolo tramite il quale poteva trasformare il trauma dell'infanzia in qualcosa che la sua mente era in grado di accettare con più facilità.

Come si collega tutto questo al tema conduttore della fantasia sessuale? Ebbene, utilizzando i meccanismi dell'interpretazione dei sogni, possiamo estrapolare alcuni principi operativi che possono applicarsi analogamente anche alla comprensione delle fantasie sessuali, che in effetti altro non sono che *sogni* fantastici che si fanno *da svegli*. D'altra parte non possiamo ignorare le analogie fra il corpo di un individuo durante l'attività onirica notturna e durante l'elaborazione di una fantasia sessuale: molti individui si masturbano al buio, di solito in camera da letto, tenendo gli occhi chiusi e stando supini.

Purtroppo Deborah non si è mai sentita sufficientemente a suo agio da raccontarmi le sue fantasie sessuali nel corso delle nostre sedute. Talvolta interrogo direttamente il paziente sulle sue fantasie sessuali, ma altre volte procedo in maniera più circospetta lasciando che sia lui a parlarmene spontaneamente. Nel caso di Deborah ignoro quale fosse il suo immaginario erotico. Probabilmente oggi, dopo aver studiato più a fondo l'argomento, le avrei rivolto esplicitamente la domanda, ma allora non lo feci. Sono pressoché convinto, tuttavia, che ci debba essere una stretta analogia fra i suoi sogni notturni e le sue fantasie masturbatorie; sono altrettanto convinto che i sogni aiutino spesso a comprendere le fantasie che accompagnano la masturbazione o i rapporti sessuali e che, allo stesso modo, l'analisi delle fantasie sessuali possa aiutare a interpretare i sogni.

L'esperienza di analisi con Deborah mi ha confermato che i traumi vissuti si radicano nella corteccia cerebrale e la psiche è costretta a trovare una soluzione creativa per alleviare il dolore che porta con sé il ricordo di un'umiliazione subita in passato. Uno dei primi meccanismi che usiamo – identificato per primo da Anna Freud – è quello dell'*identificazione con l'aggressore*, che ci permette di trasformare il dolore in qualcosa di più piacevole. Diventando aggressiva e immergendo la testa di Asher nel water, Deborah si è servita della sua vita onirica per assegnare ad Asher il ruolo del personaggio «puzzolente», in modo da poter vivere la tanto sospirata esperienza di profumare di pulito. Gli insulti e le offese che aveva dovuto subire da bambina a causa dei capelli e dei genitali sporchi avevano mortificato talmente Deborah che durante una delle nostre sedute aveva gridato: «Quei bambini a scuola... mi hanno ferito a tal punto che *è come se mi avessero raschiato l'anima!*»

La maggior parte delle fantasie riportate nel capitolo 12 è frutto di questionari anonimi. Se si escludono alcuni casi di persone che mi hanno raccontato la loro esperienza nel corso di interviste faccia a faccia, non ho mai incontrato Howell, Immanuel o Barnaby, perciò posso soltanto immaginare quale tipo di infanzia abbiano vissuto. La mia esperienza clinica, tuttavia, mi lascia supporre che abbiano subìto esperienze umilianti, simili a quelle raccontate da Deborah e Milo, che li hanno indotti a infliggere ad altri, da grandi, lo stesso supplizio che avevano subìto nell'infanzia, mitigandolo però con il godimento fisico, che sopraggiunge quasi come un «premio» finale.

Chiunque abbia subìto un trauma (fisico, sessuale o psicologico), non può sfuggirgli; è una delle verità più ovvie della psicologia umana: il trauma originario si radica in chi lo ha subìto e continua a manifestarsi. Una personalità emotivamente più forte e corazzata, che ha potuto contare su legami solidi durante l'infanzia, sarà meglio attrezzata ad affrontarlo, ma non potrà sottrarvisi. Proprio le fantasie sono i luoghi privilegiati in cui il trauma torna a manifestarsi spesso in maniera del tutto inconsapevole, ribadendo la forza devastante del suo impatto.

Alcuni tipi di umiliazioni e abusi sessuali, come quelli subiti da Milo, sono difficili da rimuovere; ecco allora che la fantasia erotica si pone come valvola di sfogo che consente di affrontare il trauma rendendolo più accettabile. Come mi disse una volta un mio paziente: «Sa, Brett, io vivo in una sorta di prigione mentale, ma quando sono dentro se non altro cerco di renderla piacevole».

Leggendo le testimonianze del capitolo 12, un piccolo campione della vasta raccolta di fantasie che trattano di vergogna e umiliazione, si rimane colpiti prima di tutto dal fatto che abbiamo spesso come protagonisti individui omosessuali (come per Howell, Murdo, Barnaby, Orville e Tomasso) o, come accade in un caso, da un individuo (Edgar) che, pur definendosi eterosessuale, immagina di essere umiliato da altri uomini all'interno di un carcere. Viene spontaneo chiedersi se questi individui, a maggioranza omosessuale, non abbiano subìto esperienze umilianti durante l'infanzia, tenendo conto che molti di loro hanno raggiunto la maturità sessuale in anni in cui l'omosessualità era ancora lungi dall'essere accettata, così come le unioni civili, che sono state ratificate in Gran Bretagna solo nel 2005.

Sarebbe sciocco imputare l'origine di una qualsiasi fantasia della vita adulta a un singolo episodio della propria infanzia; tuttavia trovo legittimo ammettere che le primissime esperienze nella vita di un individuo fanno da premessa allo sviluppo delle fantasie adulte. In particolare, i fantasmi sessuali legati all'umiliazione e alla vergogna persistono sotto l'egida di esperienze umilianti vissute durante l'infanzia, che si tratti di cure del corpo troppo «invasive» o di insulti e offese volte a minare il proprio senso di pulizia, integrità o potenza fisica. Un bambino al quale la madre avrà sfregato l'ano troppo energicamente e che a scuola è stato vittima di offese e insulti sarà più soggetto, da adulto, a sviluppare fantasie in cui viene umiliato o immagina di umiliare gli altri; con molta probabilità, dovrà fare i conti con l'aggressività che spesso insorge in coloro che sono state vittime precoci di episodi di violenza e umiliazione.

Benché sia bello pensare che siamo artefici del nostro destino, capaci di scegliere la nostra strada e le nostre preferenze sessuali, i dati della mia ricerca mi hanno indotto a pensare che molti di noi non sovrintendono alla propria psiche sessuale: sono le esperienze dell'infanzia a determinare le preferenze e le fantasie sessuali, in particolare quelle legate a episodi di vergogna, umiliazione e, come spiegheremo nelle prossime pagine, a traumi sessuali.

20. Le radici traumatiche della fantasia sessuale

> «Quali brutali ricordi la nostra memoria continua a serbare».
>
> Eugene O'Neill, *Strange Interlude*

Questione di sangue o di esperienza?

Da anni endocrinologi, pediatri, psicologici e psichiatri sostengono che la nostra vita sessuale non sia frutto del libero arbitrio ma sia determinata dalla predisposizione genetica e dal livello di ormoni presenti nel grembo materno durante la gravidanza; tali ricercatori difendono con forza l'ipotesi protobiologica dell'orientamento sessuale e quindi anche delle fantasie erotiche. Come studioso delle scienze comportamentali, plaudo ogni sforzo compiuto dalla ricerca biologica o psicoanalitica per gettar luce su importanti questioni inerenti la vita umana. Mio malgrado, tuttavia, non mi sento di sottoscrivere l'ipotesi di quegli psicologi che sostengono con forza che il comportamento sessuale sia determinato da fattori ereditari o intrauterini.

Se l'eccitazione sessuale e le fantasie sessuali non sono possibili in mancanza dei presupposti biologici, la mia ricerca dimostra che il *contenuto* dell'immaginario erotico non deriva dalla *biologia* ma dall'*esperienza*. Una fantasia erotica può avere alla base un'esperienza infantile di natura conflittuale, traumatica e postuterina, che fungerà da causa scatenante e matrice per tutte le fantasie successive.

Come i sogni, i sintomi neurotici e le altre manifestazioni comportamentali, anche le fantasie sessuali derivano dalle nostre esperienze formative *post partum*. La personalità adulta è il risultato di un complesso amalgama di fattori di ordine genetico, biochimico, neurofisiologico, prenatale e perinatale, ma anche delle più manifeste esperienze formative vissute tra la nascita e l'infanzia. È evidente che nessuna fantasia potrebbe sussistere senza un cervello funzionante; ma in un'era dominata dalla psichiatria biologica e dalla farmacoterapia, si corre il rischio di cancellare le spiegazioni della psicologia tradizionale, che furono offuscate più di un secolo fa dalle teorie di Freud e di una miriade di suoi seguaci. Attraverso l'analisi di alcune esperienze specifiche, raccolte nel corso della mia ricerca psicodiagnostica, potremmo forse chiarire quali sono gli antecedenti che determinano l'insorgere di una particolare fantasia sessuale.

Graziella e il tavolo di vetro

Quando vidi apparire Graziella nel mio studio per la prima volta, mi si disegnò in volto un sorriso ampio e radioso. Mi capita spesso di sorridere ai miei pazienti al primo incontro, in parte per alleviare l'ansia della psicoterapia; ma nel caso di Graziella, la sua ilarità contagiosa tramutò presto il mio sorriso in una risatina. Mentre avanzava lungo il corridoio, anche lei scoppiò a ridere esclamando con un marcato accento del Nord: « È davvero pazzesco che io debba parlare delle mie fantasie con un tipo come lei. Crede già che io sia pazza, neh? » Mi ricomposi e mi presentai stringendole la mano e ringraziandola per aver affrontato un viaggio così lungo fino a Londra.

Come molti altri partecipanti alla ricerca, dopo aver compreso lo scopo dell'intervista, anche la radiosa Graziella mi svelò senza riserve la storia della sua vita, rispondendo con generosità a ognuna delle mie domande. Pur avendo solo trentun anni, aveva già subìto molti traumi e perdite nella vita e, ora che li aveva superati, riusciva a parlare della sua situazione con un grande senso dell'umorismo che meritava tutta la mia ammirazione.

Unica figlia di una coppia non sposata di adolescenti, Graziella era cresciuta in un quartiere popolare nel Nord dell'Inghilterra. Il padre, un disoccupato dedito all'alcol, era solito picchiare la madre, ma, grazie all'intervento dei locali servizi sociali, quest'ultima era riuscita a rifugiarsi insieme con la figlioletta in un centro di accoglienza per donne, sottraendosi a ulteriori violenze da parte del tirannico marito. Purtroppo, però, la madre aveva incontrato un nuovo compagno che, a sua volta, aveva iniziato ad abusare di lei fisicamente e sessualmente, schiaffeggiandola in presenza di Graziella, finché una volta non l'aveva addirittura scaraventata con brutalità contro una parete.

Dopo avermi raccontato questi episodi, Graziella mi disse sogghignando: «Bisogna prenderle con spirito queste cose, neh, altrimenti ti uccidono. Capisce cosa voglio dire?» Assentii in silenzio e mentre lo facevo mi resi conto che lo humour di Graziella era in realtà un primario meccanismo di autodifesa che le consentiva di alleviare il dolore.

Le chiesi se oltre a picchiare sua madre il padre avesse usato violenza contro di lei, ma la ragazza subito smentì. Le domandai allora se, presa dalla disperazione, non fosse stata la madre a picchiarla. A tale domanda, Graziella divenne improvvisamente seria e per la prima volta abbassò le difese: «No, non mi ha mai picchiata, tranne una volta, ma non gliene faccio assolutamente una colpa». Sollevai le sopracciglia in segno di interesse e Graziella mi descrisse per intero l'episodio: «Avrò avuto tre anni. Mi ricordo che ero nell'appartamento del Comune; avevamo un tavolino di vetro in salotto e io stavo colorando coi pastelli. Non so come, a un certo punto mi misi a colorare sul tavolo imbrattandolo tutto. Quando mia madre intuì cosa stavo facendo, si chinò alle mie spalle e si fece andare il sangue al cervello perché mi sbatté la faccia contro il tavolo, mandandolo in frantumi».

Sospirammo entrambi, toccati da questa storia di violenza precoce. Mi chiesi quale danno fisico le avesse procurato quel gesto: se il tavolino si era frantumato, forse aveva avuto bisogno di punti. Forse conservava delle cicatrici. O, ancor peggio, forse le schegge di vetro le avevano trafitto gli occhi. Graziella rispose affermativamente a tutte queste domande, spiegando che in effetti iniziò a sanguinare sul pavimento ed ebbe bisogno di molti punti. Poi, alzandosi dal divano, venne verso di me e mi indicò alcune leggere cicatrici sul viso, visibili solo da molto vicino. Per fortuna non aveva subìto danni agli occhi e non ricordava se glieli avessero dovuti sciacquare per eventuali schegge.

Mi disse di non ricordare nessun particolare del tragitto verso l'ospedale. Il che non mi sorprese: i bambini che subiscono traumi terribili, come quello di essere sbattuti con la faccia contro un tavolino di vetro, tendono quasi sempre a rimuovere l'episodio, poiché sarebbe troppo doloroso conservarlo nella memoria cosciente. Nel 1994 Linda Meyer Williams, una psicologa americana che opera presso il Family Research Laboratory dell'Università del New Hampshire, ha dimostrato come un'alta percentuale di adulti che da bambini sono stati ricoverati in seguito a ferite procurate da una violenza, non hanno nessun ricordo cosciente della loro degenza, comprovata dagli archivi delle cartelle cliniche. Spesso i traumi non possono sostare nella memoria cosciente, ma devono trovare altre vie di sfogo.

Dopo avermi raccontato questo orribile episodio, nel quale aveva rischiato di perdere la vita, Graziella mi spiegò che «in qualche modo» era diventata adulta e, sebbene a scuola fosse una «schiappa» e non fosse riuscita a ottenere nessuna qualifica, si era creata un'attività piuttosto lucrativa fondando un'agenzia che forniva il servizio d'ordine agli artisti durante i concerti rock o altri eventi pubblici. Mi disse che aveva al suo servizio una squadra di «gorilla grandi e grossi», con le spalle quadrate e un peso di 102, 108 o 114 chili, che tenevano d'occhio gli ingressi di vari teatri e discoteche per impedire a qualche ubriaco molesto di infiltrarsi. Non avendo mai avuto a che fare con una guardia del corpo donna prima di allora, mi incuriosii e le chiesi come fosse riuscita ad avere successo in un campo di solito riservato agli uomini. Graziella tagliò corto ridacchiando: «Non ne ho idea. So solo che quando gli uomini mi vedono arrivare, gli prende la tremarella». Guardai il suo fisico minuto: non era più alta di 1 metro e 62; non era certo il tipo di ragazza che avrebbe fatto tremare un balordo ubriaco. Dietro la scelta di quel mestiere particolare e anomalo, che svolgeva con così tanta passione e successo, si doveva celare qualcosa di diverso dalla sua possanza fisica. Tuttavia Graziella non riusciva a spiegarsi per quale motivo avesse indirizzato tutte le sue energie da adulta verso un tipo di lavoro legato alla sicurezza e alla protezione.

Sempre condendo il suo discorso di humour, Graziella mi raccontò di non essere sposata e di non aver mai avuto una storia duratura. Ero sul punto di chiederle se fosse lesbica, quando anticipò la mia domanda: «Nel caso se lo stesse chiedendo, mi scopo solo i maschi. Mi piacciono i pezzi di carne belli grossi». Mi spiegò che negli ultimi dieci anni aveva avuto una trentina di rapporti sessuali con una trentina di uomini diversi, con nessuno dei quali aveva intrapreso un rapporto duraturo. La sua confessione non mi stupì affatto: non è raro incontrare donne che, nate da padri maneschi, si legano a loro volta a partner violenti o, come nel caso di Graziella, evitano ogni tipo di relazione a lungo termine, convinte che il matrimonio sfoci sempre nell'abuso. Spesso si sviluppa in loro una fobia verso i rapporti eterosessuali che, in alcuni casi, si tramuta nella sperimentazione dell'alternativa omosessuale.

Dopo circa quattro ore di colloquio introdussi l'argomento delle fantasie sessuali, chiedendo a Graziella se, arrivati a questo punto, se la sentisse di raccontarmi le fantasie che adoperava durante la masturbazione o i rapporti sessuali. Mi rispose che nei suoi fantasmi spesso immaginava di fare sesso con una bella donna. Subito precisò di non aver mai avuto un rapporto con una persona del suo stesso sesso nella vita reale, ma di pensare ai rapporti lesbici solo nella fantasia. Alla mia richiesta di essere più precisa, Graziella mi spiegò che la donna delle sue fantasie non aveva un volto ma aveva « al massimo » venti o venticinque anni. Spesso nella fantasia interveniva un uomo che osservava le due donne che facevano sesso e implorava di partecipare. Graziella mi spiegò che si era sempre rifiutata di trasformare la fantasia a due in una fantasia a tre e aveva sempre « rifuggito » l'idea che un uomo facesse da spettatore e si masturbasse l'« uccello ingrossato » senza toccare né lei né la sua amante.

Quando le domandai se avesse altre fantasie mi rispose: « Quella che le ho appena raccontato la uso nelle situazioni normali. Invece ce n'è un'altra, questa volta senza uomini, che è forse quella che mi provoca l'orgasmo più intenso, quella che raggiunge il mio punto G ». E proseguì raccontandomi la sua fantasia masturbatoria più eccitante.

GRAZIELLA

Non è niente di che, non succede niente di particolare. Sto seduta su un divano come questo, completamente nuda. Poi delle braccia – so che sono braccia femminili – compaiono da dietro e iniziano ad accarezzarmi il seno. È incredibile. Non ho idea di chi sia e di come sia fatta perché non la vedo mai in faccia. Poi inizia a passarmi le mani fra i capelli, mi spinge sul divano, mi fa piegare e mi accarezza le spalle e la schiena. È bellissimo, è molto sensuale ed erotico; nulla a che vedere con il sesso con gli uomini. [*Pausa*] E basta. Vengo più volte. [*Pausa*] So che non è niente di che, ma mi piace l'idea di questa donna senza volto che mi accarezza la schiena, il seno e tutto il resto. È proprio quello che mi piace. [*Pausa*] Pensa che sia un'invertita?

Non risposi alla domanda di Graziella, semplicemente perché non avrei saputo cosa dirle. Secondo la sua testimonianza, non aveva mai avuto una relazione omosessuale nella vita reale; aveva invece intrattenuto numerosi rapporti sessuali con uomini di cui aveva apprezzato le dimensioni del pene. Eppure nella sua fantasia non traeva piacere dal pene maschile, bensì dalle carezze femminili. In seguito aggiunse che, pur fantasticando di un rapporto saffico, non avrebbe mai voluto mettere in pratica la sua fantasia omosessuale, neanche se una bella bionda formosa avesse iniziato a flirtare con lei. Era forse segretamente e inconsciamente omosessuale ma non si era ancora accorta di desiderare le donne? Era bisessuale? Era eterosessuale ma curiosa delle situazioni nuove? Era confusa? Desiderosa di sfidare gli schemi tradizionali? Lascio aperta la questione.

Invece di collocarla all'interno di una categoria, la invitai a riflettere sul contenuto della sua fantasia erotica; le chiesi se riusciva a spiegarsi la sua predilezione per quella particolare fantasia. La risposta non mi stupì; scosse le spalle e sogghignò: «Non ne ho la minima idea. È così e basta. Gliel'ho detto che sono "pazza"».

Come quasi tutte le persone da me intervistate, Graziella non riusciva a spiegarsi l'origine della sua fantasia; in caso contrario dubito che avrebbe continuato a rincorrerla. Sono sempre più convinto che le nostre fantasie siano un'*esternazione* del nostro inconscio e, proprio in quanto depositarie di un contenuto *inconscio*, sfuggano alla nostra comprensione.

Graziella non sapeva perché durante la masturbazione amasse evocare proprio quell'immagine, ma i dati raccolti nel corso del colloquio e il confronto con casi di individui che presentavano un vissuto e tratti caratteriali analoghi mi hanno permesso di formulare un'ipotesi.

L'infanzia di Graziella era stata profondamente segnata da deprivazioni materiali ma anche affettive, avendo assistito a numerose scene di violenza di un padre brutale nei confronti della giovane madre. Proprio la pericolosità del genitore aveva convinto i servizi sociali ad affidare Graziella e la madre a una struttura protetta. Simili esperienze predispongono una bambina a sviluppare un rapporto conflittuale con l'altro sesso. Nel caso di Graziella, ritengo che l'improvvisa assenza della figura paterna durante l'infanzia l'abbia spinta al tempo stesso a temere gli uomini e a desiderarne la vicinanza. Divenuta adulta, Graziella aveva avuto avventure sessuali con uomini ma il fatto che ne avesse collezionate ben trenta nell'arco di un decennio dimostra che, uno dopo l'altro, aveva sempre allontanato tutti i suoi partner. La sua incapacità di costruire un rapporto duraturo rivelava il suo ambivalente atteggiamento di desiderio e timore nei confronti degli uomini.

Nel caso di una donna dichiaratamente eterosessuale come Graziella, ritengo che l'omosessualità che traspare dalla sua fantasia non sia una disposizione innata, bensì una difesa contro i pericoli del pene. Non dimentichiamo, infatti, che Graziella aveva due tipologie di fantasmi:

1) Immaginava di fare sesso con una donna sconosciuta che sopraggiungeva alle sua spalle e le massaggiava il seno, il collo e le scapole.
2) Immaginava di fare sesso con una donna sconosciuta e di costringere un uomo a non intervenire ma a rimanere in disparte a masturbarsi.

Immaginando rapporti sessuali esclusivi o in cui comparivano individui dell'altro sesso che venivano però lasciati ai margini, Graziella riusciva a erotizzare il suo desiderio di punire gli uomini e di estrometterli dalla sua vita. Se si considera che molti maschi eterosessuali soffrirebbero ad assistere da lontano a un rapporto saffico senza poter intervenire, appare evidente che da un punto di vista psicoanalitico, le due fantasie masturbatorie consentivano a Graziella di esternare la sua aggressività nei confronti dell'altro sesso.

Tuttavia, nel caso della fantasia in cui Graziella immaginava di fare sesso con una donna mentre l'uomo si masturbava in disparte, intravedo il desiderio inconscio di costruirsi un contesto famigliare ideale, con una figura materna che la accudisse e un uomo forte e virile che non usasse il pene per fini violenti o distruttivi. Pur avendo un'apparente implicazione sessuale, questa fantasia denota un tentativo di ricreare un'unità famigliare in cui i genitori esercitavano la loro sessualità in maniera più benevola e meno aggressiva.

La seconda fantasia pone altri interrogativi: perché Graziella ha scelto proprio il sesso saffico? Se provava sentimenti ambivalenti nei confronti degli uomini, motivati dal suo complesso rapporto con un padre violento, perché introdurre la componente omosessuale anziché immaginare semplicemente di usare crudeltà verso gli uomini, insultandoli e tormentandoli? Eccoci ancora una volta a confronto con la complessa e molteplice natura del fantasma sessuale: la sofferenza di Graziella non deriva soltanto dall'aver avuto un pessimo modello di riferimento maschile, ma forse dall'esistenza di un rapporto ancora più deludente con la figura materna.

La mia esperienza clinica mi insegna che le donne che sono state violentate o hanno subìto altre forme di abuso fisico o sessuale dal proprio genitore sviluppano inevitabilmente un sentimento di odio nei confronti del padre, ma ancor di più nei confronti della madre, che accusano di non essere stata in grado di difenderle. In passato una mia paziente, oltre ad agognare comprensibilmente la morte del padre che da bambina l'aveva deflorata, mi parlò a lungo del suo desiderio di legare la *madre a testa in giù* su un crocifisso e di inchiodarle i polsi e le caviglie fino a farla morire dissanguata.

In termini psicoanalitici si può dire che Graziella covasse un forte risentimento sia nei riguardi del padre latitante, sia nei confronti di una madre complice, che ai suoi occhi era colpevole di aver sposato un uomo violento ma, ancor più, di averla privata di una figura paterna affidabile. In ogni caso, la madre non le aveva riservato tutte le cure che si devono a una figlia, anche perché era stata a sua volta vittima di un trauma. Ritengo perciò che le fantasie saffiche di Graziella non celassero un desiderio di assumere consapevolmente un'identità omosessuale, bensì la volontà di stringere un rapporto più stretto con una donna specifica, segnatamente con quella madre che durante l'infanzia l'aveva privata di cure e attenzioni.

Durante l'infanzia Graziella aveva vissuto da vicino il pericolo: nel primo anno di vita aveva sicuramente visto il padre picchiare la madre e aveva udito le loro urla. Benché i neonati che assistono a scene di violenza domestica non abbiano la capacità cognitiva di interpretare tali comportamenti, assorbono comunque il clima di paura e terrore e reagiscono con il pianto agli strepiti.

Il fatto che la madre abbia sbattuto la faccia di Graziella contro il tavolino di vetro spiega in larga parte perché la sua fantasia sessuale sia un rassicurante e tenero succedersi di piacevoli carezze. Con molta probabilità per Graziella si trattava di un rifugio dalla violenza, dall'incertezza e dall'insicurezza fisica ed emotiva vissuta da bambina; tutti motivi che oltre a spiegare una fantasia in cui gli uomini pericolosi spariscono o sono relegati al margine, giustificano la scelta di una carriera come capo di una squadra di guardie del corpo, di un gruppo di gorilla che lavorano per rendere più sicuro il Nord dell'Inghilterra.

Attraverso l'analisi del fantasma erotico di Graziella spero di averne rintracciato gli scopi (tra cui la ricerca di sicurezza e lo sfogo dell'aggressività nei confronti degli uomini) e i contenuti tra cui la gratificazione della bisessualità e il desiderio di vicinanza con una figura femminile materna). Non bisogna tuttavia dimenticare che ogni fantasia deve essere considerata e studiata come un enorme mosaico o enigma: al termine dell'analisi, ogni tassello deve combaciare perfettamente se si vuole avere un'immagine chiara dei contenuti psichici che l'hanno originata.

Credo di comprendere le ragioni della prima fantasia in cui Graziella fa sesso con un'altra donna e gode a schernire un uomo eccitato che si masturba stando a una debita distanza di sicurezza. Così come mi appare chiaro il suo bisogno di affetto saffico, seppur manifestato solo nella sua fantasia e non nella vita reale. Continua invece ad assillarmi un singolare dettaglio della seconda fantasia: il fatto che la donna con cui intrattiene un rapporto omosessuale le si avvicini *da dietro*, mentre Graziella è seduta sul divano, e la fa piegare in avanti in modo da poterle massaggiare il collo e le scapole. Potrebbe sembrare un dettaglio insignificante, ma è proprio analizzando particolari apparentemente irrilevanti che si scrutano più a fondo la natura segreta dell'immaginario sessuale e la *mappa psichica* specifica di ogni individuo.

È importante chiedersi perché la scena si svolga secondo quella precisa modalità: perché la partner di Graziella non le si avvicina dal davanti per raggiungere magari il seno o il clitoride? Perché Graziella non fa la prima mossa? Perché rimane seduta passivamente sul divano e si lascia piegare in avanti?

Non potremmo comprendere le origini della sua fantasia sessuale senza conoscere uno dei più terribili traumi subiti da Graziella durante l'infanzia, anzi, forse il più terribile in assoluto: Graziella aveva solo tre anni e stava seduta sul divano dell'alloggio del Comune a disegnare con i pastelli; nella foga dell'infanzia, aveva iniziato a colorare oltre i bordi del foglio, causando l'ira della madre che le si era avvicinata da dietro e le aveva sbattuto la faccia contro il vetro, facendola urlare, sanguinare e rischiare la vita, al punto che fu condotta d'urgenza in ospedale; poi vennero i punti e le cicatrici. Un episodio che l'aveva colta di sorpresa e le aveva fatto perdere per sempre la fiducia nella madre.

Come molte altre persone intervistate, la donna pratica

la masturbazione e quindi trae piacere da una versione distorta di una esperienza traumatica della sua infanzia. Graziella aveva trasformato la violenza usatale dalla madre in una fantasia altrettanto piacevole. Ricorrendo a dei partner senza volto, è riuscita a mascherare l'identità del suo carnefice: sua madre.

Immaginandosi una donna sconosciuta che le arriva di soppiatto alle spalle mentre è seduta sul divano e le fa piegare la testa in avanti (sul tavolo), Graziella è riuscita a riinscenare il più terribile ricordo della sua infanzia, modificandone però la coreografia: anziché sbattere la faccia di Graziella sul tavolo, la sconosciuta le accarezza piacevolmente il seno e le sfiora il collo, le spalle e la schiena procurandole un orgasmo profondo e appagante.

Abbiamo visto ancora una volta all'azione una verità psicoanalitica annunciata da Freud nel 1920 e ripresa da Robert Stoller negli anni settanta, secondo cui la mente fa di tutto per minimizzare l'impatto di un trauma. Pur non soffermandosi a lungo sull'uso delle fantasie sessuali come mezzo per ridurre il dolore di un trauma, Freud indicò ai moderni psicoterapeuti e studiosi del comportamento la chiave per affrontare questo problema psicologico.

Sarebbe bello poter vivere gli inevitabili traumi dell'esistenza senza doverne subire le conseguenze per il resto della vita, ma purtroppo le cose non vanno proprio così: *a ogni trauma segue una conseguenza traumatica*. Gli antichi greci erano già a conoscenza di questa verità quando coniarono la parola *tràuma*, che significa appunto «ferita». Non c'è ferita che non faccia sanguinare il corpo o la mente e la fantasia sessuale altro non è che uno dei meccanismi tramite i quali cerchiamo di superare l'impatto dei traumi fisici, sessuali ed emotivi del passato.

Proprio il forte impatto emotivo delle sue esperienze infantili hanno impedito a Graziella la ricostruzione conscia dei traumi vissuti. Per contro, le fantasie sessuali le hanno permesso di indorare il trauma originale in una forma distorta, eroticizzata, sterilizzata, che le ha risparmiato di indugiare sul vissuto reale. Le fantasie sessuali proteggono e difendono dai ricordi potenzialmente devastanti: accentuano il desiderio della masturbazione e allontanano il bisogno di scoprire cosa questo nasconde. Se Graziella riuscisse ad affrontare in maniera più consapevole le sue fantasie, sarebbe in grado di comprendere meglio le sue paure nei riguardi degli uomini e delle donne e anche la sua attrazione verso l'uno e l'altro sesso, riuscendo forse a intraprendere relazioni adulte meno paranoiche e basate sulla fiducia.

21. I quattordici significati della fantasia sessuale

> «Sono un uomo; nulla di umano ritengo mi sia estraneo».
>
> Afro Publio Terenzio, *Heautontimoroumenos*

La fantasia sessuale come automedicazione

Che cosa ci spinge ad avere fantasie sessuali? In una vita sempre più frenetica, non avremmo di meglio da fare? Freud sosteneva che le fantasie sessuali nascono dalle frustrazioni e dal tentativo disperato di soddisfare desideri proibiti. Tale ipotesi rappresenta un ottimo spunto di riflessione, al quale ho spesso attinto durante la mia pratica clinica.

Ritengo tuttavia che le fantasie sessuali nascondano altre funzioni e altri significati. Il questionario anonimo sottoposto ai volontari adulti che hanno partecipato alla ricerca conteneva una domanda che invitava ogni partecipante a esprimere un parere sulle proprie fantasie sessuali. In particolare, si chiedeva agli intervistati di indicare quale delle seguenti frasi descrivesse meglio il ruolo che le fantasie sessuali avevano nella loro vita.

1) Mi aiutano a rompere la monotonia.
2) Mi risollevano quando sono depresso.
3) Mi permettono di fare cose che non mi sono concesse nella vita reale.
4) Mi permettono di fare sesso con persone con cui non lo farei o non potrei farlo nella vita reale.

5) Mi permettono di esplorare nuovi pensieri e atti sessuali.
6) Fanno apparire più attraente il mio partner.
7) Mi permettono di eccitarmi quando sono con il mio partner.
8) Non sono io a volerle: vengono da sole.
9) Sono meglio del sesso reale.
10) Estraniano dalla realtà.
11) Non hanno nessuna rilevanza pratica.
12) Altro.
13) Preferisce non rispondere.

La seguente tabella riassume le risposte degli intervistati al quesito sulla funzione delle fantasie sessuali. La scelta di ogni intervistato poteva orientarsi verso più di una risposta, perciò la percentuale totale può essere superiore al 100%.

Tabella 18
Autovalutazione sulla funzione delle fantasie sessuali

Funzione	Percentuale totale	Uomini	Donne
Combattono la monotonia	19%	26%	12%
Combattono la depressione	21%	24%	18%
Permettono di compiere atti non ammessi nella vita reale	25%	30%	19%
Permettono di fare sesso con persone inaccessibili	34%	43%	25%
Permettono di esplorare nuovi pensieri e atti sessuali	40%	45%	34%
Rendono più attraente il partner	5%	6%	4%
Aiutano a eccitarsi quando si è con il/i partner	25%	24%	26%
Sono involontarie	26%	35%	18%
Sono preferibili al sesso reale	5%	5%	5%
Estraniano dalla realtà	10%	9%	11%
Non svolgono nessuna funzione	10%	5%	16%
Altro	4%	3%	4%
Preferisce non rispondere	2%	2%	3%

Dai dati raccolti emergono alcuni risultati interessanti. In primo luogo, il questionario autovalutativo sottolinea che le fantasie sessuali assolvono a ruoli diversi a seconda della persona, senza che nessuna funzione si imponga in maniera significativa sulle altre. Stando all'analisi conscia che gli intervistati hanno rivolto alla propria persona, ogni individuo usa la fantasia sessuale per uno scopo diverso. Alcuni lo fanno per sfuggire alla monotonia, alla depressione o alla realtà: in totale circa il 21% di adulti britannici riconosce alla fantasia sessuale una funzione antidepressiva di fuga dalla realtà. Altri la considerano un mezzo per sperimentare nuove esperienze o partner inaccessibili nel mondo reale: ben il 43% degli uomini e il 25% delle donne, pari a quasi 15,3 milioni di britannici, considerano la fantasia sessuale come un mezzo per fare sesso con persone altrimenti irraggiungibili, come per esempio le star di Hollywood. Infine, il 24% degli uomini e il 26% delle donne, ovvero oltre 11 milioni di britannici, sostengono di usare le fantasie per aumentare l'eccitazione durante il rapporto, a riprova che per buona parte della popolazione il fantasma sessuale rimane presente e viene alimentato anche nei rapporti di coppia.

È sufficiente un rapido sguardo alla tabella 18 per notare un dato particolarmente significativo: la maggior parte delle funzioni proposte dal questionario (antidoto contro monotonia e depressione, sperimentazione ecc.) è stata scelta da una percentuale compresa fra il 20 e il 40% degli intervistati. Per contro, solo il 6% degli uomini e il 4% delle donne ha dichiarato di ricorrere regolarmente alle fantasie sessuali per avere una visione più attraente del proprio partner. Questo dato da solo tuttavia permette di constatare *l'ampia incidenza del tradimento intraconiugale*, ovvero del ricorso alla fantasia erotica come cura alla noia della quotidianità, che spesso viene imputata anche al partner cui si è legati da un rapporto affettivo.

La lista delle funzioni mette chiaramente in evidenza come per molti la fantasia sessuale rappresenti un mezzo di evasione per esplorare nuovi partner, nuove posizioni e nuove azioni che non potremmo o non oseremmo sperimentare nella vita normale. Tuttavia, per quanto possa essere indicativa, la lista omette molte funzioni non così facilmente identificabili a livello conscio. A partire dai dati raccolti durante le interviste faccia a faccia, da quelli dei questionari anonimi e dalle ricerche cliniche condotte negli anni, ho potuto isolare quattordici diverse funzioni della fantasia sessuale, molte delle quali possono essere interrelate. Nei prossimi paragrafi passerò in rassegna ognuna di queste funzioni, esemplificandole con casi concreti tratti dalle interviste condotte nell'ambito del Progetto di ricerca sulle fantasie sessuali.

1) Soddisfare desideri

Da quando più di un secolo fa Freud sostenne che le fantasie derivano dalle frustrazioni sessuali e dall'incapacità di raggiungere piena soddisfazione, l'ipotesi che le fantasie sessuali servano a soddisfare desideri continua ad avere un ruolo preminente nell'ambito del pensiero psicoanalitico. I desideri in questione possono essere soddisfatti in maniera conscia o inconscia.

Clara era una donna quarantacinquenne che desiderava avere rapporti sessuali con l'attraente cognato Richie. Incapace di violare il tabù dell'incesto e di ferire la sorella Adeline, Clara aveva confinato la sua passione per Richie all'interno del suo rituale masturbatorio privato. Il pensiero di essere penetrata da Richie le procurava un orgasmo appagante dopo il quale andava a dormire pienamente soddisfatta.

Un caso molto simile è quello di Derek, un fisico ottantunenne tra i più anziani partecipanti alla ricerca, che dichiarava di non aver mai pensato a una donna durante la masturbazione. Nella sua fantasia si immaginava nel laboratorio dell'università, intento a scoprire nella sua buchetta una lettera del sovrano di Svezia che gli annunciava la vincita del Premio Nobel. Pur essendo uno scienziato di discreta bravura, Derek non aveva mai ricevuto nessun riconoscimento dalla comunità scientifica, così aveva sublimato la sua libido nel lavoro trasformando le sue ricerche in «amanti». Derek aveva finito per avere più successo nella ricerca fisica che in amore e a masturbarsi immaginando di essere convocato a Stoccolma. Alla maggior parte di noi una missiva dalla Svezia non provocherebbe alcun genere di eccitazione, ma per Derek quella lettera era investita della massima carica erotica.

La soddisfazione del desiderio è una componente che accomuna pressoché tutte le fantasie sessuali, poiché non esiste piacere senza appagamento di un desiderio. In quasi tutti i casi si tratta di desideri proibiti, come nel caso di Clara e del cognato, o irraggiungibili, come nel caso di Derek, che purtroppo non riceverà mai il Premio Nobel.

2) Autoconforto e automedicazione

Le fantasie sessuali offrono una via di scampo dalle preoccupazioni quotidiane e una tregua psicologica nelle situazioni di ansia, conflitto, depressione o paura di impazzire. Funzionano come palliativi da banco, come farmaci da automedicazione da prendere senza ricetta in qualsiasi momento del giorno o della notte.

Daryl, un operaio edile di diciannove anni, si era rivolto a me per un consulto dopo che la sua prima ragazza lo aveva lasciato senza nessuna ragione apparente. Venuto da me su indicazione del medico di famiglia, presentava numerosi sintomi depressivi; nell'impegnativa del medico curante si leggeva che dopo la rottura il ragazzo aveva iniziato a masturbarsi in modo compulsivo tanto da procurarsi delle lacerazioni alla pelle del pene. Daryl mi confermò che si masturbava dalle sei alle sette volte al giorno; mi disse che senza quei momenti di piacere in cui fantasticava della sua ex avrebbe temuto di impazzire perché non sapeva vivere senza di lei.

Boyd non aveva perso la ragazza, ma il lavoro. Assistente di produzione presso un'emittente televisiva, aveva lavorato duramente ma non abbastanza da risollevare le finanze dell'azienda. Così era stato licenziato non per il suo scarso profitto bensì per i tagli al personale decisi dal direttivo. Nelle quattro settimane trascorse a casa inviando convulsamente curricula e aspettando con ansia il momento dei colloqui, era caduto in una spirale depressiva. Per impedirsi di fumare o di bere troppo, come gli succedeva da tempo, aveva acquistato alcuni DVD pornografici sadomaso e aveva iniziato a «menarselo» furiosamente guardando le immagini sullo schermo. «Dopo essere venuto» mi spiegò «mi addormentavo come un bambino e schiacciavo un pisolino. Al risveglio mi sentivo riposato. Credo che quei DVD mi abbiano aiutato a superare il licenziamento».

3) Azione di prova

Le fantasie ci offrono l'opportunità di sperimentare pensieri erotici che ci causano conflitti e che speriamo un giorno o l'altro di trasformare in realtà. In psicoterapia si parla spesso di «azione di prova» per indicare i primi goffi passi compiuti da un paziente in direzione di un obiettivo di crescita. Per fare un esempio, un individuo che soffre di agorafobia sarà terrorizzato all'idea di partecipare a una festa o a ogni altro evento sociale. Ricordo di aver avuto un paziente che trovava inaffrontabile qualsiasi assembramento umano che superasse le tre persone. Un giorno mi confidò che per la prima volta nella sua vita aveva attaccato bottone con una donna più grande incontrata sull'autobus. Era molto fiero di sé e quell'episodio lo aprì a una vita sociale più intensa.

Florence, una trentanovenne ancora vergine, era così intimidita dagli uomini che, nonostante il suo aspetto attraente, non aveva mai accettato inviti a cena o al cinema da nessuno dei suoi colleghi. Indotta dai genitori puritani a considerare impuro qualsiasi contatto con i propri genitali, non aveva mai praticato neanche la masturbazione. Il padre era un pastore che, citandole spesso opere medievali, le descriveva il sesso come una nefandezza, essendo il pene emuntore di urina oltre che di sperma. Florence mi disse che si era rivolta a un analista per risolvere le sue inibizioni emotive; dopo alcune sedute il suo io così duro e fustigante si era addolcito e per la prima volta si era concessa un atto di autoerotismo pensando a un ragazzo del suo ufficio di nome Ray. Passò più di un anno prima che Florence trovasse il coraggio di flirtare con lui; quando finalmente ci riuscì, i due iniziarono a uscire insieme ed ebbero diversi rapporti soddisfacenti. In questo caso si può dire che la fantasia masturbatoria su Ray abbia funto da azione di prova, tramite la quale Florence era riuscita a concettualizzare qualcosa che fino ad allora aveva considerato un tabù.

4) Elaborazione di un gioco infantile

Ben prima di iniziare a fantasticare di sesso, nella nostra infanzia abbiamo avuto molto tempo per sviluppare le nostre facoltà immaginative. La psicologia dello sviluppo e la neuropsichiatria infantile non hanno ancora stabilito con certezza a quale età si inizi a fantasticare, ma ipotizzano che ciò avvenga già al terzo mese di gravidanza. È certo che i neonati vagheggino il cibo sottoforma di latte materno o che i bambini nei primi mesi di vita sognino il giorno in cui riusciranno a tenersi in piedi come il loro papà o la loro mamma. Con lo sviluppo della capacità ludica, i contenuti della fantasia derivano sempre più da una scelta critica. Pensiamo alla classica scena di due bambini che giocando in casa si dicono: « Facciamo che io sono la mamma e tu il papà ». Se ci soffermiamo a osservare i bambini mentre giocano, resteremo stupiti dalla creatività che dimostrano nell'inventarsi mille situazioni. Di recente mi è capitato di osservare un bambino di quattro anni che, facendo finta di avere un negozio di calzature, fermava ogni adulto che gli capitava a tiro e gli offriva di ripararagli le scarpe per una sterlina. Felici di assecondare il suo gioco di fantasia, tutti noi adulti accettavamo di toglierci le scarpe, che lui ci restituiva nelle stesse condizioni di prima, mostrandosi felice quando lo ripagavano con una moneta immaginaria.

Da bambina Brenda, che oggi ha ventisette anni, sognava il bellissimo principe di uno dei suoi cartoni animati preferiti. Sia lei sia la sorella di poco più grande, Clarissa, facevano finta che il principe le avesse chieste in spose entrambe, così indossavano gli abiti lunghi della madre e inscenavano un matrimonio immaginario. Crescendo, l'idea di impalmare un principe divenne uno dei motivi centrali delle fantasie erotiche di Brenda che spostò le sue attenzioni dal principe della Disney a Sua Altezza Reale il principe William, trovando così un corrispettivo adulto al suo gioco di fantasia infantile.

5) Stabilire relazioni oggettuali

I neuropsichiatri spesso descrivono le relazioni umane come relazioni *oggettuali*. A prima vista tale termine può apparire ostile o perfino alienante; in realtà persiste nell'uso comune ormai da diversi decenni, forse perché, pur interagendo principalmente con i suoi simili anziché con oggetti, può accadere che un individuo si relazioni con un altro individuo considerandolo un oggetto, trattandolo con crudeltà oppure rivolgendosi a una parte soltanto della sua persona. Se una donna afferma: « A mio marito interessa solo la mia vagina », ci troviamo di fronte a un evidente esempio di relazione oggettuale. Tuttavia, nella maggior parte dei casi tale termine si usa per descrivere una forma di relazione molto più complessa e profonda: potremmo dire, per esempio, di un paziente perfettamente guarito che le sue relazioni oggettuali sono ormai diventate ricche e gratificanti.

Ognuno di noi in questo mondo lotta per mantenere ed estendere relazioni oggettuali; al tempo stesso, sappiamo bene che le fantasie sessuali possono aiutare le persone sole a stabilire tali tipi di rapporti. Consideriamo la seguente testimonianza, raccolta nel corso delle interviste faccia a faccia.

Theodore, un bancario cinquantatreenne di Colchester, aveva al suo attivo una lunga storia di disturbi psichici, fra cui un esaurimento nervoso che fin da giovane gli aveva pregiudicato ogni possibile rapporto sentimentale o di amicizia. Nelle sue fantasie sessuali immaginava di essere al centro di un gruppo numeroso di donne che a una a una gli strappavano di dosso i vestiti e lo portavano al culmine del piacere. Pur essendo comune a molti altri uomini, nella sua mente questa fantasia era investita di una precisa funzione psicologica: in essa, da una forma di ritrosia e di timore paralizzante nei confronti delle donne, Theodore approdava a una forma di attaccamento e di apertura tale da vedere ogni donna come un bene passeggero e intercambiabile. La sua fantasia erotica esprimeva proprio questo suo forte desiderio e impellente bisogno di attingere da molteplici fonti; in essa poteva finalmente godere dell'inedita capacità di interagire con numerose persone.

6) Oggetti transitori e fenomeni transitori

Tra gli anni cinquanta e sessanta del Novecento il pediatra e psicoanalista inglese Donald Winnicott descrisse i vari stadi attraverso cui un bambino indifeso e dipendente dai genitori sviluppa gradualmente, attraverso i vari stadi del ciclo umano, una naturale emancipazione psicologica. Tra i vari fattori che contribuiscono a una sana crescita, Winnicott individuava in particolar modo le cure parentali, identificando negli oggetti, nei suoni e nei pensieri un valido sostegno per aiutare il bambino a superare il delicato momento della separazione dalla madre senza subire il trauma dell'abbandono. In particolare sottolineava l'importanza delle coperte o dei pupazzetti morbidi, che definiva « oggetti transizionali »: pur non potendo sostituire l'affetto di una madre, la consistenza di un orsetto di peluche o di una coperta, simile a quella del seno materno, avrebbero potuto dare conforto e creare attaccamento in un bambino, regalando un momento di respiro a una madre indaffarata.

Secondo Winnicott, ad aiutare il bambino a superare il trauma della separazione non sarebbero solo i cosiddetti oggetti transizionali, ma anche, per esempio, la voce della madre proveniente da una stanza vicina, che rassicura il bambino sulla sua presenza ma al tempo stesso lo abitua a non vederla accorrere subito in suo soccorso. La consapevolezza che la madre stia vegliando su di lui con il pensiero aiuta il bambino a crescere e a svilupparsi autonomamente, così come tutte quelle esperienze che Winnicott definiva « fenomeni transizionali », ovvero quei suoni e quei pensieri che non sono tangibili ma che comunicano al neonato la presenza della madre.

Emmy era la classica moglie « appiccicosa » che rendeva la vita impossibile al marito perché non lo lasciava mai solo: Tobin non poteva mai avere cinque minuti di pace nella sua vita coniugale senza che sua moglie non lo tampinasse con la sua presenza e con la sua voce. Un giorno, mentre riordinava il guardaroba del marito, Emmy scovò una rivista pornografica. Presa dalla curiosità, si sedette e iniziò a sfogliare le pagine piene di donne nude. Fino a quel momento non avrebbe mai pensato di poter avere una fantasia sessuale, così fu sorpresa quando scoprì che si stava eccitando, in particolare davanti alla foto di un uomo nudo che faceva sesso con una donna nuda. Immaginò di essere al posto della donna e si chiese come sarebbe stato tradire Tobin. Poi si masturbò davanti a quella foto, scoprendo così un nuovo hobby. Con il passare del tempo divenne sempre meno ossessiva nei confronti del coniuge, che da parte sua, non avendo cambiato niente del suo comportamento, non riusciva a spiegarsi l'atteggiamento più rilassato della moglie. Inconsciamente Emmy aveva trasformato le sue fantasie in fenomeni transizionali che la stavano aiutando a superare lo stato di totale simbiosi e ad affrontare la separazione psicologica dal marito. In questo caso entrambi i coniugi giovarono di una maggiore libertà e indipendenza. Emmy non ha mai parlato a Tobin della rivista porno, ma in qualche modo è convinta che la pornografia le abbia restituito un suo universo privato.

7) Comunicare i conflitti interni

Talvolta le fantasie sessuali possono assolvere alla primaria funzione di comunicare un conflitto psicologico profondo, inespresso e inelaborato. Benché in alcuni casi l'autore della fantasia sia cosciente del conflitto, molto spesso questo sfugge alla coscienza e quindi anche all'elaborazione.

Garcia, un insegnante ventiquattrenne fresco di laurea, mi confidò la sua fantasia predominante con molta vergogna, parlandomi degli alunni delle sue classi, quasi tutti ragazzini di età compresa fra gli undici e i dodici anni. Mi ripeté che mai e poi mai li avrebbe toccati con un dito. Conosceva bene il dramma della pedofilia e nell'ambito della sua formazione universitaria aveva perfino seguito lezioni specifiche sulle devastanti conseguenze dell'abuso sessuale sui bambini. Mi assicurò che da questo punto di vista i suoi giovani studenti erano più che al sicuro. Le sue inclinazioni pedofile, infatti, rimanevano confinate nella sua mente. Se si escludevano le sue fantasie, che se tradotte in realtà lo avrebbero spedito in carcere, Garcia era una persona intelligente, giudiziosa e molto comprensiva. Quando approfondii la sua storia (una storia costellata di episodi di violenza precoce di vario tipo), iniziai a ipotizzare che il suo desiderio di avere rapporti sessuali con ragazzini undicenni non fosse un desiderio istintivo di far loro del male (anche se quello sarebbe stato l'effetto), bensì un tentativo disperato di amare un bambino nello stesso modo in cui avrebbe voluto essere amato alla stessa età, quando i genitori lo avevano mandato in un collegio all'estero. Garcia ricorreva a quella fantasia masturbatoria per «alleviare» il suo stato di angoscia e confusione. Grazie al nostro colloquio, ho potuto indirizzare Garcia da un collega psicoterapeuta specializzato nei casi di giovani pazienti con fantasie o tendenze pedofile. Spero che questo lo aiuti a gestire i suoi impulsi e a diventare meno timoroso dei partner della sua età, siano essi di sesso femminile o, com'è più probabile, maschile.

8) Tendenze masochistiche
Non sempre le fantasie sessuali sono un mezzo per procurarsi piacere; talvolta possono essere uno strumento autopunitivo per una colpa reale o immaginaria. Al contrario di quanto si potrebbe pensare, tuttavia, tali fantasie masochistiche non emergono in seguito a un fallimento, bensì in seguito a un grande successo. Fu Freud a scoprirlo per primo osservando che pochi individui riescono a sopportare la colpa di avere più successo dei propri genitori la maggior parte, invece, si «autosabota» per alleviare il proprio senso di colpa.

Jocelyn, una consulente societaria di mezza età, aveva da poco ottenuto una promozione, un consistente premio di anzianità, un nuovo ufficio e una Mercedes Benz. Dal punto di vista professionale, poteva considerarsi una donna arrivata, ma tale successo aveva avuto notevoli ripercussioni a livello psichico. Nel tempo libero, comodamente rilassata nel suo nuovo ufficio, aveva iniziato a navigare su Internet in cerca di siti pornografici sadomaso e di tanto in tanto si era masturbata seduta alla sua scrivania di sera quando pensava che tutti gli altri fossero andati a casa. Un giorno il suo capo aveva scoperto la sua abitudine segreta e lo aveva riferito a un superiore. Jocelyn era stata ammonita ufficialmente ed era sopraffatta dalla vergogna di «essersi fatta male da sola». Con molta probabilità il successo ottenuto sul lavoro aveva attivato in lei un senso di colpa inconscio che aveva cercato di alleviare autosabotandosi, ovvero navigando sui siti porno dal computer del lavoro e non, come sarebbe stato più facile e innocuo, da quello di casa.

9) Difesa contro l'intimità

Per taluni di noi la prospettiva dell'intimità è così terrificante che facciamo di tutto per erigere possenti barriere contro ogni possibile relazione interpersonale. Pur non sposando la tesi secondo cui per salvaguardare il proprio equilibrio psichico bisogna aspettare di essere adulti prima di intrattenere una relazione sessuale, ritengo che bisognerebbe perlomeno «essere pronti» a costruire delle relazioni intime. Capita spesso, per esempio, che molte vedove e vedovi scelgano di non risposarsi non perché non siano in grado di reggere una relazione ma per molte altre ragioni, tra cui un comprensibile senso di fedeltà nei confronti del proprio partner oppure, come accade a molti, per la tendenza a considerare l'intimità non come una meta ambita bensì come un ostacolo terrificante.

Ho conosciuto l'esperienza di Dora nell'ambito delle interviste per il Progetto di ricerca sulle fantasie sessuali britanniche. Dopo una lunga relazione con un ragazzo che in seguito era morto nella guerra del Golfo, non aveva mai accettato neanche un invito a cena con un possibile partner. Giunta all'età di trentanove anni, non aveva una relazione da ormai tre lustri. Subito dopo la tragica morte del fidanzato, aveva sofferto di una grave depressione che tuttavia era riuscita a superare grazie all'aiuto di amici e famigliari, per poi tornare al suo impiego nella locale amministrazione. Purtroppo però non era mai riuscita a riacquistare la grinta e la vitalità di un tempo. In un primo momento aveva perso anche qualsiasi forma di libido, ma dopo due o tre anni si era imbattuta in una libreria locale specializzata in letteratura erotica femminile; così, da una decina di anni aveva vissuto di sole fantasie masturbatorie alimentate dai libri. Le sue fantasie preferite riguardavano scene romantiche con coppie che si crogiolavano sulla spiaggia o giocavano sotto una cascata. La prospettiva di fare sesso con un uomo reale anziché con un personaggio immaginario rimaneva una meta troppo ardita per una donna che aveva subìto un trauma così grave. In seguito al nostro colloquio, indirizzai Dora a un centro di salute mentale della sua regione al quale avrebbe potuto rivolgersi per ricevere un consulto o per intraprendere un percorso di analisi.

Tengo a precisare che per meno del 5% dei casi mi è capitato di consigliare alle persone intervistate un consulto psicologico. La maggioranza dei colloqui non hanno fatto emergere nulla di preoccupante che rendesse opportuna o raccomandabile una psicodiagnosi.

10) Sfogo per l'aggressività

Come abbiamo già avuto modo di verificare, numerose fantasie sessuali hanno una forte componente di violenza, più o meno evidente. Molti di noi (sebbene non tutti) condivideranno che arrotolare con lo spago un partner come si farebbe con un tacchino sia un atto aggressivo; ma come classificare altre attività come il « trafiggere », lo « speronare » e altre forme potenzialmente « brutali » che compongono la « comune » sessualità?

Cory, uno studente universitario di venti anni, si masturbava pensando a Kylie Minogue. Aveva la stanza ricoperta di poster che la ritraevano e si eccitava guardando i suoi DVD. Quando gli chiesi di parlarmi in modo più approfondito della sua fantasia preferita – « una notte con Kylie » – continuò: « La butto sul letto, le strappo i vestiti e glielo ficco dentro. Le do un po' di colpi e me la scopo per bene, sentendo il rumore della sua testa che sbatte contro la testiera del letto ». Se tale fantasia si realizzasse e se Kylie Minogue accettasse di fare sesso con Cory, nessuno potrebbe accusarlo di fare niente di sbagliato o illegale. Il loro sarebbe semplicemente un esempio di rapporto sessuale impetuoso. Eppure la componente « aggressiva » è piuttosto evidente e traspare in modo particolare dalla scelta di verbi di azione come « buttare », « strappare », « ficcare », « scopare » e « sbattere ». Pur essendo all'apparenza una persona serena, Cory veniva da una famiglia difficile e disagiata. Dai suoi racconti emersero esperienze che spiegavano in larga parte la sua rabbia e anche il fatto che attraverso la fantasia sessuale con la celebre pop star sfogasse un'aggressività a lungo repressa.

11) Fuga da una realtà dolorosa
Se è vero che tutte le fantasie contengono desideri, alcune si basano su quelli che potremmo chiamare « desideri aspirazionali » (per esempio: « Spero che un giorno, se sarò fortunato, potrò dormire con Scarlett Johansson »); ovvero su desideri che, pur non essendo necessariamente realistici, rappresentano l'aspirazione verso un contatto possibile: del resto anche Scarlett Johansson avrà avuto delle relazioni, il che equivale a dire che qualcuno sarà riuscito nell'intento. Molti nutrono simili ambizioni nei riguardi della lotteria nazionale: dal momento che qualcuno è riuscito a vincere, anche se le eventualità sono irrisorie, la vincita è comunque possibile. Altri desideri, tuttavia, benché sentiti, non sono realizzabili, ma servono da edulcoranti per mascherare aspetti della realtà altrimenti troppo dolorosi. Chiamerò questi ultimi « desideri progressivi » (per esempio: « Un giorno mi sveglierò e sarò una persona nuova dal fascino irresistibile, magari Mel Gibson, e le donne mi correranno dietro a frotte »). Avere fantasie su una star di Hollywood non è certamente un reato; ritengo tuttavia che immaginare di essere un'altra persona ci impedisca di accettare la pancetta della mezza età, la calvizie galoppante, i seni cadenti, le zampe di gallina intorno agli occhi e tutti gli altri segni dell'invecchiamento che ci ricordano l'inevitabile appuntamento con la morte.

Lana era una donna di trentanove anni che desiderava disperatamente un bambino. A causa di una tragica caduta mentre faceva alpinismo, tuttavia, era rimasta paralitica dalla vita in giù e il suo medico le aveva confermato che non avrebbe mai potuto avere figli. Pur essendo ormai incapace di provare l'orgasmo o qualsiasi altra sensazione fisica nella metà inferiore del corpo, Lana continuava comunque ad avere fantasie erotiche, che chiamava «sogni sessuali», in cui un avvenente guardia forestale la salvava dalla caduta, faceva l'amore con lei, la metteva incinta e poi, nove mesi dopo, l'aiutava a dare alla luce uno splendido bambino, sano e fisicamente perfetto. In un primo momento considerai questa fantasia comprensibilissima per una persona nelle condizioni di Lana, finché non scoprii che durante il giorno Lana provava così tanta vergogna per il suo handicap e per il suo fisico menomato che non usciva mai di casa. Negli anni aveva incontrato molti uomini in carrozzina che erano diventati semiparalitici a causa di incidenti di vario tipo, ma non era riuscita a interessarsi a nessuno di loro, poiché continuava a desiderare uomini perfettamente sani. Certamente l'immaginazione le offriva un momentaneo conforto; più che di tipo aspirazionale, tuttavia, mi sembrava che la sua fantasia fosse di natura «antiprogressiva»; per questo indirizzai Lana verso un centro di salute mentale del Nord dell'Inghilterra, dove speravo che parlando con un mio valido collega avrebbe imparato ad accettare il suo fisico e la sua reale condizione.

12) Sfogo di impulsi sadici

Anche se in molti casi le fantasie sessuali permettono di sfogare l'aggressività, capita di tanto in tanto che tali impulsi oltrepassino i limiti dell'ordinaria negatività umana straripando nell'ambito della patologia criminale. Le fantasie sessuali possono spesso fungere da valvola di sfogo per gli impulsi più sadici e in alcuni casi fungere perfino da campanellini d'allarme per la polizia, per gli psicologi forensi e per altre figure chiamate a vigilare sulla potenziale pericolosità degli individui. Purtroppo sappiamo poco sulle fantasie sessuali degli assassini; conoscerle aiuterebbe a distinguere gli individui che hanno pure fantasie criminali da quelli che trasformano tali fantasie in crimini efferati. Dai diari di carcere del pluriomicida Dennis Nilsen, responsabile della morte di dodici ragazzi nella sua casa di Muswell Hill, a nord di Londra, e dello smembramento dei loro cadaveri, si scopre che era solito masturbarsi pensando a dei corpi morti. Se solo le autorità di polizia o i servizi psichiatrici fossero stati a conoscenza delle fantasie masturbatorie fin dall'adolescenza di Nilsen, forse sarebbe stato identificato come un paziente «ad alto rischio» e avrebbe ricevuto in tempo le cure necessarie.

Incontrai Whitney durante la prima fase di interviste psicodiagnostiche per questo progetto di ricerca. Fin dal momento in cui varcò la soglia del mio studio intravidi in lui alcuni segni sospetti di paranoia: occhi saettanti, occhiate furtive e uno sguardo pietrificato molto simile alle fisionomie di quei pazienti a lunga degenza del reparto psichiatrico con cui avevo lavorato anni prima, solo molto più sinistro. Questo uomo di cinquantasei anni si mostrò molto cooperativo, rispose a tutte le mie domande e non ebbe nessuna esitazione a dirmi che la sua fantasia sessuale preferita consisteva nell'estrarre sangue dal corpo di una donna. Whitney, che era divorziato, mi spiegò che non aveva mai fatto sanguinare una donna e che non riteneva di essere pericoloso; nonostante ciò, la vista del sangue nella sua fantasia gli provocava una forte eccitazione. Devo confessare di non essere riuscito, malgrado notevoli sforzi, a stabilire alcuna connessione simbolica fra le esperienze infantili di Whitney e il suo amore per il sangue. Le sue risposte erano piatti monosillabi simili a grugniti che, pur dando l'impressione di essere esaustive, non mi permettevano di costruire un autentico colloquio diagnostico. Spesso uno stile interpersonale così anemico è di per sé indicativo di un tormento interiore più radicato. Di solito con questa tipologia di pazienti si ha bisogno di effettuare diversi colloqui per un lasso di tempo più ampio prima di stabilire le opportune connessioni. La seduta con Whitney fu così impegnativa da trasformarsi in una vera tortura; quando lasciò la stanza mi sentii addirittura sollevato. A tutt'oggi non mi è dato sapere se abbia mai fatto del male a una donna; non posso esserne certo. Sospetto invece che le sue fantasie gli permettessero di sfogare un odio violento che, se fosse rimasto inespresso, si sarebbe potuto senz'altro trasformare in un eccesso criminale.

13) Vincere un trauma

Se in molti casi le fantasie sessuali sono un mezzo per vincere un trauma, il suo superamento non implica necessariamente lo sfogo di un sadismo inconscio; spesso l'erotizzazione del trauma diventa semplicemente una soluzione creativa a un evento esistenziale doloroso.

Bunny mi sorprese rivelandomi di non aver mai avuto una fantasia sessuale. In effetti i dati dei questionari elaborati al computer mi avevano anticipato che una piccola percentuale composta soprattutto da donne aveva dichiarato di non avere fantasie sessuali, ma nessuno dei partecipanti alle interviste faccia a faccia rientrava in questa categoria. Del resto perché mai qualcuno si sarebbe sottoposto volontariamente a un colloquio psicodiagnostico di cinque ore sul tema se non avesse mai avuto una fantasia erotica? Così, inarcai le sopracciglia un po' incredulo, dopodiché Bunny mi confessò: « Be', d'accordo, credo di avere delle fantasie, ma non così interessanti come quelle che sarà abituato ad ascoltare ». Ventidue anni, apprendista parrucchiera, questa ragazza mi disse che ogni volta che chiudeva gli occhi per masturbarsi vedeva un cielo pieno di stelle luccicanti. La eccitava il solo pensiero di queste stelle talvolta gialle, talvolta rosse, talvolta arancioni. La lucentezza e lo splendore delle stelle la stimolavano al punto da condurla all'orgasmo. A suo dire, aveva tale fantasia solo da un anno. Poco dopo appresi che diciotto mesi prima, mentre tornava a casa dal lavoro, due adolescenti l'avevano aggredita, l'avevano spinta per terra stordendola parzialmente, poi le avevano strappato la gonna e l'avevano violentata, penetrandola senza preservativo. Per fortuna non era rimasta incinta né aveva contratto nessuna malattia, ma l'aggressione fisica, sessuale e psicologica l'aveva gettata in uno stato di ansia e depressione profonde e l'avevano tenuta lontana dal lavoro per oltre sei mesi. Tornata al lavoro, aveva conosciuto un giovane parrucchiere di nome Donovan, con il quale aveva iniziato una relazione che si era rivelata un'ottima esperienza correttiva. Mentre faceva l'amore con Donovan, Bunny pensava solo a lui, mentre durante la masturbazione immaginava un cielo pieno di stelle scintillanti.

L'idea che una donna trovasse erotico un cielo stellato mi lasciava perplesso, così cercai di approfondire il caso, senza riuscire a venirne a capo. Poi giocai di intuito e pensando all'espressione «vedere le stelle», che si usa di solito quando si urta la testa, chiesi a Bunny che cosa avesse pensato quando i due stupratori l'avevano scaraventata per terra e le avevano strappato i vestiti prima di violentarla. Con mia grande sorpresa Bunny, in modo del tutto inconsapevole, mi rispose: «Vidi le stelle. Sa, come tante lucette che si accendevano davanti ai miei occhi. Credo che fosse perché avevo sbattuto la testa».

Credo che Bunny abbia davvero «visto le stelle» al momento dell'impatto e che concentrandosi su quelle luci abbia cercato di distogliere la mente dalla terribile violenza che stava subendo. Dopo anni di colloqui con persone che da bambine sono state vittime di stupri, posso affermare che, quando inizia la penetrazione, le giovani vittime spesso immaginano di galleggiare al di sopra di se stesse, in una sorta di stato dissociato, come se la persona violentata fosse un'altra. Concentrandosi sulle stelle anziché sullo stupro, Bunny era ricorsa a una strategia simile, e questa manovra mentale l'aveva aiutata a superare psicologicamente il dramma. Quando poi aveva iniziato a masturbarsi, le stelle e le altre luci colorate si erano trasformate in fonti di piacere sessuale, contribuendo all'erotizzazione del trauma e al suo successivo superamento, al quale era pervenuta grazie soprattutto all'amore e alla gentilezza del suo compagno Donovan.

14) Equilibrare la persona

Da quando ho intrapreso questa ricerca mi sono più volte chiesto come sarebbe la psicologia umana se l'uomo non avesse la capacità di fantasticare e sono giunto alla conclusione che sarebbe terribilmente triste. Per quanto molte fantasie possano essere sinistre, scioccanti o per certi versi perverse, sono certo che siano estensioni della nostra creatività, di quella stessa creatività che consente agli scrittori di elaborare trame complesse, ai pittori di ideare nuove opere d'arte, ai musicisti di comporre nuove melodie e armonie originali e ai comuni mortali di sostenere una conversazione brillante durante una cena o un appuntamento al bar. Oltre a nutrire la nostra creatività, le fantasie possono salvarci dall'esaurimento, dalle crisi di identità, svolgendo un ruolo riequilibrante e stabilizzante sul piano psicologico.

Tyler è un trentenne sano di mente e molto capace, impiegato in una banca d'investimento. Profondamente stressato a causa delle eccessive responsabilità finanziarie, si sente spesso « sull'orlo di un esaurimento », seppur nel senso colloquiale e non psichiatrico del termine. In altre parole, anche se non ci sono prove che possa presto diventare schizofrenico, sicuramente ha la sensazione che da un momento all'altro possa crollare.

Interrogato sul ruolo che il sesso e le fantasie sessuali avevano nella sua vita, Tyler mi rispose in modo piuttosto eloquente: « Mi aiutano a non uscire di testa. Se mentre ho una bega fra le mani non potessi fantasticare, credo che la mia testa potrebbe esplodere come nei cartoni animati ». Nel corso del colloquio scoprii che Tyler aveva fantasie piuttosto normali: fare sesso con la sua ragazza o con Britney Spears, qualche scena di bondage (« niente di troppo spinto») e qualcun'altra in cui comparivano ciliegie e panna montata. Se paragonate ad altre fantasie descritte in questo libro, quelle di Tyler sembrano piuttosto banali, eppure gli permettono di soddisfare i desideri ma anche di vincere lo stress, di combattere la depressione e, nel caso specifico, di preservare la sua sanità mentale.

22. Possono esserci fantasie senza trauma

« Vuole il mio grande desiderio
che io scriva i miei sonetti ».

Elizabeth Barrett Browning, *From Heine*

Il cambio manuale di Tom Cruise e il sorriso di Michelle Pfeiffer

Tutte le fantasie derivano da traumi fisici o sessuali, da abusi infantili o da umiliazioni? Considerando i casi esposti nei capitoli precedenti sembrerebbe che tutte le persone intervistate abbiano subìto abusi fisici, violenze sessuali o umiliazioni corporali di qualche tipo. In realtà non tutti abbiamo subìto questo genere di crudeltà durante l'infanzia; ma se così fosse, possono questi episodi considerarsi causa sufficiente della natura di tali fantasie?

Il ritorno di Jasper

Ho iniziato questo studio discutendo il caso di Jasper, un giovane uomo d'affari, una persona economicamente privilegiata che sembrava avere tutto tranne la serenità mentale. Malgrado avesse una fidanzata meravigliosa, una carriera brillante, beni prestigiosi e una vita sociale folgorante, dal punto di vista sessuale, Jasper era ossessionato dalla fantasia in cui vedeva giovani donne battersi con indosso i guantoni da boxe e si masturbava davanti a un DVD tedesco che inscenava tale copione. Nella prima parte del libro avevo accennato al caso di Jasper per illustrare la natura privata delle fantasie sessuali, le diverse tipologie e il loro impatto su un legame sentimentale, senza fornire alcun dettaglio biografico sull'infanzia di Jasper o sui fattori che potrebbero aver contribuito al formarsi di tale predilezione masturbatoria.

Ho scelto di iniziare la mia dissertazione proprio da Jasper perché in apparenza si trattava di un individuo « normale », di un uomo di successo, socialmente ben inserito; il tipico uomo con cui ogni donna vorrebbe uscire e che ogni uomo vorrebbe emulare. Eppure, dietro quella superficie perfetta, Jasper nascondeva un segreto che lo tormentava. Ma che cosa c'era all'origine della sua fantasia? Quando gli domandai perché quelle *Fräulein* che praticavano la boxe lo eccitassero così tanto non riuscì a darmi una risposta soddisfacente; restò interdetto, non distinguendosi in questo da tutti gli altri intervistati.

Malgrado la sua indubbia dialettica, faticava a trovare le parole quando si trattò di raccontarmi la sua storia familiare. Mi raccontò che era cresciuto in una zona disagiata dell'Essex, unico figlio maschio di una coppia di genitori in guerra fra di loro, con una sorella, Linette, di cinque anni più grande. A suo dire, i suoi erano « estremamente » giovani: alla sua nascita, sua madre aveva ventidue anni e suo padre ventiquattro. Spesso disoccupato a causa del vizio dell'alcol, trovava difficoltà a mantenere la famiglia anche perché, quando riusciva a trovare lavoro in fabbrica, veniva spesso e volentieri licenziato nel giro di qualche mese. Sua madre faceva la cassiera in un supermercato ed era più affidabile dal punto di vista economico. Pur portando a casa uno stipendio regolare, tuttavia, aveva poco tempo da dedicare al piccolo Jasper, che subì una carenza affettiva alla quale la sorella e qualche vicino avevano supplito di tanto in tanto. Era questo lo scenario quasi dickensiano che si celava dietro la sua nuova vita da uomo di successo.

Fortunatamente Jasper non era stato vittima di abusi fisici o sessuali, non aveva subìto gravi lutti ed era fisicamente in buona salute. Dal punto di vista affettivo, tuttavia, si sentiva trascurato e abbandonato: l'alcolismo del padre e il lavoro a tempo pieno della madre lo avevano reso ben presto un abile fantasista, dedito a inventare storie e giochi e a fluttuare di continuo in un mondo onirico creato a sua immagine.

Un giorno, quando aveva dieci anni, rientrando da scuola Jasper aveva udito delle grida provenire dalla camera dei suoi, al piano di sopra. A mano a mano che saliva, le urla si facevano più forti e sentì anche rumore di schiaffi e pugni. Chiamò sua madre, che gli gridò di correre in camera sua e di chiudersi a chiave. Jasper obbedì ma tenne l'orecchio incollato alla porta. Le urla divennero sempre più forti, poi si spostarono sulle scale; infine udì sbattere la porta d'ingresso.

Timidamente quel bambino di dieci anni uscì dalla stanza e trovò sua madre accasciata in fondo alle scale, con la faccia viola di lividi, che si stringeva le costole con un'evidente smorfia di dolore. Gli spiegò che suo padre era uscito e non sarebbe tornato mai più. In effetti, dopo quell'episodio, Jasper non rivide più suo padre. Evidentemente i due erano da tempo alle prese con problemi coniugali e con episodi di violenza domestica che avevano cercato di tenere nascosti. L'alcol aveva certamente esasperato la situazione inducendo l'uomo ad accanirsi contro la moglie, a ricoprirla di pugni e poi a scaraventarla giù per le scale causandole la rottura di una costola. Jasper non ricorda lacrime, solo smarrimento e le parole della madre che gli dicevano: «Adesso che tuo padre se n'è andato, amore, sei tu l'uomo di casa».

Questo doloroso episodio aveva trasformato radicalmente l'infanzia di Jasper e io fui molto toccato dal suo racconto. Privato di una figura maschile di riferimento, a un certo punto il ragazzo aveva temuto di diventare una «checca», così, per indurirsi, a scuola aveva iniziato a frequentare un gruppo di piccoli bulli. A quattordici anni lui e i suoi compagni avevano scoperto le riviste pornografiche e avevano organizzato spesso sedute di masturbazione collettiva nella cantina di uno di loro, passandosi le riviste ed eccitandosi alla vista delle foto di belle ragazze nude. Presto erano diventati dediti alla marijuana e a piccoli reati quali il taccheggio. Jasper mi confessò: «Avrei potuto benissimo diventare un delinquente; non so perché non l'ho fatto».

Per fortuna un insegnante riconobbe in lui una certa attitudine allo studio, così lo prese sotto la sua ala protettiva e lo aiutò a preparare l'esame di ammissione universitaria. Riuscì a entrare a Cambridge, dove iniziò a studiare Lettere. Grazie ai contatti maturati durante l'università, in seguito aveva trovato posto in una banca di investimento londinese e ora che aveva ventinove anni poteva dire di essere diventato ricco.

Jasper non ricordava a quando risalisse la prima fantasia sulle donne pugili; era certamente una fantasia datata, precedente all'acquisto del DVD tedesco. Si era imbattuto in BOXEN-FRAUEN per caso e, dopo esserne entrato in possesso, aveva iniziato a pensare che altri condividevano la sua fantasia «perversa», per lui fonte di vergogna e sensi di colpa.

Domandai a Jasper se avesse mai praticato il pugilato o indossato i guantoni per qualche motivo. Con mia grande sorpresa, mi rivelò di non aver mai visto un paio di guantoni tranne quelli del DVD. Ci guardammo entrambi stupiti, in cerca del motivo per cui i guantoni da pugilato fossero stati investiti di una tale valenza erotica. Durante la mia ricerca avevo incontrato altre persone con una mania feticista per una stoffa, una coperta, uno stivale in lattice o un paio di mutandine, ma in tutti i casi era sempre emersa una connessione tra la loro propensione per quell'oggetto e un episodio dell'infanzia a esso legato. Nel caso specifico, invece, non riuscimmo a trovare nessun collegamento.

Discutendo con Jasper della sua fantasia in cui due splendide donne formose e seminude si scambiavano pugni, mi interrogai sul perché dello scenario omosessuale chiedendogli se aveva fruito di altri prodotti pornografici a sfondo saffico. Molto candidamente ammise di aver visto numerosi video lesbici nel corso di addii al celibato o di altre «serate per soli uomini» durante le quali, pur avendo apprezzato le splendide ragazze superdotate, non aveva provato nessuna eccitazione. Per avere un'erezione aveva bisogno di contemplare le ragazze e i guantoni *insieme*: i soli guantoni lo lasciavano indifferente, così come le ragazze a mani nude.

Ho insistito a lungo con Jasper sulla componente omosessuale del suo fantasma perché, come molti miei colleghi condividono, le fantasie sessuali a sfondo lesbico sono a torto considerate la prova inconfutabile dell'eterosessualità dell'uomo che le coltiva. Diversi studi sull'argomento hanno provato invece che gli uomini che hanno subìto in vari modi la privazione materna sono spesso portati a immaginare quattro seni anziché due, per il bisogno di compensare l'assenza (fisica o affettiva) della madre durante i primi anni di vita. Da qui la mia insistenza sull'interesse lesbico di Jasper, che senza dubbio aveva subìto una forte privazione emotiva durante l'infanzia, dovuta alla lunga assenza della madre a causa del lavoro.

Con il procedere del colloquio, il quadro della vita presente e passata di Jasper acquistava contorni sempre più delineati. Dai suoi numerosi racconti dedussi che il violento scontro tra i suoi genitori doveva essere stato l'unico episodio veramente traumatico della sua infanzia. Quando chiesi a Jasper se il padre avesse mai picchiato sua sorella Linette, mi rispose che, per quel che sapeva, non aveva mai alzato un dito sui figli, riservando tutta la violenza per la moglie. Jasper fu incuriosito dalla mia domanda e lo fu ancora di più quando gli chiesi di che colore avessero i capelli sua madre e sua sorella. Mi rispose che sua madre era bionda e sua sorella castana.

Allora gli esposi l'idea che le due donne della fantasia, rispettivamente una bionda e una bruna, potessero rappresentare sua madre e la sua sorella maggiore. Gli feci presente che in seguito all'episodio di violenza che aveva colpito la sua famiglia e alla richiesta della madre che lui diventasse l'uomo di casa alla tenera età di dieci anni, poteva essersi spaventato all'idea di addossarsi una così onerosa responsabilità senza avere la capacità fisica o emotiva di sostenerla. Forse aveva sentito la necessità di un supporto e vestendo la madre e la sorella con dei guantoni da boxe nella sua mente aveva voluto armarle, trasformarle in pugili in grado di difendersi nel caso in cui il padre o qualche altro uomo fosse tornato a minacciarle.

Jasper mi guardò allibito. Tirò su con il naso e replicò: «Non mi sembra che abbia molto senso. So che lo psicoterapeuta è lei, ma non mi sembra che sia così». Dopo anni di pratica clinica sono ormai abituato ai pazienti che rifiutano nettamente le mie ipotesi. Talvolta lo fanno perché le mie supposizioni sono effettivamente sbagliate; altre volte perché pronunciandole porto allo scoperto delle verità scomode che non sono ancora pronti ad affrontare. Non è raro che proprio quei pazienti mi riferiscano a distanza di tempo: «Si ricorda quello che mi disse l'anno scorso a proposito di mia madre? All'inizio mi era sembrato assurdo. Ci è voluto del tempo, ma a ripensarci credo proprio che avesse ragione».

Il fatto che Jasper avesse rifiutato la mia interpretazione non mi gettò nello sconforto. Spesso con i miei pazienti procedo per tentativi, offrendo loro delle ipotesi di indagine sulle quali riflettere insieme. In tal senso, vesto i panni di Watson anziché quelli di Sherlock Holmes. Dei due immortali personaggi di Conan Doyle, il primo è l'aiutante modesto, che non si preoccupa di sbagliare o di porre domande stupide, mentre Holmes è il detective infallibile che ha sempre la soluzione.

Quando spiegai a Jasper che con molta probabilità la mia ipotesi era infondata ma poteva rivelarsi utile per cercare di decifrare la sua fantasia, Jasper sembrò apprezzare e accettò l'invito a considerarla come uno spunto di riflessione.

Non ho più rivisto Jasper da quella volta e credo che non lo rivedrò mai più, perciò non so se è tornato a riflettere sul significato della sua fantasia masturbatoria; se abbia sentito il desiderio o il bisogno di decifrarla. Non posso sapere se le sue fantasie abbiano continuato a tormentarlo, se siano cambiate o se abbiano smesso di interferire con i suoi rapporti intimi con la fidanzata Lucy. Più volte sono stato tentato di intraprendere un ampio studio di follow-up a diversi mesi di distanza da quelle prime interviste, ma fino a questo momento i sempre maggiori impegni professionali mi hanno impedito di farlo. Pertanto non posso sapere se Jasper ha riscontrato una certa fondatezza nella mia ipotesi o se continui a considerarla del tutto inconsistente.

Come ho sottolineato nella prima parte del capitolo, di fronte a una fantasia talvolta si riesce a trovare la giusta chiave interpretativa, talvolta si fallisce, altre volte si individuano molte possibili chiavi, una sola delle quali può consentire l'accesso al segreto mondo dell'immaginario sessuale. Nei precedenti capitoli ho presentato numerosi casi emersi nel corso della mia ricerca, grazie ai quali spero di aver dimostrato che spesso lo psicoterapeuta può aiutare a identificare il trauma che si cela dietro una particolare fantasia sessuale ma, malgrado la sua esperienza e la sua bravura, non sempre riesce a trovare una soluzione o a fornire qualcosa di più certo di una «ipotesi di lavoro», che dovrà essere sottoposta a nuove verifiche ogni volta che emergerà un nuovo dato biografico.

Sulla base dei dati finora in mio possesso, derivanti dalla mia pratica clinica e dalle interviste psicodiagnostiche per la presente ricerca, posso concludere che le fantasie sessuali del 90% circa degli individui derivano dall'erotizzazione di eventi traumatici e presentano contenuti in gran parte coincidenti con quelli di un episodio traumatico subìto in età prepuberale. Per il restante 10% non ho potuto stabilire una connessione certa fra un particolare trauma infantile e una fantasia sessuale in età matura. È noto tuttavia che molti traumi giacciono repressi nell'inconscio e difficilmente emergono nel corso di un unico, seppure lungo, colloquio. Pertanto, nei limiti dei dati e del tempo avuto a mia disposizione, posso affermare che *il trauma è un fattore chiave nella genesi delle fantasie sessuali in età adulta*. Per quelle fantasie che non sembrano riconducibili ad alcun evento traumatico, infine, è possibile comunque stabilire un legame con un'esperienza infantile positiva.

Parzialità e dimensione collettiva della ricerca scientifica

Lavorando come psicoterapeuta freudiano ormai da vari anni, ho maturato un crescente interesse per due tematiche in particolare: l'impatto delle esperienze infantili e delle esperienze traumatiche (pre o postpuberali) sullo sviluppo della personalità adulta. Avendo ascoltato numerose testimonianze di disordini emotivi, sono giunto alla conclusione, condivisa peraltro da centinaia di migliaia di colleghi in tutto il mondo, che le esperienze della prima infanzia, specialmente quelle di natura traumatica, esercitano una forte influenza sulla nostra vita di adulti. La scoperta di tale correlazione lascerà indifferenti molti individui che, considerandolo troppo doloroso, preferiscono non conoscere l'impatto che un abuso o un abbandono esercita sulla vita adulta. Tuttavia, siccome casi simili sono all'ordine del giorno nella mia esperienza clinica, non posso esimermi dal riconoscere a essi un ruolo paradigmatico.

Qualcuno potrebbe obiettare che la visione degli psicoterapeuti, in particolare di quelli freudiani, sia viziata dal fatto di avere principalmente a che fare con pazienti che hanno avuto un'infanzia difficile, turbolenta o traumatica: nessuna persona felice, con alle spalle un'infanzia altrettanto serena, si rivolgerà mai a uno psicoterapeuta. Tuttavia, per quanto mi riguarda, non ho lavorato esclusivamente negli ospedali psichiatrici e nei centri di igiene mentale con pazienti vittime di abusi o fortemente disturbati; nella pratica privata ho incontrato, come di solito avviene, persone in condizioni decisamente migliori che, ciò nonostante, possono avere un trascorso di sofferenze che quasi sempre si ripercuote sul loro stile caratteriale.

Benché i pazienti con cui ho lavorato o le persone che ho intervistato per questo studio possano non costituire un campione rappresentativo dell'intera popolazione britannica, non possono considerarsi del tutto *non* rappresentativi. Inoltre, essendo stati selezionati a caso tra un campione di britannici *non ospedalizzati*, possono certamente ritenersi individui tendenti più verso la «normalità» che verso la patologia.

Ogni studioso del comportamento sociale al momento di intraprendere una ricerca deve confrontarsi con due problemi metodologici: il rischio del *sampling bias* (bias di selezione) e dell'*interviewer bias* (bias dell'intervistatore). Si incorre nel primo quando si cerca di trarre delle verità generali a partire da un campione non rappresentativo; se per esempio volessimo provare che tutte le donne britanniche amano la birra chiara, con molta probabilità otterremmo risultati diversi in funzione del campione selezionato: a seconda che si sottoponga il questionario a dieci donne sedute al bancone di un bar di quartiere, a un gruppo più ampio di donne in un pub o alle residenti di un convento. Tenuto conto di questo, qualcuno potrebbe obiettare che i casi da me considerati, in quanto contemplano quasi tutti episodi infantili di natura traumatica, non possano considerarsi rappresentativi dell'intera popolazione britannica. Si potrebbe supporre, per esempio, che solo un individuo traumatizzato accetterebbe di sottoporsi come volontario a un colloquio psicodiagnostico finalizzato a uno studio sulle fantasie sessuali.

Personalmente non posso provare che tutti i miei intervistati siano più traumatizzati della media britannica, tanto meno il contrario. Ma secondo un ragionamento diametralmente opposto, si potrebbe sostenere che solo un individuo con un ego molto forte e integro (in altre parole qualcuno dotato di una perfetta salute mentale o in perfetta armonia con se stesso) avrebbe la capacità di parlare liberamente delle proprie fantasie sessuali. In tale ottica, gli individui da me intervistati risulterebbero mentalmente *più sani* della media dei britannici. Francamente non sono in grado di giudicare; è certo però che mi sono sembrati tutti individui equilibrati, al pari di quelli che incontro nei miei spostamenti quotidiani. Per quanto mi è dato sapere, nessun intervistato era mai stato ricoverato in un centro psichiatrico, meno del 5% aveva fatto ricorso a un consulto psichiatrico e nessuno si era sottoposto a una psicoterapia o a una psicoanalisi intensiva. Posso solo affermare di aver raccolto con estrema accuratezza un vasto quantitativo di testimonianze, la maggior parte delle quali contengono la dolorosa prova clinica di vissuti infantili di carattere traumatico che in molti casi si sono ripercossi nello sviluppo sessuale degli individui in questione.

Al fine di ovviare a un possibile *sampling bias*, ho integrato i dati delle interviste con quelli di questionari anonimi sottoposti a 17.170 britannici (13.553 dei quali strutturati con risposte a scelta multipla e 3617 con risposte libere) – vale a dire a un campione realmente rappresentativo, selezionato dall'istituto di ricerca YouGov – che ha messo in evidenza come un numero altissimo di britannici abbia subìto un trauma indelebile in uno o più momenti della propria vita.

Quanto al rischio di un *interviewer bias*, ho cercato di

condurre con ognuno dei soggetti intervistati un colloquio il più esteso possibile, che affrontasse tutti gli aspetti della loro vita, dai loro hobby alle loro fantasie preferite. Pur evitando di interrogarli direttamente su eventuali traumi del passato, ho condotto le interviste secondo un approccio psicoterapico, astenendomi in molti casi dall'intervenire, in modo da consentire all'intervistato di procedere per associazioni libere, parlando senza inibizioni, al riparo da censure o restrizioni. L'intervallo di diverse ore trascorso a colloquio con ogni intervistato ha consentito di instaurare con ognuno un rapporto di fiducia grazie al quale ho avuto accesso alle sfere più private della loro vita. Pertanto, se ho condotto le interviste in modo troppo mirato, ritengo di averlo fatto perlomeno in un clima di serenità, grazie al quale sono emersi aspetti reconditi della psiche umana, che altrimenti sarebbero rimasti sepolti per sempre.

Ho scelto di sottolineare l'origine traumatica di molte fantasie sessuali sia perché tale dato appariva con sorprendente frequenza nel materiale a mia disposizione sia perché molti altri studiosi prima di me avevano constatato l'influenza dei traumi sui fantasmi erotici. Tutti noi vorremmo pensare di essere artefici della nostra vita sessuale, unici responsabili delle nostre fantasie, della scelta del partner, del materiale erotico e via dicendo. In realtà, i risultati dello studio dimostrano che abbiamo meno controllo sulle nostre fantasie e sui nostri gusti sessuali di quanto non crediamo. La risposta adeguata a tale problematica non è una mera speculazione accademico-sessuologica, bensì una questione di immediata rilevanza psichiatrica e sociale.

Benché abbia interessato un campione molto vasto, se si considerano i questionari anonimi e le interviste faccia a faccia, lo studio non si pone come un'indagine esauriente bensì come un piccolo contributo a un'esplorazione sempre più vasta dell'universo delle fantasie sessuali. La ricerca scientifica procede sempre per piccoli passi, fondando ogni nuovo contributo sui risultati delle precedenti generazioni di studiosi. In tal senso l'indagine scientifica non rimane appannaggio di un singolo autore, ma un'opera collettiva, in cui ogni studioso mette a disposizione degli altri il proprio contributo nella speranza che in futuro emerga un quadro completo. Prima di me Alfred Kinsey aveva già tracciato il cammino della ricerca sessuologica e Nancy Friday aveva promosso il dibattito pubblico sul tema delle fantasie sessuali. Con il presente studio, spero di aver applicato al meglio le loro metodologie, oltre agli strumenti della psicoanalisi freudiana e alle recenti teorie sul trauma psichico, fornendo il mio contributo per un approccio ampio e integrato allo studio della genesi e dello sviluppo della fantasia sessuale.

Quinta parte

Le fantasie sessuali e il mondo esterno

«Non importa cosa fate in camera da letto, purché non lo facciate per strada spaventando i cavalli».

Beatrice Stella Patrick Campbell (1865-1940), attrice

23. Le fantasie rovinano i rapporti?

> « Dodici anni non vuol dire essere una coppia felice. Significa solo essere una coppia longeva ».
>
> Neil Simon, *La strana coppia*

Un caso di dipendenza dalla pornografia su Internet

Quale impatto hanno le fantasie sessuali sui rapporti di coppia? Le fantasie aumentano il piacere della relazione o la mettono a repentaglio? Proviamo a fornire una risposta esauriente a tali interrogativi analizzando il caso clinico che segue.

Dalla fine degli anni novanta, a causa della diffusione di Internet, mi è capitato di occuparmi di un numero crescente di coppie coniugate o conviventi che si sono rivolte a me per una psicoterapia congiunta dopo che, nella maggior parte dei casi, la donna aveva sorpreso il compagno a navigare ossessivamente su Internet in cerca di siti pornografici. Con il passare degli anni i miei colleghi e io abbiamo constatato un espandersi del fenomeno con un conseguente aumento delle richieste di terapia di coppia inerenti al problema. La pornografia telematica e il suo uso compulsivo (e talvolta perverso) sono diventati una problematica così preoccupante da spingere la società britannica che riunisce gli psicoterapeuti che si occupano di psicoterapia di coppia (Society of Couple Psychoanalytic Psychotherapists), di cui anch'io faccio parte, a dedicarvi almeno tre diverse conferenze e giornate di studio nel solo biennio 2005-2006.

Consideriamo il caso dei Jaccoby, due coniugi di bell'aspetto, affabili e istruiti di trentasei e trentacinque anni, che arrivarono nel mio studio profondamente angosciati. Dopo circa dieci anni di una vita sessuale appagante, i due avevano smesso di avere rapporti dopo la nascita di due gemelline. Entrambi attribuivano la causa dell'astinenza alle continue richieste di attenzioni da parte delle neonate che lasciavano loro poco tempo da dedicare al sesso, tranne le brevi pause della nanna, quando però anche loro si addormentavano per recuperare il sonno perduto. Nessuno dei due sembrava particolarmente preoccupato della situazione, contando che avrebbero recuperato l'intimità quando le gemelline fossero diventate più indipendenti e avessero smesso di svegliarli nel cuore della notte.

Un giorno la signora Jaccoby prese il coraggio di chiedere al marito se avesse ripreso a masturbarsi; una domanda legittima, dato che i due non avevano rapporti da circa un anno. Il signor Jacobby sostenne di non masturbarsi, perché le bambine gli prosciugavano tutte le energie, e così fece anche la moglie. Ognuno dei due credeva nella sincerità dell'altro, dal momento che, come sottolineò la signora Jacobby, «il nostro rapporto si è sempre basato sulla più completa fiducia e onestà».

Ma una sera la signora Jacobby andò a letto presto, intorno alle 21, con un brutto mal di gola, lasciando il signor Jacobby intento a badare alle bambine. All'una di notte si svegliò e scoprì che il marito non era accanto a lei, così indossò la vestaglia e le pantofole per andarlo a cercare. Con grande sorpresa e stupore, lo trovò addormentato nel suo studio, davanti al computer, con i pantaloni abbassati fino alle caviglie, e una salvietta spiegazzata in mano. Guardò lo schermo e fu presa dallo sconforto intuendo che si era masturbato finché non si era addormentato guardando un sito pornografico che permetteva di osservare a pagamento delle donne che si infilavano degli enormi oggetti pericolosi nella vagina.

Infuriata, la signora iniziò a imprecare contro il marito che si svegliò di soprassalto, pieno di vergogna e di umiliazione, impossibilitato a negare l'evidenza dal momento che era stato colto sul fatto. Chiese subito il divorzio, accecata dall'ira e indispettita non solo per il fatto che il marito sprecasse i loro sudati risparmi per comprarsi quella « schifosa pornografia », ma anche perché in un solo colpo le aveva mentito, l'aveva presa in giro e soprattutto le aveva svelato le sue fantasie sadiche. Come avrebbe potuto fare l'amore con lui dopo che aveva scoperto che si eccitava guardando donne che si masturbavano con i più svariati aggeggi?

Quando arrivarono nel mio studio la situazione sembrava molto grave. La signora Jacobby era arroccata sulle sue posizioni, come un avvocato dei migliori thriller giudiziari che ha montato un'arringa inattaccabile contro un imputato demente e ha tutte le intenzioni di farlo marcire in galera per il resto della sua vita. « Non posso più accettare questo matrimonio » urlava « perché in un colpo solo ho scoperto che mio marito è un imbroglione, un bugiardo, un maniaco sessuale e uno psicopatico ». Le sue grida erano così impetuose che temevo che da un momento all'altro il mio collega nella stanza vicina avrebbe bussato alla porta per chiederci di fare silenzio.

Il signor Jacobby cercava di difendersi in tutti i modi. Spaventato all'idea che la moglie chiedesse la custodia delle figlie oltre che il divorzio, si disse pronto a intraprendere qualsiasi forma di riabilitazione pur di salvare il matrimonio, al punto da prendere il portafoglio, estrarne le carte di credito e consegnarle alla moglie, sperando che accettasse di fargli da carceriera impedendogli di usare le carte di credito per accedere ai siti Internet.

La signora Jacobby scaraventò con disprezzo le carte di credito sul pavimento del mio studio e gridò con mio stupore: « Anche se smetti di andare su Internet quelle immagini ormai ce le hai in testa. Per tornare indietro ci vorrebbe una lobotomia! » Per molti versi la signora Jacobby era andata dritta al cuore del problema. A contrariarla non era tanto che il marito fosse ricorso alla pornografia, quanto il fatto che, restando immagazzinate nella sua mente, avrebbe potuto rievocare quelle immagini durante i loro futuri rapporti sessuali o avrebbe potuto averle usate per eccitarsi durante i loro rapporti passati. Il tormento della signora Jacobby derivava dall'aver scoperto che il marito l'avesse tradita non all'esterno, bensì *all'interno del matrimonio*.

Come molti uomini nella sua situazione, il signor Jacobby si giustificò dicendo che le donne del sito non significavano niente, che non ne conosceva neanche il nome. E ovviamente si difese dicendo: « Mi devi dare una possibilità. Insomma, alla fine non è come se mi fossi scopato tua sorella ». Un'argomentazione nient'affatto felice, che scatenò una dura reazione nella mente già esasperata e tormentata della moglie: « E così adesso vorresti anche chiavarti mia sorella? Chiamerò il mio avvocato oggi stesso ». Lui cercò di schivare il colpo dicendo: « Ma tutti gli uomini guardano immagini porno, non è poi la fine del mondo. Mi capita una volta ogni tanto... » Ma la signora Jacobby sembrò irremovibile.

Iniziavo a temere che, giunti a questo punto, la situazione fosse compromessa per sempre e non ci fosse modo di riportare la gioia e la serenità in quel matrimonio. Dopotutto però avevano deciso entrambi di comune accordo di rivolgersi a me per un consulto, il che è sempre un segno positivo. Iniziai a chiedermi se quell'indisposizione non mascherasse un malessere da parte di entrambi che stentava a emergere.

Con una decisione che fece loro onore, accettarono di intraprendere un percorso di psicoterapia congiunta che si protrasse all'incirca per tre anni. La signora Jacobby espresse al marito tutto il suo risentimento per i « crimini » telematici da lui compiuti, mentre il signor Jacobby la lasciava esprimersi senza porsi subito sulla difensiva, compiendo un'impresa non facile per un uomo sul filo del rasoio, già affranto dalla vergogna e dal senso di colpa. Discutemmo a lungo del perché l'immagine di donne che si trafiggevano la vagina lo eccitasse, chiedendoci se tale eccitazione non fosse in realtà un transfert che celava il suo desiderio di ferire delle figure femminili che avevano avuto un ruolo importante nella sua vita.

In breve tempo emerse tutto un retroscena di crudeltà risalenti al periodo della sua infanzia, in cui la madre lo aveva picchiato in maniera continuativa e gli aveva somministrato umilianti quanto dolorosi clisteri fino all'età di tredici-quattordici anni. Così iniziai a chiedermi se il suo desiderio di infilare grossi oggetti nei genitali femminili non fosse un tentativo inconscio di restituire il dolore che aveva subìto quando gli erano stati infilati degli oggetti nel retto. Riconoscendosi in tale interpretazione, il signor Jacobby scoppiò in lacrime, spingendo la moglie a ritrovare un po' di tenerezza e di compassione per quel marito che aveva felicemente sposato e con il quale aveva messo al mondo due splendide creature.

Riflettemmo a lungo anche sull'impatto che la nascita delle due bambine aveva avuto sulla vita sessuale della coppia. «Partorire due gemelle del peso di tre chili l'una mi ha quasi squarciato in due» confessò la signora Jacobby, per non parlare delle complicanze ostetriche, tra cui la paura che una delle gemelle venisse strangolata dal cordone ombelicale. L'arrivo delle due gemelle in seguito a una gravidanza non programmata aveva portato molta gioia nella loro vita, ma anche diversi disagi, a causa dell'arrivo inatteso di una coppia gemellare anziché di una sola bocca da sfamare, che si era rivelato un notevole salasso per i coniugi, dal punto di vista fisico, emotivo e finanziario.

Durante una seduta, il signor Jacobby mi sorprese sbottando: «Quando ho visto quelle due creature venir fuori dalla tua vagina mi è venuta voglia di ricacciarle dentro». La signora Jacobby e io trasalimmo e ci chiedemmo se l'eccitazione che il marito derivava dalla pornografia sadica, soprattutto dopo la nascita delle due gemelle, non avesse qualche relazione con il desiderio di inserire degli oggetti nella vagina di una donna in modo che non ne potesse uscire nulla, tanto meno dei bambini, o forse con il desiderio di ricacciare le bambine all'interno della moglie. A questo punto il signor Jacobby riusciva a parlare apertamente del suo risentimento verso le bambine ma anche del suo odio nei confronti del fratello e della sorella più giovani di lui, con i quali non aveva alcun rapporto sebbene abitassero tutti a poca distanza. Così discutemmo insieme dell'eventualità che l'immagine di donne che inserivano grossi oggetti nella propria vagina lo eccitasse perché gli forniva il mezzo di attaccare la madre odiata restituendole il trauma dei clisteri, ma anche di impedirle di generare altri potenziali rivali. Spesso infatti una fantasia assolve a una molteplicità di funzioni.

Entrambi si ritrovarono in tali considerazioni e nei mesi seguenti il signor Jacobby mi confidò che «la sua tentazione di connettersi a Internet si affievoliva ogni giorno di più». A poco a poco le urla che avevano accompagnato le prime sedute lasciarono il posto a un colloquio ragionevole e basato sul reciproco interscambio. Con il procedere della psicoterapia, riuscimmo a discutere in modo più sereno del sintomo che si era manifestato nel signor Jacobby attraverso la sua propensione per la pornografia, così come della natura del loro matrimonio.

Chi crede che la psicoterapia di coppia esamini gli errori di uno solo dei componenti commette un errore. Anche se la signora Jacobby aveva deciso di rivolgersi a uno psicoterapeuta nella speranza che riuscisse a «guarire» il marito, come se fosse stato lui l'unico responsabile della loro crisi matrimoniale, apparve presto evidente che entrambi erano egualmente implicati nell'instaurarsi di quel clima familiare. Figlia di genitori separati, la signora Jacobby non era consapevole del veleno che aveva accumulato dentro di sé a causa di una serie di ferite subite in particolare nei primi anni della sua vita. Il padre aveva tradito la madre sprofondandola in uno stato di depressione che l'aveva condotta più volte a tentare il suicidio. Ancora bambina, era stata lei stessa a togliere dalle mani della madre una boccetta di pillole che stava per ingurgitare. Per tutta la sua infanzia non aveva fatto altro che ascoltare dure lezioni da parte di una madre delusa della « cattiveria degli uomini » e del loro essere schiavi del pene.

Insieme discutemmo dell'impatto di queste esperienze infantili sulla personalità della signora Jacobby e dell'influenza che queste avevano avuto sulla scelta dell'uomo della sua vita. A mano a mano che la moglie abbassava le difese, il signor Jacobby si dimostrò più compassionevole e fu lieto e quasi commesso di poterle offrire sostegno morale e dolcezza, come non succedeva ormai dalla nascita dei due bambini. Giungemmo alla conclusione che la tendenza della signora Jacobby a trattare il marito come un sacco da pugilato, da assalire verbalmente anche se non aveva « niente di male », era per lei un mezzo di vendicare la propria madre e di punire il proprio padre.

Crollati tutti questi altarini, l'atmosfera nel mio studio si fece molto più leggera e, con mia profonda soddisfazione, dopo nove mesi di terapia, la coppia mi annunciò di aver ripreso l'attività sessuale che, dopo i primi imbarazzi, avevano trovato naturale « come andare in bicicletta ». Mi chiesi se il signor Jaccoby fosse ricorso a qualche fantasia sadica per eccitarsi o se la signora Jacobby se lo fosse chiesta, ma all'epoca non avevo ancora intrapreso la mia indagine sulle fantasie sessuali e non osai investigare sul loro immaginario erotico. Interrogare una coppia sulle proprie fantasie sessuali, in presenza dei rispettivi partner, può rivelarsi molto imbarazzante, perciò va fatto solo dopo le dovute ponderazioni, con tutto il tatto e la cautela clinica necessari, per evitare che i pazienti si sentano invasi nella loro intimità.

Alla luce degli studi compiuti, posso affermare che gli

individui possono avere fantasie sessuali sia durante i rapporti con un partner sia durante la masturbazione. Le fantasie più primitive e più sadiche di solito si scatenano nel privato dell'autoerotismo, mentre durante i rapporti sessuali si tende a fantasticare del proprio partner. Tuttavia, come si è visto, il confine tra fantasie coitali e fantasie masturbatorie non è sempre così netto, cosicché sono centinaia i casi da me studiati in cui il membro di una coppia riesce a eccitarsi durante un rapporto sessuale soltanto evocando fantasie masturbatorie private che sono per lui motivo di profonda vergogna.

Con il progredire della terapia, il sospetto, il dolore e lo sfinimento iniziarono a retrocedere lasciando che le sedute acquisissero un andamento più «normale»: insieme riflettemmo sull'impatto della nascita delle gemelle e sullo sforzo compiuto dai coniugi per trasformarsi da una coppia in un quartetto, oltre che dei problemi che affliggono ogni giovane coppia con bambini. In particolare discutemmo del senso di frustrazione che entrambi ricavavano dalle rispettive occupazioni: il marito da un mestiere annichilente e poco creativo e la moglie dall'onere di essere mamma a tempo pieno, che la induceva ad anelare il suo vecchio impiego in ufficio.

Dopo circa tre anni i due coniugi decisero di comune accordo di interrompere la terapia. Il signor Jacobby aveva smesso di navigare in Internet ma ebbe il coraggio di ammettere che continuava a fantasticare di altre donne anche se non si eccitava più al pensiero di donne che si inserivano oggetti appuntiti nella vagina. Spiegò invece che la vista di donne che si masturbavano con il vibratore continuava a eccitarlo. D'accordo con la moglie, avevano provato a inserire questa pratica nel loro inventario erotico, approdando così a una forma più sana e sublimata della precedente fantasia. Avevano ripreso a fare l'amore ed entrambi si erano messi alla ricerca di un nuovo lavoro. Al momento di licenziarsi vollero darmi la mano e se ne andarono con sorrisi carichi di gratitudine, soddisfatti del duro lavoro fatto insieme per riportare a galla e consolidare un matrimonio che si credeva ormai in crisi.

A distanza di un anno, per Natale ricevetti un biglietto di auguri, con il quale i coniugi Jacobby mi annunciavano l'arrivo di un nuovo bambino. Sei mesi fa mi è arrivata per posta una fotografia in cui le gemelle primogenite della coppia, ora di cinque anni, stringono in braccio il fratellino appena nato. Ho risposto subito con una lettera di congratulazioni. Non vi è dubbio, infatti, che la nascita di un bambino possa essere all'origine di una sequela di violenze, come ha sottolineato Estela Welldon, mia collega ed ex insegnante, nel suo saggio capitale *Madre, madonna, prostituta: idealizzazione e denigrazione della maternità* pubblicato nel 1988.* Ma nel caso dei coniugi Jaccoby credo che l'arrivo di un figlio abbia significato il superamento dei loro rispettivi disagi, in particolare del risentimento del signor Jaccoby per le sue sorelle minori, e abbia reso ammissibile, anzi, ben accetto l'allargamento del nucleo familiare.

Naturalmente non tutti i casi simili hanno un lieto fine come nella vicenda dei coniugi Jaccoby. Le storie cliniche esaminate da me e da molti miei colleghi negli ultimi anni raccontano di innumerevoli matrimoni naufragati per questioni interne o esterne alla coppia. Mi è capitato, per esempio, di vedere colare a picco rapporti fra partner con fantasie sessuali assolutamente incompatibili. Mi viene in mente il caso di un uomo che fantasticava di donne con il seno prosperoso; fato volle che la moglie condividesse la medesima fantasia. Per un certo periodo i due si divisero anche le stesse riviste pornografiche, finché un giorno il marito, ingelosito per il crescente interesse della moglie per l'ambiente lesbico, non interruppe la relazione. Ricordo un altro ca-

* Pubblicato per la prima volta in Italia nel 1995 (Centro scientifico torinese, Torino). Tit. orig. *Mother, Madonna, Whore: The Idealization and Denigration of Motherhood.*

so in cui il marito una sera confessò di preferire le fantasie in cui comparivano uomini nudi mentre la moglie ammise la stessa sera che preferiva immaginarsi le donne nude. I due si separarono ed entrambi presto scelsero per sé un compagno del loro stesso sesso, salvo tornare, a distanza di un anno, lui ad avere rapporti sessuali con donne e lei a intraprendere una relazione appagante con un altro uomo, dopo aver lasciato i rispettivi partner.

Appare chiaro, in definitiva, che quando si affronta il tema delle fantasie sessuali e del loro ruolo all'interno della coppia sia difficile derivarne delle leggi immediate e univoche.

Condividere e mettere in atto le fantasie nella coppia

Negli ultimi anni ho tenuto numerose conferenze sul tema delle fantasie sessuali nell'ambito di convegni specialistici organizzati da varie comunità scientifiche in tutta la Gran Bretagna. Nel corso dei dibattiti, numerosi colleghi hanno sollevato interessanti quesiti e hanno partecipato al resto dell'assemblea la propria esperienza e i propri punti di vista, fornendo così un prezioso contributo. La più frequente tra le domande avanzate è stata: « Alla luce della sua esperienza clinica, ritiene che le coppie si confidino o mettano in atto le rispettive fantasie? »

A costo di deludere gli astanti, ogni volta devo limitarmi ad ammettere che mi piacerebbe saperlo. Conosco numerosi casi di partner che hanno scelto di rivelarsi le reciproche fantasie, con conseguenze talora positive, talora disastrose. E conosco altrettanti di coppie che hanno messo in atto i loro fantasmi erotici ricavandone talora gioia e godimento, talora lacrime e sofferenza. Di seguito riporterò brevemente alcuni casi rappresentativi delle diverse tipologie.

Una sera, mentre era a letto accanto al marito, Kara, un'insegnante quarantunenne, chiese a Salvatore, un poeta trentanovenne con cui era sposata da diversi anni, a che cosa pensasse mentre si masturbava. Già altre volte in passato gli aveva posto la stessa domanda e la risposta era sempre stata: « A te, cara. Penso sempre a te ». Tale bugia serviva sicuramente a gratificare il narcisismo di Kara, la quale, però, avendo da poco rinvenuto una rivista pornografica nella tasca di una giacca di Salvatore, non credeva più che il marito non avesse fantasie su altre donne. Salvatore si arrese all'evidenza e ammise di eccitarsi particolarmente all'idea di eiaculare in faccia alle donne. Kara si tirò indietro dichiarando che non avrebbe mai accettato di inscenare con lui tale fantasia, poiché la trovava degradante, ma che non aveva nulla in contrario al riguardo; al contrario, ora che sapeva di avere una o più rivali « pornostar », era quasi contenta che Salvatore eiaculasse sulle loro facce, evitando così di intaccare la sua purezza.

Yuri, un taxista ventitreenne, e Celine, un'apprendista cuoca di un anno più grande, sono altri due partner che hanno scelto di rivelarsi a vicenda le proprie fantasie sessuali. Dopo aver confessato a Celine di immaginarsi nelle sue fantasie di fare l'amore a tre con una coppia di donne bisessuali, Yuri insistette affinché Celine gli rivelasse i suoi fantasmi. Fu allora che la giovane compagna per la prima volta gli confessò che durante la loro intimità lei si eccitava pensando di essere penetrata « selvaggiamente » da un nero superdotato. Conoscendo la vasta esperienza di Yuri in materia sessuale, Celine diede per scontato che il giovane accogliesse con filosofia la sua confessione, ma così non fu: Yuri fu accecato dalla rabbia al pensiero che un nero facesse sesso con la sua donna. Folle di gelosia, divenne paonazzo e abbandonò in fretta e furia l'appartamento andandosi a rifugiare in casa di un amico. Quando il giorno dopo fece ritorno, Celine lo accolse gridando: « Perché mai non posso fantasticare su un unico nero immaginario, quando tu fantastichi addirittura su due donne? » Yuri rispose che quando gli aveva descritto il grosso pene del partner di colore, si era sentito inadeguato, mentre lui aveva accuratamente sorvolato sulla taglia di reggiseno delle due ragazze bisessuali della sua fantasia. Così, deciso a rincarare la dose, ricambiò raccontandole che le donne della sua fantasia avevano un seno molto più abbondante di quello di Celine. Ne nacque un violento litigio, nel corso del quale i due si insultarono a vicenda in modo piuttosto infantile, dopodiché si giurarono che non avrebbero mai più parlato delle loro rispettive fantasie sessuali.

Riley, un ventinovenne disoccupato, e Lissa, un'ottica sua coetanea, erano sposati da due anni e potevano vantare una vita sessuale piuttosto soddisfacente. Una sera Lissa se ne uscì timidamente con un'idea che avrebbe vivacizzato il loro ménage. Al solo pensiero, le pupille di Riley si dilatarono. Lissa spiegò che aveva spesso immaginato di sedersi al bancone di un hotel di lusso con indosso un succinto abito nero da cocktail, calze a rete e scarpe « arrapanti » per essere poi raggiunta, mezz'ora e qualche drink dopo, da Riley, che avrebbe iniziato a flirtare con lei come avrebbe fatto uno sconosciuto. Nella sua fantasia, Lissa immaginava che Riley si inventasse qualcosa per eccitarla e poi prenotasse una camera in quello stesso albergo in cui consumare una notte di sesso infuocato. Riley ascoltò attentamente la fantasia di Lissa, la rimproverò per non avergliela confessata prima e colse al volo l'occasione per proporle di metterla in atto. La settimana dopo prenotò una stanza al Savoy Hotel, nel West End londinese e, come da copione, « abbordò » la moglie fingendo di sedurre una sconosciuta. Entrambi confessarono in seguito che non si erano mai eccitati tanto e da allora avevano ripetuto la scena in molti altri alberghi.

Le fantasie sessuali rivelate o messe in atto all'interno di una coppia possono apportare nuova linfa al rapporto, come nel caso di Riley e Lissa, oppure essere motivo di disputa, come nel caso di Kara e Salvatore. Svelare le proprie fantasie al partner può rovinare una relazione o rivelare le debolezze e le ferite di una relazione già minata dalle difficoltà, come quella di Yuri e Celine. D'altra parte non sono gli psicoterapeuti a poter insegnare alle coppie in che modo gestire le fantasie sessuali. Ogni caso è diverso ma gli interessati lo devono affrontare con la dovuta ponderazione. Non è fortuito, del resto, che la vasta maggioranza dei britannici abbia scelto di non condividere le proprie fantasie sessuali con il rispettivo partner.

Nel corso di questo capitolo ho cercato di indagare l'impatto delle fantasie sessuali sui matrimoni e sulle relazioni a lungo termine, giungendo alla conclusione che le fantasie possono generare piacere o sensi di colpa, possono provocare crisi matrimoniali o deporre a favore del mantenimento di segreti all'interno della coppia. Abbiamo inoltre affrontato un'altra spinosa questione, interrogandoci sull'opportunità o meno, fra partner, di rivelarsi o addirittura inscenare le rispettive fantasie sessuali. È importante sottolineare che il ricorso alle fantasie può aumentare o diminuire nel tempo a seconda della salute della relazione. Un'intervistata di nome Phoebe, per esempio, testimoniò che dopo essere sopravvissuti ai primi «delicati» mesi di vita sessuale, in cui entrambi avevano imparato a conoscere il corpo dell'altro, le fantasie a lungo frequentate in passato si erano come «dissolte». Lei stessa aveva imparato ad amare il corpo del partner così tanto che le vecchie fantasie le apparivano ormai superflue. Un'altra testimonianza riporta invece un'esperienza letteralmente opposta: per anni Tamara non aveva mai ricorso alle fantasie erotiche, essendo pienamente soddisfatta della vita sessuale condivisa con il marito, finché non aveva scoperto che lui la tradiva. Il matrimonio continuò, ma Tamara non fu più in grado di avere rapporti con il marito a meno di non pensare a qualcun altro. Le fantasie possono accompagnare un individuo per tutta la vita, ma in certi casi possono manifestare una certa alternanza, diventando il barometro della felicità e della longevità coniugale.

24. Normalità e perversione in camera da letto e in sala riunioni

> «Una mente totalmente logica è come un coltello che è soltanto lama. Fa sanguinare la mano che lo usa».
>
> Rabindranath Tagore, *Stray Birds*

Quando una fantasia si dice perversa

Sia che la propria fantasia sia di origine traumatica sia che influisca sulle proprie relazioni in modo più o meno deleterio, si è indotti a domandarsi se sia normale o debba al contrario considerarsi perversa. Il timore di essere considerati «deviati», «strani», «anomali» o «perversi» dal proprio partner o dalla gente rappresenta infatti il principale motivo che impedisce agli individui di discutere delle proprie fantasie in maniera libera e spontanea.

Prima di procedere oltre, è opportuno soffermarsi sul significato esatto del termine «perversione». Per decenni comunità scientifica e opinione pubblica hanno infatti abusato di tale vocabolo, contribuendo a esacerbare fra le persone il sentimento di vergogna o il senso di colpa nei riguardi delle fantasie, delle sensazioni o delle pratiche caratterizzanti la propria sfera sessuale. Per anni, per esempio, la psicoanalisi ha trattato l'omosessualità come una forma di perversione, salvo riconsiderarla negli ultimi anni in un'ottica di maggiore tolleranza e accettazione: gli psicoterapeuti hanno smesso di ritenere gli omosessuali degli individui perversi. Al pari degli eterosessuali, anch'essi possono essere psicologicamente sani o affetti da gravi turbe, oppure, come accade nella maggior parte degli individui – indipendentemente dal proprio orientamento sessuale –, collocarsi a metà strada fra questi due estremi.

Sottratto a quel retaggio ottocentesco che lo assegnava alla definizione dei comportamenti sessuali « anomali », oggi il termine « perversione » è ancora in uso ma ha acquisito un'accezione specifica e ben definita. Si deve all'illustre psichiatra e psicoanalista americano Robert Stoller la definizione di perversione più ampiamente condivisa dalla comunità scientifica. Stoller ha definito semplicemente la perversione come la forma erotica dell'odio. In altre parole, sarebbe perversione qualsiasi atto in cui un individuo trae piacere erotico dall'infliggere sofferenza a se stesso o agli altri. Pertanto possono considerarsi perversioni cliniche tutti quei fenomeni come la pedofilia, lo stupro o le diverse forme di incesto in cui la vittima subisce un abuso per soddisfare un bisogno di gratificazione al tempo stesso sadica e sessuale da parte dell'aggressore.

Estela Welldon, psichiatra britannica fra le più eminenti nella comunità scientifica internazionale e specialista in psicoterapia forense – quella branca delle scienze psichiatriche che si occupa della diagnosi, della cura e della prevenzione delle perversioni e delle violenze sessuali –, ha fornito una definizione di perversione che è risultata particolarmente utile nell'economia del presente studio. Provvedendo un'attenta analisi del concetto, sulle basi della sua annosa esperienza nell'ambito della terapia psicoanalitica applicata a pazienti pericolosi, la professoressa Welldon ha evidenziato come la vera perversione risponda ad almeno dodici presupposti strettamente correlati.

1) Il soggetto che manifesta una perversione non ha scelta, poiché questa si presenta sottoforma di compulsione. Così, il pedofilo dirà che si tratta di un istinto in-

controllabile, che nessuna minaccia o ingiunzione legale può sedare.

2) L'individuo che pratica una perversione vede nella sua vittima un oggetto anziché una persona. In termini psicoanalitici, vede nell'altro un oggetto parziale anziché un oggetto totale. Considera la sua vittima un semplice orifizio.
3) Il soggetto afflitto da una perversione non prova alcun genere di attaccamento nei confronti della sua vittima. Frasi a sua discolpa del tipo: «Ma io voglio bene a quel bambino» sono da considerarsi mere razionalizzazioni.
4) La perversione si manifesta in modo compulsivo e reiterato.
5) Spesso la perversione viene nascosta, contenuta, e quindi praticata in segreto.
6) Il soggetto dedito ad atti di perversione spesso considera le proprie azioni anomale e inspiegabili ed è quindi incapace di spiegarne la causa o l'origine.
7) Le perversioni sessuali spesso fungono da sfogo per paure represse. In tale contesto, l'atto sessuale non risponde al bisogno di entrare in intimità con il partner.
8) La perversione non è motivata dall'amore, bensì dall'odio.
9) Nella maggior parte delle perversioni, il soggetto viola i confini corporei della vittima.
10) Il soggetto perverso di solito trae in inganno.
11) Egli di solito è incapace di elaborare il lutto di quelle perdite subite durante l'infanzia che sono spesso all'origine della perversione stessa.
12) L'agire perverso spesso funge da difesa maniacale contro uno stato depressivo.

Nel presente studio ho usato molto di rado il vocabolo «perversione», destinandolo soprattutto ai pedofili, agli stupratori e ad altri soggetti che traggono piacere sessuale dall'infliggere sofferenza ad altri o, in casi estremi, a se stessi. Gli psicoterapeuti forensi sono soliti distinguere fra coloro che «fantasticano» di atti perversi (per esempio, si masturbano pensando a uno stupro) e coloro che li «mettono in pratica», attentando all'incolumità fisica di un'altra persona. Non vi è dubbio che lo stupro sia un atto perverso a tutti gli effetti. Ma come classificare le fantasie che inscenano una violenza sessuale? Personalmente ritengo che le fantasie che simulano stupri fungono da valvole di sfogo per l'aggressività di un soggetto che in tal modo sarà difficilmente propenso a mettere in atto tale violenza nella realtà.

L'avvento di Internet ha reso ancora più impervio tale terreno di indagine. Per anni gli psicoterapeuti forensi si sono limitati a classificare come perversioni soltanto gli abusi fisici realmente perpetrati. Ma oggi anche chi si masturba in modo ripetitivo e compulsivo davanti a filmati su Internet che inscenano scene di inaudita violenza non sfugge alla categoria dei soggetti affetti da perversione.

Una fantasia sessuale è da ritenersi perversa se risponde a due requisiti:

1) Se implica l'inflizione reiterata di atti sadici nei confronti di se stessi o dell'«oggetto amato».
2) Se diventa così invasiva da impedire al soggetto di instaurare un rapporto amoroso e da interferire con gli altri ambiti esistenziali.

A tal proposito appare illuminante il caso di Julius, un soggetto anziano sul finire della settantina, che aveva iniziato a masturbarsi all'età di quindici anni e aveva continuato a farlo almeno due volte al giorno per i successivi sessant'anni. La fantasia che lo aveva accompagnato instancabilmente nel corso della sua vita era una sola: si masturbava al pensiero di legare una fanciulla da cui era stato respinto da adolescente e di penetrarla con tanta violenza da farla sanguinare, per poi schiaffeggiarle il viso con il pene fino a renderlo livido e venire al grido di «fottuta puttana» e «fottuta sgualdrina». Nel corso della sua vita Julius aveva avuto relazioni occasionali con varie donne ma non era mai riuscito a instaurare un rapporto duraturo. L'unica sua compagna fedele era rimasta la sua fantasia sessuale. Definendo perversa la fantasia di Julius non intendo esprimere un giudizio di valore, bensì definirne la natura reiterata, stabile e inalterabile oltre che il suo carattere marcatamente sadico. Sono molti gli uomini che concepiscono fantasie aggressive nei confronti delle donne, ma la maggior parte di loro è anche capace di fare l'amore in modo tenero e coinvolgente con la propria partner, a riprova di una vita sessuale più adattabile e creativa; mentre nel caso di Julius la fantasia ha preso il sopravvento in modo così invasivo da impedire qualsivoglia rapporto amoroso.

In materia di perversione, è importante ricordare che, riferendosi a se stesse, alcune persone definiscono «perverse» fantasie che nessun psicoterapeuta considererebbe tali. Ciò è dovuto in parte a un senso di colpa radicato nei confronti di tutto ciò che concerne la sfera sessuale. È il caso di Honoria, una ragazza di vent'anni che pensava di prevenire le mie reazioni dicendomi che sarei stato disgustato dalla sua fantasia sessuale, che lei stessa aveva definito «estremamente perversa», finché, dopo essermi preparato ad ascoltare una storia di efferata crudeltà, non mi confessò di immaginare di fare l'amore con un docente universitario sposato. Attesi invano ulteriori dettagli, poi chiesi gentilmente: «C'è qualcos'altro che vuoi dirmi a proposito della tua fantasia?» Ma la ragazza mi rispose: «No, niente. Non è orribile? Cerco in tutti i modi di non pensarci, ma è troppo attraente, non ci riesco». Per Honoria avere fantasie su un uomo sposato e troppo grande per lei rappresentava un enorme crimine psicologico, un'autentica perversione. Dubito che continuerebbe a considerare perversa la sua fantasia dopo aver letto la vasta raccolta di testimonianze presentate in questo libro che ho più volte definito « un'arca di Noè di fantasie sessuali », dal momento che raccoglie almeno due esemplari per specie di fantasia concepibile dalla psiche umana.

25. Le dieci dimensioni chiave della fantasia sessuale

> «Non è assolutamente da gentiluomini leggere i portasigarette altrui».
>
> John Wothing ad Algernon Moncrieff
> in Oscar Wilde, *L'importanza di chiamarsi Ernesto*

Interrogativi cruciali rivisitati

All'inizio di questo libro ho formulato ventidue interrogativi che hanno trovato risposte più o meno approfondite nel corso della trattazione e che riporto ora in forma sintetica.

Domanda 1: Che cos'è una fantasia sessuale?

Una fantasia sessuale può essere definita come un'immagine, un pensiero o una scena compiuta che percorre la mente di un individuo principalmente durante l'attività sessuale – coito o masturbazione – spesso conducendolo all'orgasmo. Diversa dai sogni diurni a occhi aperti e dai pensieri erotici passeggeri, può risultare semplice o estremamente elaborata, può denotare tenerezza o sadismo, e può generare piacere o turbamento psicologico. Di solito chi ha una fantasia sessuale non la rivela al proprio partner, né al proprio psicoterapeuta o più stretto confidente.

Domanda 2: Quando una fantasia può dirsi «normale»?

Pur avendo esaminato oltre 19.000 fantasie sessuali raccolte sul territorio britannico, mi è impossibile individuare una fantasia cosiddetta «normale». Sarebbe infatti troppo facile definire «normali» soltanto quelle fantasie riguardanti teneri rapporti sessuali di tipo convenzionale con un partner di lunga data. In realtà, nel corso delle interviste, molte persone felicemente sposate hanno ammesso di avere fantasie sadiche proprio nei confronti dell'amato coniuge. I dati raccolti indicano che la psiche è troppo varia e complessa perché abbia senso operare una distinzione tra fantasie «normali» e «anormali».

Domanda 3: Perché l'uomo ha fantasie sessuali?

Con tutta onestà non conosco le cause e le circostanze che hanno spinto l'uomo ad avere le prime fantasie sessuali. Secondo gli psicologici evoluzionisti, le fantasie favorirebbero l'eccitazione sessuale e, di conseguenza, la procreazione. In altre parole, i fantasmi erotici svolgerebbero un ruolo cruciale nella propagazione della specie umana.

Di diverso parere sono gli psicoterapeuti e gli psicoanalisti freudiani, secondo i quali le fantasie risponderebbero al bisogno di soddisfare desideri inespressi e di superare esperienze traumatiche di origine infantile.

Domanda 4: A che cosa servono le fantasie sessuali?

Nel corso della trattazione ho già indicato quattordici diversi motivi che spingono l'uomo ad avere fantasie sessuali: dal bisogno di soddisfare un desiderio a quello di vincere un trauma infantile, dall'autoterapia contro il dolore, all'elaborazione di un gioco dell'infanzia. Per molti la fantasia rimane un'inesauribile fonte di gioia e divertimento, per altri un doloroso quanto inesorabile richiamo di ferite infantili. Per una larga percentuale di individui, le fantasie sessuali sono al tempo stesso fonte di piacere e di sofferenza. Esse esplicano, senza dubbio, una gamma di funzioni strettamente intercorrelate.

Domanda 5: Tutti gli individui hanno fantasie sessuali?

Secondo la psicoanalisi, tutti gli individui hanno immaginari *inconsci*, ovvero tendenze sotterranee ad avere determinate preferenze o ad agire in certi modi predefiniti (in modo sadico, masochistico, depressivo ecc.). Nella maggior parte dei casi tali schemi trovano espressione nelle fantasie sessuali consce che emergono durante la masturbazione o i rapporti sessuali con un partner. Secondo il Progetto di ricerca sulla fantasie sessuali, almeno il 90% di britannici adulti ha *sogni diurni* di diversa natura. Tali fantasie, sono di natura sessuale per il 96% circa del campione maschile e per il 90% circa di quello femminile. È bene ricordare che si tratta di stime certamente prudenti, dal momento che negli anni mi è capitato di incontrare soggetti che, a un primo incontro, hanno negato di avere fantasie sessuali, salvo poi spesso ricredersi e ammetterlo una volta entrati nel vivo della psicoterapia.

Domanda 6: È preoccupante non avere fantasie sessuali?

Per delineare i tratti della personalità degli individui che non hanno fantasie sessuali occorrerebbe uno studio separato. Al momento attuale non è possibile ipotizzare alcuna valida differenziazione tra i soggetti che hanno e quelli che non hanno fantasie sessuali. La mia esperienza clinica, tuttavia, mi consente di asserire, seppur in maniera ufficiosa, che i soggetti privi di fantasie erotiche spesso nutrono in riferimento alla sfera sessuale sentimenti di colpa o di vergogna che innescano in loro un meccanismo di autodifesa che li induce a reprimere qualsiasi pensiero di natura sessuale.

Domanda 7: È lecito confidare le proprie fantasie al partner?

Come sottolineato in un precedente capitolo, non sono in grado di fornire una risposta certa alla questione. I protagonisti di alcuni dei casi analizzati hanno senza dubbio tratto beneficio dall'aver confidato le proprie fantasie sessuali al partner, mentre altri hanno vissuto la confidenza in modo molto più traumatico. Malgrado ciò, alcune coppie sostengono che compiere il rischioso passo di confidare pensieri così intimi non fa altro che rinsaldare l'unione e la complicità amorosa. Certamente molto dipende dall'affiatamento della coppia. In ogni caso, quella di confidare o meno le proprie fantasie private al proprio partner è una scelta che va sempre ben ponderata.

Domanda 8: È lecito confessare le proprie fantasie a un amico?

Spesso dovrebbe essere più semplice e meno compromettente confidare le proprie fantasie a un amico che al partner. Conosco uomini che pur non avendo alcun problema a raccontare le loro storie extraconiugali o le loro fantasie di stupri e violenze ai loro compagni di poker il venerdì sera, non si sognerebbero mai di raccontare tali fantasie alle loro compagne, per paura di offenderle o indignarle. Allo stesso modo, molte delle donne intervistate hanno ammesso di confidare alle amiche fantasie spesso riguardanti uomini superdotati, ma di non osare raccontarle ai rispettivi mariti o compagni, per timore di suscitare in loro un senso di inadeguatezza. Confessare a un amico le proprie fantasie può essere un atto di grande fiducia, in grado di consolidare un'amicizia; ma non bisogna dimenticare che spesso le amicizie si sgretolano, facendoci vivere nel timore che con esse venga meno anche il patto di fedeltà e riservatezza che esse implicavano.

Domanda 9: È giusto mettere in atto una fantasia erotica con il proprio partner?

Inscenare le proprie fantasie con il partner richiede una buona dose di complicità, creatività e fiducia nel rapporto. Mi è capitato di veder fallire molti matrimoni proprio perché questi presupposti erano venuti meno. Gli psicoterapeuti consigliano di ponderare a lungo l'eventualità di mettere in atto un fantasma erotico, anche perché spesso una medesima sceneggiatura può avere un impatto molto diverso nella realtà e nella fantasia. Bisogna essere preparati a eventuali sorprese. Di recente mi è capitato di incontrare una donna che aveva assecondato il desiderio del marito di sculacciarla chiamandola «puttana». Quando il marito le aveva descritto la fantasia, la signora si era eccitata e aveva acconsentito. Ma quando poi avevano realizzato la scena, la donna si era sentita «svilita» e «disgustata», pentendosi subito della decisione presa. Per molte persone le fantasie risultano eccitanti proprio perché non potranno mai realizzarsi.

Domanda 10: Le fantasie possono essere dannose o pericolose?

In alcuni casi le fantasie sadiche fungono da premessa a veri e propri atti sadici. La psichiatria forense non è nuova a casi di individui la cui carriera criminale ha esordito nella loro psiche. Alcuni anni fa ho avuto modo di incontrare un serial killer rinchiuso in un carcere di massima sicurezza. Prima di essere arrestato per aver commesso una carneficina usando un coltello a serramanico, costui viveva con la moglie, con la quale riusciva a fare l'amore solo immaginando di impugnare un coltello a serramanico. In casi meno eclatanti, capita che le fantasie influiscano negativamente sulla psiche dell'individuo, accentuando comportamenti e pensieri autodistruttivi.

Domanda 11: Chi fantastica di fare sesso in modo «tradizionale» è da considerarsi noioso?

È sorprendentemente alto il numero di individui da me intervistati che hanno manifestato la paura di avere fantasie «noiose» perché riguardanti scene di sesso con il proprio compagno e coniuge. Finora non ho trovato alcuna correlazione documentabile fra la «brillantezza» dell'immaginario erotico e quella manifestata nella normale vita sociale (misurabile in termini di eloquio, successi accademici e numerose altre variabili). Eppure, basandomi sulla mia esperienza clinica, devo ammettere che molti soggetti con fantasie sessuali semplici e poco elaborate tendono a essere altrettanto semplici e poco elaborati nel resto dei loro atteggiamenti quotidiani. Ecco perché uno studio in tale direzione potrebbe forse dimostrare l'esistenza di una correlazione tra la brillantezza che un individuo esprime nel suo immaginario erotico e quella che manifesta nella vita sociale, professionale e familiare.

Domanda 12: Un immaginario erotico bizzarro è necessariamente sintomo di squilibrio psichico?

I soggetti che manifestano fantasie complesse ed elaborate appartengono alle più svariate tipologie. Tra i partecipanti allo studio che hanno descritto fantasie particolarmente «bizzarre» non comparivano individui affetti da disturbi psichici. Al contrario, il soggetto che fra gli intervistati manifestava i segni più evidenti di disagio mentale ha riportato fantasie banali e per nulla tortuose.

Domanda 13: Fantasticare sul proprio partner durante i rapporti sessuali o la masturbazione è indice di un buon rapporto di coppia?

Gli uomini e le donne che manifestano un alto «quoziente di fedeltà», ovvero coloro che fantasticano sul proprio coniuge o compagno, spesso – anche se non sempre – hanno un buon rapporto di coppia. Tuttavia, conosco molti coniugi felici che non fantasticano del rispettivo compagno, rivelando così un basso «quoziente di fedeltà». Allo stesso modo, conosco coppie che, pur manifestando un altro «quoziente di fedeltà» perché fantasticano sul proprio partner, intrattengono plurime relazioni extraconiugali e definiscono il loro matrimonio triste e usurato.

Domanda 14: Non fantasticare sul proprio partner durante il coito o la masturbazione è sintomo di un rapporto in crisi?

Una «storia intraconiugale» non è necessariamente sinonimo di crisi, ma può rivelarsi un campanello d'allarme. Fantasticando su qualcuno di diverso dal proprio partner, è come se la mente ci desse l'«opportunità» di passare al vaglio la nostra vita di coppia, di fare un esame di coscienza per stabilire in tutta onestà se la fantasia che ci ha spinto nelle braccia di un amante derivi da un'insoddisfazione coniugale. Al termine dell'esame si potrà felicemente comprendere che la propria relazione è in perfetta salute e che la «storia intraconiugale» altro non è che un innocuo capriccio.

Domanda 15: Chi nella fantasia compie atti illegali è a rischio di riprodurli anche nella realtà?

Per fortuna spesso le fantasie svolgono un'azione «contenitiva», nella misura in cui tendono a incapsulare nella sfera immaginaria gli aspetti più aggressivi e distruttivi della nostra personalità. Sono numerosi i medici, i sacerdoti, gli assistenti sociali, gli infermieri – altre categorie di individui che per mestiere si prendono cura degli altri – ad avermi descritto fantasie piene di violenza; ciononostante nessuno di loro le aveva mai messe in atto né lo avrebbe mai fatto in futuro. Tuttavia, se una fantasia diventa particolarmente perversa, addirittura sadica, e assume una frequenza compulsiva e iterata, il rischio che venga messa in atto diviene molto più elevato. Per fortuna, nella maggior parte dei casi i soggetti che, per esempio, manifestano frequenti fantasie a sfondo pedofilo di solito non fanno alcun male ai bambini nella vita reale. Chi convive faticosamente con fantasie «illegali» riguardanti atti di crudeltà o tortura spesso ha un cattivo rapporto con l'aggressività, di solito a causa di un trauma infantile. Se si vive nel timore che un giorno o l'altro tali fantasie si traducano in realtà, bisognerebbe rivolgersi a uno psicoterapeuta qualificato.

Domanda 16: Le fantasie restano relegate nell'ambito del divertimento privato o influenzano il nostro modo di vivere?

Nel capitolo 25, a proposito del fenomeno della cosiddetta perversione «in camera da letto e in sala riunioni», ho avanzato l'ipotesi che le fantasie sessuali influenzino profondamente non solo i rapporti intimi, ma anche la propria vita lavorativa. Personalmente ritengo che la sfera sessuale abbia ingerenze anche nella sfera professionale soprattutto in quegli individui che hanno storie di traumi irrisolti, non elaborati; ma non sempre è così. In molti casi le fantasie restano ermeticamente incapsulate nella psiche oppure vengono perfettamente integrate, riducendo al minimo il rischio di conflitto.

Domanda 17: Come si spiega l'estesa variabilità delle fantasie? Perché alcuni individui amano essere baciati e coccolati, mentre altri preferiscono subire il dolore fisico o perfino la tortura?

Sono due le possibili risposte a questa domanda. Il contenuto e la struttura delle nostre fantasie dipendono in larga parte dalle esperienze infantili. Gli individui che hanno subìto forti traumi durante l'infanzia sono maggiormente soggetti a sviluppare fantasie sadiche. Capita spesso che gli stessi soggetti abbiano invece fantasie molto tenere ma, a mio avviso, soltanto perché esprimono la loro aggressività già nella loro vita reale.

Mi è capitato di incontrare invece molte persone che, pur avendo un vissuto sereno, hanno fantasie violente, il che farebbe pensare che queste ultime non scaturiscano soltanto da traumi prematuri bensì anche dalla creatività e dalla capacità di regredire a stati mentali primitivi senza per questo adottarli come condotta di vita. In altre parole, gran parte delle fantasie violente e distruttive derivano da abusi infantili, ma alcune invece rappresentano un traguardo comportamentale, sono il frutto della capacità acquisita di espandere la propria mente per sperimentare ogni tipologia di esperienza umana, senza metterla in atto.

Domanda 18: È possibile modificare le proprie fantasie?

I dati clinici raccolti dimostrano che la tipologia di fantasie sessuali in un individuo rimane pressoché costante nel corso della vita adulta, mentre la loro incidenza può variare con il variare del coinvolgimento emotivo riguardo a un dato rapporto. Un mio paziente assolutamente irreprensibile, durante la masturbazione era solito ricorrere a fantasie che simulavano violenti stupri ai danni di donne. Tali fantasie diventavano particolarmente frequenti quando il rapporto con la moglie si faceva turbolento, mentre scomparivano quasi del tutto nei periodi di serenità coniugale.

Parlando di variabilità delle fantasie, bisogna chiamare in causa il cosiddetto «complesso di Krakatoa», in base al quale eventi interni o esterni possono riaccendere fantasie rimaste per molti anni sopite.

Al momento attuale, la letteratura psichiatrica non riporta una casistica abbastanza ampia da consentire conclusioni certe sull'evolversi delle fantasie sessuali nel corso della vita adulta. La maggior parte degli studi clinici a lunga durata non si soffermano sulle variazioni nel contenuto e nella frequenza delle fantasie sessuali nel corso della vita adulta, in primo luogo perché finora pochi psicoterapeuti si sono interessati in maniera approfondita del problema.

Domanda 19: È frequente mentire sulle proprie fantasie?

Con il senno di poi rimpiango di non aver inserito nei questionari anonimi una domanda sull'argomento. In tutta onestà non ho una risposta certa ma, sulla base della mia esperienza clinica, posso dedurre che tutti mentono regolarmente sulle proprie fantasie. In un numero impressionante di casi, nel corso delle mie interviste diagnostiche e dei colloqui clinici, mi è capitato che i racconti venissero introdotti da frasi come «Non l'ho mai raccontato a nessuno prima d'ora» o «È incredibile che glielo stia raccontando». Senza dubbio ho notato una differenza tra le «fantasie autentiche» e le «fantasie da pub». Come ho accennato nella prima parte di questo volume, un uomo in un pub che racconta di voler fare sesso con Britney Spears è senza dubbio sincero, ma nella maggior parte dei casi non andrà oltre questa affermazione; difficilmente entrerà nello specifico di cosa vorrebbe fare «a» o «con» Britney Spears o viceversa. Le fantasie sessuali restano un argomento tabù e a causa dell'ignoranza, della vergogna e della reticenza che ancora circondano l'argomento molti individui mentono sul vero contenuto delle proprie fantasie, incerti sulle reazioni che potrebbero scatenare.

Domanda 20: Le fantasie sessuali differiscono dai sogni diurni a occhi aperti o dai sogni notturni?

In effetti le fantasie sessuali sono diverse dai sogni a occhi aperti e dai sogni notturni, in quanto, a differenza di questi ultimi, presentano contenuti sessualmente espliciti e di solito culminano con un orgasmo. Naturalmente la linea di confine tra le percezioni diurne e notturne e tra quelle consce e inconsce sono molte labili, perciò non è raro che un adolescente di notte faccia un «sogno bagnato» o abbia una polluzione talvolta molto più potente di quella che potrebbe avere durante il coito o la masturbazione. Un'analisi comparativa più estesa sulle differenze tra i diversi stati di coscienza costituirebbe un importante contributo alla ricerca psicologica.

Domanda 21: Sussistono differenze tra le fantasie che accompagnano i rapporti sessuali e quelle che accompagnano l'automasturbazione?

Esiste una sostanziale differenza tra le fantasie che si hanno durante il coito in presenza di un partner e quelle che si hanno durante l'automasturbazione in assenza di un partner. In effetti, è molto più probabile fantasticare sul proprio compagno durante un rapporto sessuale che durante la masturbazione. Inoltre la complessità della fantasia dipende molto dalla durata del rapporto sessuale stesso. Durante i rapporti di breve durata si ha poco tempo per elaborare una fantasia complessa, mentre chi dedica alla masturbazione tutto il tempo necessario può far correre in modo sorprendente l'immaginazione. Allo stesso modo un rapporto sessuale prolungato può produrre fantasie intricatissime, mentre una masturbazione consumata in fretta può non richiedere alcun genere di stimolo mentale.

Domanda 22: Siamo noi a controllare le fantasie o sono loro a controllare noi?

Per molti aspetti questa rappresenta la fatidica domanda da un milione di dollari, oggetto di infinite dispute e controversie in ambito psicologico e sessuologico. Come psicoterapeuta nel corso degli anni ho incontrato numerosi individui tormentati dalle proprie fantasie sessuali (perché rievocavano abusi infantili, perché contravvenivano a divieti religiosi e parentali, o per l'uno e l'altro motivo), che hanno lottato disperatamente per sradicare dalla loro psiche questo genere di fantasie, che in quasi tutti i casi hanno invece continuato a riemergere inesorabilmente nella superficie conscia, proprio come la lava dal vulcano Krakatoa.

Un mio paziente, che si definiva uno « scultore erotico », sosteneva di poter avere fantasie « su chiunque o qualsiasi cosa avesse voluto »: « Datemi un soggetto e io lo trasformerò in fantasia, proprio come uno scultore che da un pezzo di argilla può creare qualsiasi cosa ». Senza dubbio alcuni individui hanno un maggior potere sul proprio immaginario erotico ma, in linea generale, nella maggior parte dei casi non siamo nostro malgrado noi gli unici artefici delle nostre fantasie. Una volta un paziente omosessuale mi confidò: « Se potessi mi piacerebbe essere eterosessuale. Sarebbe tutto più facile e i miei genitori prenderebbero tutto meglio. Ma non posso, non riesco a fantasticare sulle donne. È più forte di me ». In conclusione, non è da escludere che qualcuno sia in grado di scolpire le proprie fantasie, ma è molto più frequente che siano le nostre propensioni erotiche a forgiare il nostro immaginario.

Le dieci dimensioni chiave della fantasia sessuale

Dopo aver passato in rassegna le diverse tipologie di fantasie sessuali, è interessante rilevarne le differenze e i punti di contatto. Per esempio, ho trovato sorprendente constatare che due donne provenienti da due regioni completamente diverse avessero la stessa fantasia su Mel Gibson, con gli stessi esatti dettagli, così come mi è parso incredibile che due uomini, appartenenti ad ambienti completamente diversi, avessero una fantasia che riproduceva a ben guardare la stessa scena di stupro. Si potrebbe pensare che l'immaginario di questi individui fosse stato influenzato dalla visione di un medesimo film pornografico, ma si tratta soltanto di una ipotesi.

Dopo aver analizzato un consistente quantitativo di dati, ho potuto suddividere il panorama delle fantasie sessuali in dieci « dimensioni », che presenterò di seguito per tracciare i confini dell'immaginario erotico.

Dimensione 1: Tenerezza – Sadismo

Le fantasie sessuali possono essere collocate lungo una scala che va dalla tenerezza al sadismo estremo; due parametri che si riferiscono al trattamento che si riserva al corpo del partner o il partner riserva al proprio corpo. Ogni individuo può collocare il suo fantasma più frequentato in un punto qualsiasi di questo continuum.

Dimensione 2: Attività – Passività

All'interno di una fantasia sessuale si può recitare o orchestrare attivamente la sceneggiatura (impartendo ordini, coccole o richieste) oppure essere i fautori passivi di una regia altrui. Ogni fantasia si situa lungo una scala delimitata da questi due estremi.

Dimensione 3: Semplicità – Complessità

Come si è visto, alcune fantasie sessuali hanno uno stile e un contenuto molto semplice mentre altre sono estremamente complesse e intricate, con una trama ben precisa e talvolta anche un intero cast di personaggi.

Dimensione 4: Coinvolgimento – Ritrosia

Ogni fantasia sessuale prevede che si interagisca con qualcuno. L'atteggiamento nei confronti di quest'ultimo può rivelare coinvolgimento oppure distacco e quasi timore del contatto. Le fantasie in cui si fa sesso con una persona reale di solito denotano apertura e coinvolgimento, mentre quelle in cui si interagisce con una persona defunta, con un animale o con un oggetto di solito mettono in scena atteggiamenti di chiusura e riluttanza.

Dimensione 5: Fluidità – Rigidità

Questa dimensione si riferisce alla relativa fluidità o rigidità di una fantasia, che può esplorare scenari e partner diversi oppure assumere un carattere più propriamente perverso, rimanendo immutata durante l'intero arco della vita adulta.

Dimensione 6: Costanza dell'oggetto – Variabilità dell'oggetto

Questo aspetto mette in luce come ogni individuo mostra una diversa fedeltà mentale nei confronti del proprio partner. Un soggetto con un alto grado di costanza dell'oggetto affettivo fantasticherà principalmente sul suo partner fisso, mentre un soggetto con un alto grado di variabilità dell'oggetto si rivelerà più eclettico, rimpiazzando liberamente e spesso con una certa rapidità gli «oggetti del suo amore».

Dimensione 7: Coscienza – Incoscienza

Questa dimensione si riferisce all'abilità di un individuo di far emergere a livello conscio i contenuti della propria fantasia. Spesso in psicoanalisi si parla di «sadismo inconscio», in riferimento a quei soggetti che, pur agendo selvaggiamente nei confronti degli altri, si considerano assolutamente innocui. Di solito gli psicoterapeuti esprimono preoccupazione nei riguardi di quegli individui che non accettano il proprio «lato oscuro» perché proprio questo prima o poi verrà rimosso e difficilmente verrà mai integrato nella personalità.

Dimensione 8: Espansività – Chiusura

Benché molto simile alla dimensione Semplicità – Complessità, questo aspetto si riferisce alla capacità di tollerare a lungo una fantasia. Gli individui «chiusi» percorrono una fantasia per poi scacciarla immediatamente dalla propria mente, mentre i soggetti «espansivi» rivelano una naturale predisposizione a provare, esplorare e giocare con diverse fantasie.

Dimensione 9: Egosintonicità – Egodistonicità

Spesso le fantasie sono fonti di piacere e albergano comodamente nella psiche in modo relativamente pacifico: in questo caso si parla di «fantasie egosintoniche». Per contro alcuni soggetti provano vergogna e sensi di colpa nei confronti delle proprie fantasie, che divengono motivo di malessere, prendendo il nome di «fantasie egodistoniche».

Dimensione 10: Alta intensità di eccitazione – Bassa intensità di eccitazione

Ricordo anni fa qualcuno che mi disse: «Non ho mai

avuto un brutto orgasmo». Forse diceva la verità, ma quando si parla dell'intensità di piacere di un orgasmo indotto da una fantasia, si fa immancabilmente riferimento a una scala che reca a un estremo le fantasie «più eccitanti» e all'altro quelle «meno eccitanti». Naturalmente le prime sono quelle che producono un orgasmo esplosivo, mentre le secondo sono quelle che culminano con un orgasmo piacevole ma moderatamente soddisfacente.

L'individuazione di questi dieci livelli risponde in primo luogo all'esigenza di fare ordine nella vasta raccolta di dati descrittivi sulle fantasie sessuali, ma vuole anche essere un contributo per future indagini psicologiche o sessuologiche che si interessassero allo studio di queste diverse tipologie. Per esempio, se si scoprisse che tutti gli individui che hanno un alto livello di «sadismo» associato a un alto livello di «attività» ed «egosintonicità» (ovvero individui che convivono pacificamente con il proprio sadismo) in un momento o l'altro della loro vita finiscono con il commettere crimini sessuali, si potrebbe usare questa classificazione in maniera diagnostica e preventiva. Come ho accennato in precedenza nel libro, per esempio, l'assassino Dennis Nilsen avrebbe sicuramente registrato un punteggio molto elevato in tutte e tre queste scale di valori. Così, se solo le autorità carcerarie avessero conosciuto in anticipo la natura delle sue fantasie sessuali probabilmente sarebbe stato identificato come un individuo ad alto rischio, da sottoporre a un attento monitoraggio ed eventualmente a una psicoterapia preventiva.

Tale classificazione, inoltre, consente a ogni individuo di testare le proprie fantasie in riferimento ai dieci livelli individuati. Con molta probabilità il test evidenzierà una notevole differenza tra le vite sessuali di coloro che registrano un alto tasso di tenerezza, coinvolgimento, costanza dell'oggetto, consapevolezza ed espansività rispetto a coloro che registrano un alto tasso di sadismo, ritrosia, variabilità dell'oggetto, inconsapevolezza e chiusura. Forse in futuro le agenzie matrimoniali e di incontri riusciranno a trovare più facilmente partner compatibili se riusciranno a farsi confidare dai propri clienti le rispettive fantasie sessuali, dal momento che queste ultime rappresentano fattori di compatibilità molto più eloquenti di quanto non lo siano i gusti culinari o cinematografici o una passione condivisa per le passeggiate in campagna.

Sherlock Holmes o dottor Watson? Che genere di sessuologi essere

Per indagare la sessualità umana occorre una buona dose di tolleranza, forza d'animo, senso dell'umorismo e di quello che definisco un « intestino psicologico » forte. Nell'analizzare un così vasto numero di fantasie ed esperienze, ho dovuto metabolizzare un enorme quantitativo di testimonianze violente, spesso dettagliate e sconcertanti. E quando pensavo di aver ascoltato tutto l'immaginabile in fatto di sessualità umana, ecco spuntare un altro racconto ancora più sconcertante. Proprio quando mi accingevo a scrivere questa sezione conclusiva, ecco che un collega mi racconta un'altra stupefacente vicenda che sembra sfuggire a ogni classificazione.

Parker, un gay quarantanovenne di Manchester, era solito invitare uomini nel suo appartamento per incontri occasionali. Quando entravano in casa, i suoi partner venivano assaliti da un cinguettare assordante e presto si rendevano conto che Parker teneva in salotto da dieci a venti gabbie, ognuna delle quali ospitava quattro o cinque pappagallini. Il padrone di casa si ritirava brevemente in camera da letto e ritornava in salotto completamente nudo, con indosso soltanto un paio di stivali da cowboy. Dopo aver ordinato al suo ospite di svestirsi, iniziava a sodomizzarlo e, quando era quasi al culmine del piacere, pestava violentemente gli stivali sul pavimento facendo arrivare alle orecchie dell'ospite un agghiacciante scricchiolio. Quando entrambi avevano raggiunto l'orgasmo, Parker si toglieva gli stivali e li capovolgeva lasciando scivolare a terra due pappagallini schiacciati che suscitavano una reazione di paura e disgusto nel partner.

Non avendo parlato personalmente con Parker, non conosco nulla della sua vita, del suo immaginario sessuale, ma ho voluto citare questa storia a ulteriore testimonianza delle singolari e spesso scioccanti bizzarrie che caratterizzano la vita sessuale degli adulti britannici e non.

Nel discutere i dati della mia ricerca con colleghi psichiatri, amici, conoscenti e professionisti di altre discipline, sono stato profondamente colpito dalla differenza nelle reazioni. Alcuni hanno mostrato apertura e genuina curiosità, a loro volta stupiti dalla varietà dei dati raccolti, mentre altri si sono rivelati improvvisamente moralisti, pronunciando sentenze su molte fantasie e definendole «malate», «perverse» e «psicotiche». Con grande stupore ho dovuto constatare con quanta velocità ognuno, indipendente dalla propria formazione, si sia subito improvvisato sessuologo a tutti gli effetti, elargendo opinioni «competenti» su qualsiasi aspetto inerente alla ricerca.

Nella fase iniziale della mia ricerca avevo tratto una discreta dose di soddisfazione clinica e intellettuale dall'essere riuscito a stabilire connessioni fra i traumi infantili e il successivo sviluppo di fantasie sessuali. Per un breve periodo mi ero sentito come Sherlock Holmes, l'abile detective che riusciva sempre a risolvere l'enigma e a stanare il colpevole. Ma con il procedere dello studio, ho cessato di identificarmi con Sherlock Holmes per sentirmi invece sempre più vicino al suo più modesto braccio destro, il dottor Watson, a mano a mano che mi rendevo conto della complessità dell'indagine e della vastità di interrogativi che essa sollevava, la maggior parte dei quali restavano oscuri o senza risposta. Nell'ansia di scoprire i contenuti delle fantasie sessuali nascoste, per esempio, ho trascurato gli insegnamenti di uno dei miei mentori, il pediatra, psichiatra infantile e psicoanalista Donald Winnicott, che attribuiva un'importanza cruciale all'« incomunicato ». Parlando dell'associazione libera, ovvero del metodo con cui lo psicoterapeuta incoraggia il paziente a esprimere liberamente qualunque cosa gli venga in mente, Winnicott affermava che ogni individuo ha nella propria mente una stanza privata, che in quanto tale non deve *mai essere aperta* e svelata nel suo contenuto. Il paziente si sarebbe sentito nudo e troppo esposto di fronte a uno psicoanalista che ne conoscesse ogni sogno e ogni segreto. Di diverso parere sono altri studiosi i quali, al contrario, sostengono che soltanto rivelando *tutto di se stesso* il paziente può sentirsi veramente compreso.

Nel corso delle sedute con i miei pazienti e delle interviste realizzate per questa ricerca, sono partito dal presupposto che fosse utile conoscere il più a fondo possibile le loro fantasie sessuali, in modo tale da indagare i loro segreti coniugali, migliorare la loro vita sessuale e smascherare gli scenari psichici di vergogna e sensi di colpa, per alleviarne l'impatto. Sono tuttora convinto dell'importanza di condividere le proprie esperienze private con un confidente o professionista di fiducia, ma mi domando se non sia sottovalutata l'importanza dell'incomunicato e se ogni individuo non abbia bisogno, come sosteneva Winnicott, di mantenere uno spazio privato e assolutamente riservato per sentirsi maggiormente padrone della propria psiche. La questione è tuttora irrisolta e motivo di dibattito.

Ho potuto appurare che sebbene molti individui trovino le fantasie sessuali un soggetto interessante dal punto di vista clinico, accademico o culturale, e altri lo trovino eroticamente stimolante, un gruppo più ristretto, ma agguerrito, lo consideri invece un argomento riprovevole, affermando senza mezzi termini che chiunque fantastichi, in special modo su persone diverse dal proprio partner, sia un individuo bisognoso di cure. Sebbene i dati raccolti rivelino che le fantasie sessuali, perfino quelle più audaci, siano all'ordine del giorno, permane nella nostra cultura una frangia sessuofoba che preferisce cancellare qualsiasi traccia, benché nascosta, di questo importante aspetto della psicologia umana.

Per completezza, mi preme annoverare il punto di vista di coloro che hanno risposto ai questionari in modo differente; di coloro che, a differenza delle migliaia di partecipanti che hanno ammesso di avere fantasmi erotici sulle proprie cognate, i propri vicini di casa, le figlie adolescenti, i propri superiori o le star di Hollywood, hanno dichiarato di non avere fantasie o di non avere in ogni caso intenzione di raccontarle. Alcuni non sono riusciti a scegliere una fantasia e altri ancora, anche se solo una piccola minoranza, hanno risposto con molta probabilità in modo canzonatorio. A seguire, un piccolo campione di risposte libere ai questionari che denotano scherno, mendacia o assoluta reticenza.

Presunte risposte canzonatorie

JARED

Io con la mia compagna; io vestito da scimmia, lei cosparsa di pastella e con un grosso cono spartitraffico in testa.

BELLA

Fare la marmellata.

VAN

Farmi una sega su un libro sul sesso.

ROTH

Essere inculato da una scimmia con la sifilide.

BYRON

Una diversa da Britney Spears in perizoma e pantofole pelose a forma di coniglio che mi schiaffeggia violentemente con un enorme merluzzo; non mi viene in mente nulla.

Fantasie conclusive

Spero che questo studio abbia contribuito almeno in minima parte ad agevolare il dibattito attorno alle fantasie sessuali spingendolo ben oltre le reazioni di eccitata curiosità o inappellabile condanna che alcune delle testimonianze raccolte hanno potuto suscitare. Oltre il 90% degli adulti ha fantasie sessuali, così come un numero indefinito di adolescenti e perfino bambini. Spero vivamente che gli psicoterapeuti comprendano il bisogno di indagare la sfera delle fantasie sessuali nel corso delle sedute di analisi. Auspico inoltre che un simile studio contribuisca a formare un atteggiamento meno punitivo nei confronti dei pensieri e degli atti sessuali diversi dai propri. Pur vivendo in un'era di postrivoluzione sessuale, la popolazione britannica continua a portare il fardello di secoli di puritanesimo e inibizione sessuale; inoltre, stando ai dati raccolti, milioni di britannici hanno una vita sessuale insoddisfacente. Ciononostante la situazione può migliorare, e uno studio sull'universo delle fantasie sessuali può fornire un fondamentale contributo al miglioramento della vita sessuale dei britannici, aiutando a vincere i traumi infantili e a ridurre quei sentimenti di colpa e vergogna ancora così diffusi all'interno della moderna civiltà.

Nel corso del libro ho posto più volte l'accento sulle conseguenze degli abusi e dei traumi sulla psiche dell'individuo adulto. Questo perché i dati raccolti mi hanno portato a concludere che gli eventi traumatici dell'infanzia possono influenzare notevolmente tanto l'immaginario quanto i comportamenti in ambito non soltanto sessuale. Se si conosce bene il ruolo che gli abusi infantili possono avere nell'emergere dei disordini depressivi, ansiosi, alimentari o di altra natura, ben poco si sa sul loro impatto sul santuario privato della vita sessuale di un individuo. Gli effetti dell'abuso si manifestano in modo più protratto e profondo di quanto molti psicoterapeuti e traumatologi non immaginino.

Le mie conclusioni si basano inevitabilmente sui dati emersi da un attento studio e dalla testimonianza diretta di centinaia di migliaia di britannici, ma mi auguro che la presente ricerca stimoli studiosi di altre discipline ad approfondire il soggetto di indagine, in modo tale da riunire un giorno i dati raccolti e dare quindi un importante contributo congiunto alla lotta contro i disturbi psicologici riguardanti in primo luogo la sfera sessuale. Spero che la descrizione del mio approccio terapeutico abbia contribuito seppur in minima parte a far crollare alcune renitenze sulla pratica psicoterapica. Infine spero che questo libro sia stato di qualche aiuto per quanti, di fronte a un disagio psicologico, si sono chiesti in che modo uno psicoterapeuta avrebbe reagito, che cosa avrebbe pensato e in che modo avrebbe condotto l'analisi.

Le fantasie possono essere fonte di sofferenza, ma per la maggioranza degli individui continuano a essere fonte di *giocosità*, di *creatività* e di *gioia*. Intendo concludere questo studio riportando le mie due fantasie preferite in un corpus di circa 19.000.

FAYE

Quando il mio compagno riesce a durare per più di due minuti.

REUBEN

La mia fantasia preferita? Che dopo il sesso mia moglie si trasformi in una pizza e in un cartone di birre.

Glossario

Abuso intrafamiliare – Violenza fisica, sessuale o psicologica nei confronti di neonati, bambini, adolescenti o adulti perpetrata da uno o più membri della famiglia. L'abuso intrafamiliare a sfondo sessuale è anche detto «incesto».

Amnesia infantile – Repressione di quasi tutti i ricordi consci relativi ai primi anni di vita. Molti individui non ricordano nulla della propria infanzia, periodo al quale spesso risalgono gli episodi traumatici che originano i contenuti delle fantasie sessuali in età adulta.

Associazione libera (o Libera associazione) – Metodo elaborato da Sigmund Freud sul finire del XIX secolo, che consiste nell'incoraggiare i pazienti in seduta psicoterapica a esprimere liberamente qualsiasi pensiero attraversi la loro mente, seppur apparentemente assurdo o insignificante. Freud scoprì di riuscire, attraverso questo metodo, ad aggirare i meccanismi di difesa dei suoi pazienti, accedendo così ai recessi più nascosti del loro universo interiore. Ancora oggi l'associazione libera è uno strumento psicoterapico, che io stesso ho più volte adoperato anche nel corso dei colloqui condotti per il presente studio.

Azione di prova – Nozione psicoanalitica che descrive il tentativo da parte di un individuo inesperto di sperimentare nuovi schemi di pensiero o di comportamento.

Spesso le fantasie sessuali assolvono a questo compito permettendoci di sperimentare nella mente quello che in seguito abbiamo intenzione di attuare nella realtà.

Bestialità (***vedi anche* Zoofilia**) – Attrazione sessuale per gli animali, anziché per gli uomini, nota anche come zoofilia. Chi la pratica è detto «bestiofilo» o «zoofilo».

Complesso di Krakatoa – Fenomeno, emerso nel corso della mia esperienza clinica, che descrive il repentino rivelarsi alla coscienza di un ricco e vivido universo di fantasie sessuali. Sono molti gli individui che, pur avendo dichiarato di non aver mai avuto fantasie sessuali, un giorno si ritrovano letteralmente sommersi da fantasmi erotici. Ho riscontrato questo fenomeno soprattutto in donne che, dopo essersi masturbate per la prima volta con un vibratore, hanno raggiunto un forte orgasmo accompagnato da fantasie elaboratissime. Spesso gli intervistati descrivono l'improvvisa comparsa di fantasie come un'eruzione vulcanica; da qui l'origine del termine.

Comportamento sessuale – Manifestazioni esteriori della sessualità di un individuo, di solito rientranti nell'ambito delle attività visibili. Del comportamento sessuale fanno parte il bacio, le coccole, il sesso orale, vaginale e anale, in altre parole tutti gli atti sessuali. Il comportamento sessuale può rivelare molto sulla natura delle fantasie sessuali, dell'identità o dell'orientamento sessuale di un individuo ma, come è emerso dal British Sexual Fantasy Research Project, non rappresenta sempre un riflesso veritiero dei suoi contenuti mentali.

Controtransfert – Concetto della psicoanalisi classica che indica l'insieme di emozioni, sentimenti e pensieri inconsci che possono insorgere nello psicoterapeuta nel corso del processo di analisi con un paziente. Durante la seduta con un individuo affetto da disagio psichico lo psicoterapeuta può provare noia, frustrazione, sonnolenza; tutti effetti che rivelano contenuti e problemi irrisolti dell'analista (pregiudizi, resistenze interne ecc.), che rischiano di interferire con la buona riuscita del trattamento psicoanalitico. Ecco perché la maggior parte dei terapeuti qualificati completa la propria formazione sottoponendosi a diversi anni di psicoterapia al fine di ridurre al minimo l'impatto negativo del controtransfert sulla propria attività.

Coprolalia – Termine usato nella psicopatologia clinica e nella psicoanalisi per descrivere l'eccitazione sessuale che deriva dall'uso di un linguaggio osceno; variante del termine più diffuso di « coprofilia », che indica l'eccitazione sessuale derivante dalla vista o dal contatto con gli escrementi.

Costanza oggettuale – Capacità di rimanere stabilmente fedele a una relazione fisica e affettiva. Gli individui che possiedono un grado elevato di costanza oggettuale – per opposizione alla « diversità oggettuale » – sono di solito amici fedeli. Coloro che manifestano tale costanza nelle fantasie sessuali di solito hanno la capacità di continuare a eccitarsi pensando per lungo tempo sempre alla stessa persona.

Diversità oggettuale – Termine che descrive una certa promiscuità psicologica in cui un individuo trasferisce la sua affezione alquanto liberamente da una persona o da un oggetto a un altro. Gli individui con un alto grado di diversità oggettuale – per opposizione alla « costanza oggettuale » – raramente si eccitano pensando due volte alla stessa persona. La diversità oggettuale può denotare creatività e ampiezza di vedute ma anche una profonda incapacità di attaccamento.

Egodistonicità – Stato psicologico di ripugnanza per una data idea o percezione. Usato dalla psicoanalisi classica soprattutto in riferimento all'omosessualità (per descrivere la repulsione di taluni individui nei confronti delle proprie pulsioni omoerotiche), si applica oggi anche ad altri tipi di idiosincrasie mentali.

Egosintonicità – Stato psicologico di completa accettazione della propria persona. In materia di predilezione sessuale, per esempio, si dice «sintonico» un travestito che prova piacere a vestire i panni dell'altro sesso senza provare alcun senso di colpa o vergogna.

Eroticizzazione – Meccanismo di difesa che consiste nel trasformare un'esperienza spiacevole in un'esperienza erotica. Noto anche come «sessualizzazione», questo processo si manifesta nelle più svariate circostanze. Può capitare, per esempio, che una giovane coppia cominci ad amoreggiare subito dopo aver assistito a un thriller: in questo caso, è la paura suscitata dal film a venire erotizzata. Un processo simile si osserva anche in molte fantasie sessuali, che originano da episodi di abuso.

Esibizionismo – La forma più comune di offesa sessuale, in inglese detta *flashing*. La maggior parte degli individui che praticano l'esibizionismo genitale è rappresentato da uomini, ma esiste anche una piccola percentuale di donne che prova gusto a esibire il seno o i genitali in pubblico. L'esibizionismo riguarda soltanto il piano fisico, ma può manifestarsi anche a livello psicologico, per esempio nella tendenza a dominare la conversazione durante una cena o fare di tutto per essere notati anche in mezzo a una folla.

Fantasia coitale – Fantasia o insieme di fantasie sessuali che si hanno durante il rapporto intimo con un altro individuo, per opposizione alla fantasia masturbatoria, che accompagna di solito le pratiche di autoerotismo.

Fantasia da bar – Termine che adopero per riferirmi alle fantasie sessuali più innocue, più superficiali e meno rivelatrici, che la maggior parte degli individui è disposto ad ammettere in pubblico: sono molti, per esempio, gli uomini e le donne che si appassionano a un'icona popolare, come un attore o una rock star, e non hanno remore a confessare di fantasticare su di loro, omettendo tuttavia di svelare gli aspetti più perversi e spesso più sadici di tali fantasie. Chi vive una relazione duratura spesso mente al proprio partner in materia di fantasie sessuali, preferendo renderlo partecipe delle fantasie da bar anziché di quelle più vere e con molta probabilità per lui più incriminanti.

Fantasia inconscia – Concetto psicoanalitico tradizionale, introdotto da Sigmund Freud e poi elaborato dalla sua discepola austrobritannica Melanie Klein, che si riferisce a quelle strutture, idee o costellazioni mentali che governano inconsapevolmente i nostri comportamenti. Le fantasie inconsce non sono necessariamente di esplicita natura sessuale. Può capitare, per esempio, che l'inconscio spinga un individuo a esaltare la propria persona, a sviluppare in altre parole una «fantasia di grandiosità» che lo porta ad assumere un atteggiamento regale da cui estromette tutte le altre persone.

Fantasia masturbatoria – Ogni pensiero, immagine o suono profondamente privato che appare nella mente umana durante la masturbazione. Tali fantasie assolvono spesso a una funzione psicologica di profonda ambivalenza, generando vergogna, confusione e sofferenza. Talvolta simili alle fantasie masturbatorie, rivelano di solito una natura più ardita.

Fantasia masturbatoria centrale – Concetto psicoanalitico coniato dai freudiani contemporanei, facenti capo ad Anna Freud, con il quale si indica una fantasia sessuale predominante che abita sia la mente conscia sia quella inconscia. Gli psicoanalisti e psicoterapeuti freudiani ricercano la fantasia o la categoria fantastica (dominio, sottomissione ecc.) che, nel panorama dei fantasmi erotici di un individuo, fornisce lo spettro più chiaro e più profondo della sua psicologia.

Fantasia sessuale – Insieme di pensieri, immagini e suoni che, prendendo vita nella mente di un individuo, ne causano l'eccitamento. Una fantasia sessuale può essere elementare o elaborata, tenera o sadica, fonte di piacere o di vergogna, conscia o inconscia, masturbatoria o coitale. La maggior parte degli esseri umani ha una o più fantasie sessuali nel corso della vita adulta, anche se le più eccitanti spesso non sono che variazioni di un tema masturbatorio centrale.

Feticismo – Forma di comportamento o stimolo sessuale in cui il feticista trae eccitazione da un oggetto più che da una persona. In psicoterapia, non si considera feticista l'individuo che ha un'erezione alla vista della propria partner in minigonna o in sottoveste di seta, bensì colui che ha un'erezione fantasticando sul vestito o sulla sottoveste in sé, o al semplice tatto con il tessuto di tali indumenti. Altri oggetti di natura tipicamente feticista sono le scarpe, i tacchi, la pelliccia, il lattice, la pelle e altri oggetti o materiali affini.

Flashing – Termine inglese che si usa comunemente per descrivere l'esibizionismo genitale. Il *flasher* tende a esporre i suoi genitali dinanzi a osservatori ignari, in genere di sesso femminile, spesso nel tentativo di sconvolgerli o spaventarli, difendendosi così dalla paura legata all'ansia di castrazione. Difficilmente le vittime subiscono danni fisici, ma in molti casi manifestano sintomi postraumatici da stress.

Identificazione con l'aggressore – Meccanismo classico di difesa, descritto per la prima volta dalla psicoanalista infantile Anna Freud nel 1936, tramite il quale una persona abusata diventa a sua volta violenta, nella realtà o nella fantasia, nel tentativo di ridurre il dolore della violenza o della minaccia subite. Ne sono un esempio quei prigionieri che, all'interno dei campi di concentramento nazisti, si identificavano a tal punto con i propri carnefici da assumere il ruolo di kapò, usando violenza nei confronti degli altri deportati per sottrarsi al dolore della prigionia. Il meccanismo di identificazione con l'aggressore si è rivelato ricorrente nelle fantasie sessuali dei britannici, in cui spesso le fantasie che consistono nel perpetrare violenza e umiliazione affondano le loro radici in episodi di violenza o umiliazione subiti durante l'infanzia. Identificandosi con l'aggressore, la vittima riduce la sofferenza mentale, almeno a breve termine.

Identità sessuale – Descrittore dell'identità di un individuo, spesso usato come sinonimo di « orientamento sessuale » per indicare le preferenze sessuali di una persona: eterosessuale, omosessuale, bisessuale o rientrante in una categoria aperta che sfugge a rigide schematizzazioni.

Incesto – Attività sessuale con un membro della famiglia non adulto e coetaneo – e diverso dal proprio coniuge – che la maggior parte degli psichiatri classifica come abuso. Ogni forma di contatto sessuale transgenerazionale di un adulto con un minore (per esempio, tra genitore e figlio, tra zio e nipote o tra fratello maggiore e minore) rappresenta un abuso sessuale a tutti gli effetti. I rapporti sessuali fra parenti adulti (per esempio i casi di incesto tra fratelli adulti), invece, sono quasi sempre considerati in psichiatria come fenomeni ad alto rischio.

Incesto dislocato – Termine da me coniato per indicare la fascinazione sessuale nei confronti di figure di autorità o di potere, come superiori, insegnanti, medici, infermiere. Tali figure ricorrono con notevole frequenza nelle fantasie sessuali dei britannici; la mia esperienza mi induce a concludere che essi siano sostituti simbolici di figure che hanno rappresentato l'autorità nell'infanzia di un individuo, prime fra tutte quelle parentali.

Incomunicato – Concetto elaborato per la prima volta dal pediatra, psichiatra infantile e psicoanalista britannico Donald Winnicott per descrivere quella preziosa area della psiche che molti individui desiderano mantenere segreta, al riparo dall'esame di partner, amici, confidenti o psicoterapeuti. Andando contro il fondamento stesso del metodo psicoanalitico, che sostiene la necessità di rivelare tutto di sé nel pieno riserbo di una seduta psicoterapica, Winnicott osò ipotizzare che potesse essere salutare o perfino essenziale per alcuni individui conservare una parte «incomunicata» di sé. Per alcuni, infatti, svelare le proprie fantasie sessuali è fonte di grande sollievo, mentre per altri tale esternazione equivale a un abuso psicologico, che violenta la parte più intima e privata della propria persona.

Infanticidio psicologico – Concetto che ho definito per la prima volta nel 1993 come desiderio compulsivo da parte di un genitore di uccidere il proprio figlio. Mentre l'infanticidio vero è proprio è l'uccisione del figlio da parte di un genitore, l'infanticidio psicologico consiste nella trasmissione del desiderio di morte al figlio come brutale espressione di odio parentale. L'infanticidio psicologico può essere veicolato in vari modi, per esempio attraverso la pronunciazione al cospetto del figlio di una minaccia di morte vera e propria o del desiderio che non fosse mai venuto al mondo. Le vittime dell'infanticidio psicologico non muoiono in senso corporeo, ma spesso dicono di essere morte nell'anima e manifestano severe turbe psicotiche o neurotiche.

Infedeltà masturbatoria – Sinonimo di « relazione intraconiugale » e di « basso quoziente di fedeltà », questo termine di riferisce alla diffusa pratica di elaborare durante la masturbazione fantasie sessuali che hanno come protagonisti individui diversi dal proprio partner sessuale.

Inversione – Sebbene non sia comunemente classificata come meccanismo di difesa, l'inversione può definirsi come una strategia psicologica finalizzata a ridurre l'angoscia mentale attraverso lo scambio, spesso a livello immaginario, del ruolo del carnefice con quello della vittima. Abbiamo osservato il meccanismo dell'inversione nel caso di Lucian, il quale, dopo che da bambino era stato sorpreso dai suoi compagni di classe a urinarsi addosso, aveva elaborato una fantasia in cui era lui a guardare gli altri urinare e defecare, assumendo – attraverso il meccanismo dell'inversione – il ruolo dell'osservatore, quindi del carnefice.

Libera associazione – *vedi* **Associazione libera**

Mappa psichica – Termine da me spesso usato come sinonimo di fantasia sessuale, in riferimento a quelle idee erotiche profonde e private che sorgono inaspettate nella mente di un individuo rendendolo differente da tutti gli altri. Benché molti si eccitino con lo stesso tipo di fantasie (per esempio pensando a un rapporto lesbico), non esistono due britannici che ricorrano esattamente alla stessa fantasia. I tratti specifici delle proprie fantasie costituiscono la mappa psichia di un individuo.

Masochismo – Stato psicologico in sui si trae piacere, spesso di natura sessuale, da un'esperienza dolorosa. Il «masochista sessuale» spesso ottiene godimento dall'essere picchiato, punito o umiliato. Nel lessico della psicoanalisi classica, il masochismo è un fenomeno esclusivo della camera da letto, mentre si chiama «masochista morale» colui che trova piacere nell'essere molestato o ferito emotivamente (per esempio, dall'essere trattato come uno zerbino). I motivi masochistici sono molto frequenti nelle fantasie sessuali dei britannici.

Meccanismo di difesa – Per proteggere se stesso da impressioni, introspezioni e ricordi dolorosi, ogni individuo ricorre a meccanismi di difesa, quasi sempre di natura inconscia, che offrono una via di fuga e un rifugio dalle realtà dolorose. I meccanismi di difesa si traducono in forme di «repressione» (rimuovere contenuti negativi), «proiezione» (attribuire ad altri pensieri e impulsi negativi), «distorsione» (trasformare il negativo in positivo, per esempio il doloroso in piacevole) e «regressione» (comportarsi in modo infantile per evitare gli oneri e le responsabilità della vita adulta).

Messa in atto – In ogni individuo sono presenti numerosi richiami e pensieri di natura sessuale e aggressiva, che in molti casi si tende a reprimere. Mettendoli in atto, l'individuo passa dalla fantasia all'azione. Da un punto di vista psicoanalitico, la messa in atto sarebbe spesso motivata da stati d'ansia e, in molti casi, considerata perversa.

Neovergini – Termine di cui mi servo per descrivere la sempre più frequente tendenza da parte degli adulti britannici di astenersi dal sesso tornando a uno stile di vita virginale. Il neovergine è un individuo che ha avuto esperienze sessuali durante la vita adulta ma che per qualche motivo ha deciso di rinunciare al contatto sessuale con altre persone. Il ricorso alle fantasie masturbatorie diventa particolarmente ricorrente presso i neovergini.

Oggetti transizionali e **Fenomeni transizionali** – Termini tecnici introdotti negli anni cinquanta del Novecento dal celebre pediatra e psicoanalista inglese Donald Winnicott per descrivere l'uso di particolari oggetti, suoni o immagini per facilitare il distacco del bambino dalla madre. Notoriamente i bambini utilizzano come *oggetti* transizionali, quindi come sostituiti delle proprie madri, le coperte o gli orsacchiotti di peluche. Per contrasto, i *fenomeni* transizionali identificano qualcosa di meno tangibile, come la voce materna che, proveniente da una stanza vicina, rassicura il neonato. Gli oggetti e i fenomeni transizionali assistono il bambino nel passaggio da uno stato di assoluta dipendenza a una condizione di maggiore autonomia.

Oggetto amoroso – Concetto psicoanalitico classico che si riferisce all'oggetto dell'amore di qualcuno, che si tratti di una persona, di una parte di quella persona (il seno, il pene o la vagina) o di se stessi.

Oggetto parziale – Concetto divulgato dal tedesco Karl Abraham, discepolo di Freud, e dalla sua alunna, la psicoanalista austrobritannica Melanie Klein, per indicare i modi in cui spesso ci si relaziona e si interagisce in modo primitivo con gli altri, non considerandoli degli individui, bensì parti di individui. Per esempio, un uomo insicuro e disagiato tenderà a relazionarsi con la propria moglie non considerandola come una partner a tutti gli effetti, ma come un seno da cui trarre conforto e nutrimento. Tale tipo di interazione è detta relazione di oggetto parziale. Nelle fantasie sessuali, in particolare in quelle masturbatorie, si tende spesso a trattare il proprio partner in un modo pseudomaturo, come oggetto parziale, come un insieme di orifizi, anziché come una persona provvista di bisogni e desideri.

Oggetto totale – Nel lessico psicoanalitico, indica un'interazione matura con un altro individuo. A differenza delle relazioni parziali – in cui uno dei due vede l'altro in modo infantile, esclusivamente come fonte di sicurezza finanziaria o di sfogo sessuale – le relazioni totali si fondano sul riconoscimento dell'altra persona come entità completa dotata di sentimenti, con la quale entrare in empatia e verso la quale usare tenerezza, compassione e attenzione.

Omosessualità situazionale – La pratica dell'omosessualità da parte di uomini o donne che, abitualmente, preferiscono partner eterosessuali. L'omosessualità situazionale si manifesta di solito nei bracci di prigione riservati ai soli uomini o alle sole donne o, per esempio, tra i marinai imbarcati che, in assenza di partner femminili, sfogano il loro istinto sessuale con gli altri membri dell'equipaggio. L'omosessualità situazionale può servire da pretesto per esprimere preesistenti impulsi omosessuali.

Omovestitismo – Diversamente dal travestitismo, che è il desiderio di indossare abiti del sesso opposto, l'omovestitismo consiste nell'eccitarsi vestendo indumenti del proprio sesso. Quasi sempre praticato da omosessuali, consiste nella tendenza a confermare la propria identità sessuale esacerbandola.

Onanismo – Sinonimo antiquato di «masturbazione», usato nella letteratura psichiatrica e psicoanalitica più datata.

Orgasmocentrismo – Approccio all'attività sessuale che assurge l'orgasmo a fine ultimo. Gli individui che lo praticano spesso suscitano le critiche dei propri partner qualora non si adoperino anche per il raggiungimento del loro piacere. Coloro che si affidano spesso alla fantasie coitali durante il rapporto sono spesso organocentrici e utilizzano le proprie fantasie per eccitare solo se stessi, escludendo il proprio partner.

Orientamento sessuale – Termine generico ma complesso con cui si descrive l'insieme delle preferenze sessuali di un individuo. L'orientamento sessuale si può riferire all'identità sessuale autoproclamata di chi si riconosce eterosessuale, omosessuale o bisessuale, oppure a un concetto della scienza comportamentale o della psicopatologia clinica con cui si indica la diagnosi emessa da uno specialista sull'identità sessuale di un individuo, non sempre coincidente con l'identità sessuale rivendicata dall'individuo stesso.

Paradosso masturbatorio – Termine da me coniato per indicare la singolare commistione di piacere e vergogna che i britannici provano nei riguardi delle loro fantasie sessuali. Quasi sempre fonti di eccitazione, le fantasie masturbatorie e coitali generano spesso un senso di sporcizia, vergogna e malessere dovuti all'interferenza del proprio senso del pudore. È proprio questo insieme di sensazioni contraddittorie a costituire il paradosso masturbatorio.

Pedofilia – Una delle forme più gravi di perversione e psicopatologia sessuale che consiste nel perpetrare offese sessuali su un minore. Tali pratiche sono sempre nefaste, in quanto comportano invariabilmente una profonda sofferenza psichica nella vittima.

Perversione – Nel discorso psicoanalitico si riferisce in modo specifico a una pratica in cui l'eccitazione e il sadismo diventano inestricabili. Lo psicoanalista americano Robert Stroller definiva la perversione come desiderio di ferire l'oggetto, in altre parole, come desiderio di infliggere sofferenza al proprio amato. Con il mutare delle attitudini culturali, negli ultimi decenni, psicoterapeuti e psicoanalisti hanno cessato di considerare perversioni fenomeni come l'omosessualità, mentre continuano a considerare tali la pedofilia, lo stupro e diverse forme di sadomasochismo.

Psicoanalista – Un professionista in igiene mentale qualificato e specializzato nell'arte di fornire cure psicoterapiche intensive e approfondite a individui che manifestano disagio. Gran parte degli psicoanalisti contemporanei sono profondamente debitori alle teorie di Sigmund Freud e incontrano i loro pazienti con una frequenza di tre, quattro o cinque volte alla settimana, li invitano a distendersi su un lettino e li incoraggiano ad abbandonarsi alla libera associazione dei pensieri.

Psicoterapeuta – Un professionista in igiene mentale qualificato e specializzato nella «terapia della parola», in grado di fornire una terapia psicologica ai pazienti affetti da disturbi mentali o disagi emotivi. La maggior parte degli psicoterapeuti britannici è di scuola freudiana, mentre altri preferiscono seguire modelli teoretici diversi. Quasi tutti i moderni psicoterapeuti, tuttavia, sono concordi nel riconoscere la crescente importanza delle esperienze infantili nello sviluppo della personalità così come il devastante impatto che i traumi e gli abusi esercitano sulla psiche.

Psicoterapeuta coniugale – Si dice di psicoterapeuti specializzati nel trattamento delle difficoltà relazionali e sessuali di coppia. Oggi chiamati anche «psicoterapeuti di coppia», sono tutti psicoterapeuti accreditati che si ispirano alla psicoanalisi freudiana. Benché siano molti i consulenti e gli psicoterapeuti che si occupano di relazioni di coppia, in Gran Bretagna i soli psicoterapeuti coniugali accreditati sono i membri della Society of Couple Psychoanalytic Psychotherapists. Questi ultimi, a differenza dei consulenti, forniscono una terapia a lungo termine, della durata di almeno un anno, finalizzata ad aiutare le coppie a trasformare e consolidare il rapporto e a risolvere difficoltà sessuali radicate.

Psicoterapia forense – Branca della psicoterapia specializzata nel trattamento psichico di pazienti pericolosi o affetti da pronunciate perversioni sessuali (come stupro, pedofilia e omicidi a scopo di libidine). Obiettivo di tale disciplina è curare i pazienti pericolosi attraverso la terapia della parola anziché attraverso le misure punitive auspicate da numerose istituzioni. Grazie agli sforzi e alla dedizione di colleghi come Estela Welldone, presidente onorario della International Association for Forensic Psychotherapy, questo tipo di approccio psicoterapeutico è sempre più diffuso e accettato in ambito psichiatrico.

Quoziente di fedeltà – Termine da me coniato per descrivere il grado di fedeltà che si conserva nei confronti del proprio partner durante le fantasie sessuali. Un individuo che fantastica sul proprio compagno durante il rapporto o durante la masturbazione, per esempio, ha un alto quoziente di fedeltà, mentre un individuo che durante il rapporto o la masturbazione fantastica di altre persone od oggetti è ritenuto a basso quoziente di fedeltà. Dal Progetto di ricerca sulle fantasie sessuali britanniche è emerso che nell'ambito delle fantasie sessuali una sostanziale percentuale di adulti ha un basso quoziente di fedeltà.

Relazione extraconiugale – Ingannare o tradire il proprio partner sessuale abituale, di solito senza che quest'ultimo ne sia a conoscenza o dia il consenso. Spesso la relazione extraconiugale implica l'intimità fisica, ma può manifestarsi anche come sola esperienza emotiva, priva di coinvolgimento erotico.

Relazione intraconiugale – Termine da me coniato, per analogia a «relazione extraconiugale», per descrivere quelle fantasie sessuali in cui un individuo trae piacere all'idea di avere rapporti sessuali con qualcuno di diverso dal proprio partner abituale. La relazione intraconiugale può essere considerata come una versione psicologia della relazione extraconiugale. Spesso accompagna o consegue una relazione extraconiugale.

Relazione oggettuale – Espressione psicoanalitica che si usa per riferirsi all'interconnessione fra due oggetti, fra due parti di oggetti o fra un oggetto e una parte di oggetto. Generalmente parlando, le relazioni oggettuali di un individuo rivelano la qualità delle sue interazioni: se uno psicoterapeuta diagnostica una scarsità di relazioni oggettuali in un paziente, di solito quel paziente abita un universo emozionale desolato, privo di fonti di creatività, di consolazione, di coinvolgimento o sostegno.

Repressione – Uno dei principali meccanismi di difesa, che consiste nella rimozione dalla mente conscia di un pensiero o di un'idea disturbanti. Talvolta un dato psicologico represso riemerge in superficie («ritorno del represso») ma molto spesso rimane sommerso per sempre.

Sadismo – Bisogno impellente di perpetrare violenza. Nella sua forma clinica più estrema, il sadismo consiste nell'inflizione di crudeltà fisica su altri individui. Quando si manifesta come impulso di violenza verso la propria persona prende il nome di «masochismo». Talvolta il sadismo si esplicita in una forma psicologica sublimata, per esempio in atti di crudeltà mentale o verbale che, pertanto, possono considerarsi come postumi di impulsi o istinti sadici.

Sadismo psichico – Desiderio privato di infliggere sofferenza. Diversamente dal sadico clinico, che mette in atto sentimenti ostili, il sadico psichico si trattiene accumulando risentimento, come dimostrano numerose fantasie sessuali di adulti britannici.

Scena primaria – Concetto introdotto per la prima volta da Sigmund Freud per definire la scena che resta impressa nella mente di un bambino che sorprende i propri genitori a fare sesso. Secondo Freud, assistere o fantasticare sulle pratiche sessuali dei propri genitori – in particolare desiderando di penetrare nella loro stanza da letto e di avere accesso ai loro segreti – può incidere fortemente sullo sviluppo e forgiare il comportamento adulto di un bambino. Le fantasie sui triangoli, per esempio, sono una prova inconfutabile dell'impatto della scena primaria sulla psiche infantile.

Scissione – Recondito meccanismo di difesa, spesso inconscio, che consiste nel proteggere se stessi da pensieri e idee molesti rimuovendo dalla propria mente i contenuti dolorosi. Spesso i contenuti psicologici vengono estromessi dalla coscienza e sepolti nei più profondi recessi della psiche, oppure proiettati su qualcuno o qualcos'altro. In breve, la dissociazione è una forma di evacuazione psicologica.

Sessualizzazione – Sinonimo comune di «eroticizzazione», che consiste nel caricare di una valenza sessuale un'esperienza negativa.

Teledildonica – Nuova variante del cybersesso praticata dai conoscitori della pornografia telematica. Per effettuarla è necessario che un utente si connetta a un sito dal quale può osservare in tempo reale l'immagine di una persona ripresa da una webcam, per poi manipolare, tramite una serie di comandi informatici, lo strap-on (o dildo, da cui il nome) da lei indossato. In altre parole, tramite la teledildonica, un appassionato di pornografia via Internet può masturbare qualcuno a distanza servendosi di una serie di comandi e di uno strap-on connesso al computer.

Teoria dell'istinto duale – Nella psicoanalisi classica Freud affermava che la vita di ogni essere umano è retta e orientata da due potenti pulsioni (o istinti): la sessualità e l'aggressività. Basta sfogliare una qualsiasi rivista scandalistica per constatare quanto sia diffusa l'ossessione per i temi della sessualità e della violenza. Uno degli obiettivi della maturazione psicologica dovrebbe essere quello di addomesticare questi desideri e stimoli spesso selvaggi e incontrollati.

Transessualità – Stato mentale in cui un uomo si convince di essere o di dover diventare una donna e viceversa. Spesso il transessuale intraprende il lungo, laborioso e complesso processo di cambio del sesso attraverso la chirurgia, che prevede, per gli uomini, la rimozione del pene e dei testicoli, e, per le donne, un intervento di falloplastica, che consiste nella ricostruzione chirurgica del pene in sostituzione dei genitali femminili. I transessuali popolano le fantasie di molti britannici, al punto che molti uomini dichiaratamente eterosessuali ricorrono nella fantasia o nella pratica alle cosiddette «trans».

Travestitismo – Forma di comportamento in cui un individuo è spinto a vestire indumenti tradizionalmente indossati da membri del sesso opposto. Il travestitismo è molto di più di una semplice mascherata fra colleghi d'ufficio durante un party natalizio particolarmente innaffiato:

si tratta invece di una pratica compulsiva, alla quale spesso si ricorre per alleviare un disagio radicato. Per molti individui il travestitismo diventa uno stile di vita a lungo anelato; per altri è un mezzo per eccitare la propria fantasia facendo vestire al proprio partner i panni di un individuo del proprio sesso.

Zoofilia (***vedi anche*** **« Bestialità »**) – Pratica di rapporti sessuali con animali, anche nota come « bestialità ».

Appendice 1: indice tematico delle fantasie sessuali preferite dai britannici

[Le seguenti percentuali si riferiscono ai britannici adulti che hanno dichiarato di aver avuto almeno una volta una fantasia appartenente alla categoria in oggetto. I dati non illustrano le preferenze in materia di fantasie sessuali riguardanti un unico individuo.]

Gruppo 1

Fantasia	Percentuale tot.
Sesso con il mio partner abituale	58%
Sesso con qualcuno del mio stesso sesso	25%
Sesso con il partner di qualcun altro	41%
Sesso con un amico	32%
Sesso con il partner di un amico	23%
Sesso con un collega	39%
Sesso con un superiore	11%
Sesso con uno sconosciuto	37%
Sesso con un uomo e una donna contemporaneamente	15%
Sesso con due o più uomini	18%
Sesso con due o più donne	35%
Un triangolo	30%
Un'orgia	20%
Osservare un uomo e una donna che fanno sesso	21%
Osservare due o più uomini che fanno sesso	7%
Osservare due o più donne che fanno sesso	23%
Essere guardato mentre faccio sesso	19%
Mostrare il seno in pubblico	5%

Mostrare i genitali in pubblico	5%
Scambio di coppia	11%
Streap-tease in pubblico	5%
Spiare o sbirciare qualcuno mentre si spoglia	13%
Spogliarsi davanti a qualcuno	10%
Guardare film porno	30%
Leggere racconti porno	20%
Recitare in un film porno	11%
Essere filmati mentre si fa sesso	16%
Nella fantasia, assumere l'identità di un altro	11%
Nessuna delle fantasie elencate	9%
Preferisce non rispondere	2%

Gruppo 2

Fantasia	Percentuale tot.
Avere un ruolo dominante o aggressivo durante il sesso	29%
Avere un ruolo sottomesso o passivo durante il sesso	33%
Praticare violenza a qualcuno	4%
Subire violenza da parte di qualcuno	6%
Costringere l'altro a spogliarsi	11%
Essere costretti a spogliarsi	13%
Costringere qualcuno a masturbarsi	9%
Essere costretti a masturbarsi	10%
Sculacciare qualcuno	13%
Essere sculacciati	12%
Usare una frusta, un paddle, un bastone, una pantofola o una cinghia	7%
Bendare qualcuno	17%
Essere bendati da qualcuno	17%
Legare qualcuno	23%
Essere legati da qualcuno	25%
Usare manette, legature, collari, ecc.	15%
Farsi applicare, manette, legature, collari ecc.	14%
Imbavagliare qualcuno	4%

Farsi imbavagliare	4%
Nessuna delle fantasie elencate	38%
Preferisce non rispondere	3%

Gruppo 3

Fantasia	Percentuale tot.
Indossare abiti dell'altro sesso	6%
Indossare abiti del proprio sesso	2%
Fare sesso con un travestito (con qualcuno che veste abiti del sesso opposto al suo)	3%
Fare sesso con un transessuale (con qualcuno che ha cambiato sesso)	3%
Sputare su qualcuno	1%
Farsi sputare da qualcuno	1%
Urinare su qualcuno	6%
Farsi urinare addosso da qualcuno	6%
Defecare su qualcuno	1%
Farsi defecare addosso da qualcuno	1%
Fare sesso con un/una adolescente di più di 16 anni	18%
Fare sesso con un/una adolescente di meno di 16 anni	5%
Sesso con un/una bambino/a	1%
Sesso con un/una neonato/a	0%*
Sesso con un fratello	1%
Sesso con una sorella	1%
Sesso con la propria madre	2%
Sesso con il proprio padre	0%*
Sesso con un cognato	2%
Sesso con una cognata	7%
Sesso con la suocera	2%
Sesso con il suocero	0%*
Sesso con altri consanguinei	4%
Sesso con altri parenti non consanguinei	7%
Nessuna delle fantasie elencate	64%
Preferisce non rispondere	2%

Gruppo 4

Fantasia	Percentuale tot.
Necrofilia (sesso con una persona defunta)	0%*
Vibratore (o altri arnesi elettrici)	35%
Dildo (o altri arnesi elettrici)	22%
Strap-on	9%
Pinze per capezzoli	6%
Biancheria intima	24%
Cibo	16%
Radersi	14%
Asfissia autoerotica (gratificarsi sessualmente tramite autostrangolamento)	1%
Sesso con animali	3%
Feticismo	5%
Infantilismo (indossare pannolini, essere nutriti con il biberon)	0%*
Infliggere umiliazione	3%
Subire umiliazione	3%
Parlare volgarmente	31%
Giochi di ruolo	23%
Odori corporali	2%
Umori corporali	5%
Baci	43%
Scene romantiche	37%
Nessuna delle fantasie elencate	23%
Preferisce non rispondere	2%

* La percentuali dello 0% non indica che quella risposta ha ottenuto 0 consensi, bensì una percentuale inferiore allo 0,5%. Questo vuole dire che, anche se nessuna donna britannica sembra aver ammesso di avere fantasie necrofile, l'1% pieno dei connazionali uomini, pari a circa 250.000 individui, ha ammesso di immaginare di fare sesso con cadaveri.

Ringraziamenti

Non avrei potuto scrivere questo libro senza il sincero contributo di oltre 19.000 britannici anonimi che, oltre a concedere il loro tempo, hanno svelato con lodevole sincerità i contenuti della loro psiche. A loro rivolgo un sentito grazie e la mia più sincera stima. Intendo esprimere particolare gratitudine a quel valoroso gruppo di intervistati che è giunto a Londra da ogni angolo del paese per sottoporsi alle lunghe interviste psicodiagnostiche faccia a faccia che ho condotto in prima persona. Queste ultime, insieme con la mia esperienza clinica, costituiscono l'asse portante delle mie teorie e della mia ricerca; spero perciò di aver rispettato la volontà di tutti coloro che hanno preso parte al Progetto di ricerca sulle fantasie sessuali britanniche celando la loro vera identità e usando le loro dichiarazioni con il dovuto riserbo, nell'esclusivo interesse della ricerca psicologica.

Questo libro deve interamente la sua genesi al preziosissimo consiglio del mio caro amico e collega Oliver Rathbone, direttore editoriale della Karnack Books, che da anni pubblica i miei studi clinici e accademici. Durante un pranzo di lavoro manifestai a Oliver il desiderio di dedicare il mio prossimo lavoro a un approfondimento dell'opera di Sigmund Freud. Oliver per poco non cadde assopito nel piatto che aveva davanti, ma, desideroso di condurmi nel XXI secolo, mi suggerì in alternativa uno studio sulla psicologia delle fantasie sessuali che prendesse le mosse dalla mia esperienza nell'ambito della psicoterapia di coppia e, in particolare, delle difficoltà sessuali fra coniugi. Oltre a offrirmi uno spunto di ricerca e di scrittura inaspettatamente ricco, da autentico gentiluomo, mi incoraggiò a sottoporre il manoscritto a un altro editore.

Senza l'inestimabile guida, l'entusiasmo, l'amicizia e la tempestiva genialità di Patrick Walsh, senza dubbio il migliore, il più devoto, oltre che il più divertente degli agenti letterari, tutto il materiale raccolto sarebbe rimasto ad accumulare polvere sugli scaffali del mio studio. Con l'abilità di uno psicoterapeuta consumato, Patrick è riuscito a sopportare le mie remore, le mie ansie e le mie scuse per eccesso di impegni, e ha perfino sottratto tempo alle sue vacanze natalizie per aiutarmi a strutturare i miei dati in modo coerente. Non sarei mai stato in grado di terminare questo libro senza la sua fiducia e il suo incoraggiamento costante e senza il caloroso sostegno e il prezioso aiuto dei suoi colleghi di Conville e Walsh, in modo particolare di Sam North, al quale devo la conoscenza di Patrick, e di Susan Armstrong, Kevin Conroy-Scott, Ed Jaspers e naturalmente dell'eternamente brillante Jake Smith-Bosanquet, per il suo sostegno pratico e psicologico. Sono altrettanto grato per il suo aiuto, la sua disponibilità e la sua competenza a Emma Parry, della Fletcher and Parry di New York, che mi ha guidato per un memorabile tour nella Manhattan letteraria e continua a essere un'inesauribile fonte di incoraggiamento. Rivolgo la mia più sincera stima personale e professionale a Michael Iacovou e ai suoi colleghi della M.S. Iacovou and Associates per la loro assistenza in materia contrattuale e per l'ineccepibile professionalità e cordialità.

Ringrazio la giovane e lungimirante Helen Conford della Penguin Books, che ha accompagnato questo progetto dai primi stadi di incubazione fino alla pubblicazione, aiutandomi a trasformare un insieme informe di appunti e annotazioni in un manoscritto infinitamente più razionale, limato nella struttura, nello stile e nel tono. Ringrazio per la loro fiducia e il loro contributo tutto il talentuoso team della casa editrice, soprattutto il direttore editoriale della Penguin Press Stefan McGrath, il direttore dell'ufficio stampa Rosie Glaisher e l'addetta all'ufficio stampa Sarah Coward, l'affettuosa e avveduta senior copy editor Sarah Coward, e la sua altrettanto accorta collega Richard Duguid.

Sono parimenti debitore verso tutti coloro che mi hanno offerto il loro inestimabile aiuto nella realizzazione del Progetto di ricerca sulle fantasie sessuali britanniche. Ringrazio prima di tutto Nadhim Zahawi, vice amministratore delegato, e l'intero team di sondaggisti della YouGov, per l'assistenza nella realizzazione dei diversi questionari e per l'autorizzazione ad attingere al loro campione randomizzato di individui britannici di entrambi i sessi. Autentico gentiluomo e alleato fedele, Nadhim mi ha offerto tutta la sua disponibilità e mi ha affiancato un meraviglioso team coordinato dall'instancabile Sarah Jordan e dall'abile Panos Manolopoulos. Il paziente e acuto direttore delle iniziative speciali presso la YouGov, Joe Twyman, si è dimostrato il miglior consulente statistico in assoluto e ha risposto con lodevole temperanza a un'infinità di domande.

Il finanziamento di questo progetto in continua espansione è arrivato nella gradita forma di fondi per lo sviluppo da Channel Five Broadcasting. Dan Chambers, amabile e comprensivo direttore dei programmi presso Channel Five, ha provveduto al supporto finanziario necessario per organizzare il mio esoso compito di ricerca e mi ha offerto la possibilità di confezionare in tempi rapidi un documentario televisivo sul tema delle fantasie sessuali che è servito a chiarirmi molti dubbi su questo complesso campo di indagine. Dan e la sua socia Rebecca Cotton hanno fornito un prezioso contributo in tutte le fasi iniziali del progetto.

Guidando il nostro progetto fino alla messa in onda con estrema dedizione, perfezionismo, entusiasmo e ottimismo, Dunja Noach della Tiger Aspect Productions, la casa di produzione televisiva che ha realizzato *Britain's Sexual Fantaisies*, si è dimostrata la più capace dei direttori esecutivi.

Georgina Chignell è stata la prima a portare il progetto all'attenzione di Paul Sommers, capo della divisione Documentari, e con grande professionalità Justine Kershaw e Peter Grimsdale hanno riconosciuto la qualità del programma e lo hanno presentato positivamente alla commissione giudicante della rete. Intendo inoltre rivolgere un grazie di cuore ai numerosi membri della produzione dai quali ho imparato molto, dal direttore di produzione Fred Casella, ad Antonia Davies, Elaine Foster, Donal McCusker, Jenny Spearing e i miei assistenti di ricerca Guro Elstad e Christian Young. Ringrazio calorosamente Sara Ramsden, ex direttore amministrativo di Sky 1 Television, per avermi dato l'incarico di consulente per il documentario in sei parti sulle fantasie sessuali, grazie al quale ho approfondito numerosi aspetti dell'argomento.

A tutti i miei insegnanti, colleghi, amici e studenti nell'ambito della ricerca sulla salute mentale e la psicoterapia, troppo numerosi per poterli salutare come meriterebbero, devo ogni mio passo nella vita professionale. Le persone da cui ho avuto il privilegio di imparare sono così numerose che sarebbe ingiusto citarne soltanto alcune. Tuttavia, sento di dover esprimere i primi e più sentiti ringraziamenti alla mia cara collega e mentore Margot Sunderland, direttrice del Centre for Child Mental Health di Londra, che da anni ormai mi fornisce una sede per la mia ricerca e le cui doti di generosità e cortesia rimangono ineguagliate nell'ambiente della psicoterapia. Sono grato a Sir Richard Bowlby, presidente del Centre for Child Mental Health e Xenia Bowlby, che hanno sostenuto incessantemente il mio operato negli anni e mi hanno insegnato molto di quello che conosco sulla teoria dell'attaccamento. Grazie a Graeme Blench, codirettore del Centre for Child Mental Health, modello di cordialità e comprensione, e a tutto lo staff amministrativo del Centro, specialmente all'efficentissima direttrice Ruth Bonner.

Ringrazio sentitamente per il generoso contributo la Winnicott Clinic of Psychotherapy e il suo emerito direttore, il Rt. Hon. Leo Abse, così come il suo direttore in carica Eric Koops, e tutto il consiglio di amministrazione, in particolare Lord Jones, Christine Miqueu-Baz e Cesare Sacerdoti, oltre che il nostro amministratore Catherine Avor. Grazie a una tempestiva borsa di ricerca la Winnicott Clinic of Psychotherapy mi ha concesso un provvidenziale anno sabbatico che mi ha sollevato dagli oneri dell'insegnamento.

I miei colleghi del Tavistock Centre for Couple Relationships, già Tavistock Marital Studies Institute, mi hanno insegnato tutto quello che conosco sulla psicologia delle relazioni coniugali. Il direttore emerito, Cristopher Clulow, negli anni mi ha sempre reso partecipe della collegialità e mi ha trasmesso il suo appassionato impegno nella risoluzione dei problemi coniugali. Susanna Abse, il nuovo direttore, e i suoi numerosi collaboratori clinici e amministrativi mi hanno aiutato molto più di quanto non credano.

La professoressa Ann Kurth, autentico luminare nel campo dell'igiene e dell'epidemiologia sessuale, è stata la mia principale consulente di ricerca per il British Sexual Fantasy Research Project, guidandomi tra le mille insidie di una ricerca su larga scala, supervisionando ogni fase del lavoro con estrema intelligenza e passione. Il dottor Avi Shmueli, mente poliedrica specializzato in numerose discipline cliniche, mi ha offerto una competente consulenza sui test e i questionari di psicodiagnostica e ha sottratto molto tempo alla sua importante ricerca sulla teoria dell'attaccamento e della relazione di coppia e sulla psicologia della coppia in fase di divorzio per offrirmi assistenza ogni volta che ne ho avuto bisogno.

La dottoressa Valerie Sinason, psicoanalista e psicoterapeuta infantile e cara amica da lunghi anni, oltre ad aver letto per intero il manoscritto, ha sostenuto il mio lavoro e ha contribuito alla mia crescita professionale, condividendo generosamente con me le sue scoperte sull'impatto delle forme estreme di abuso infantile. La dottoressa Estela Welldon, decano della psicoterapia forense in campo internazionale, è stata la mia prima e più influente docente in materia: non riuscirei a quantificare l'entità del suo contributo al mio pensiero clinico. La professoressa Susie Orbach e il dottor Joseph Schwartz hanno contribuito anch'essi così sostanzialmente al formarsi del mio pensiero psicoanalitico che spesso non so distinguere quali convinzioni io abbia maturato nel corso delle sedute con i miei pazienti e quali nel corso delle fruttuose e spesso accese conversazioni intorno a un tavolo da pranzo.

Pauline Hudson, presidente della nostra Society of Couple Psychoanalytic Psychotherapists, ha fornito tutto il suo sostegno emotivo e intellettuale in una fase in cui la ricerca sembrava a un punto morto. Lloyd deMause, direttore dell'Institute for Psychohistory, e presidente dell'International Psychohistorical Association, uno dei nostri più arditi ricercatori in materia di abuso sessuale infantile mi ha insegnato tutto quello che conosco sui maltrattamenti ai danni dei minori, sulle cause e la prevenzione, fin dal nostro primo incontro nel 1981; a lui devo tutti i cenni sull'argomento che appaiono in questo studio. Ringrazio David Leevers per la sagacia e la generosità intellettuale e per aver letto per intero il manoscritto e per averlo costellato di preziosissimi suggerimenti. Grazie alla mia amica Margaret Bluman, inesauribile fonte di incoraggiamento nel corso del lungo processo di scrittura.

Tra gli altri colleghi che hanno contribuito al formarsi del mio pensiero clinico nel campo delle fantasie sessuali, della psicopatologia sessuale, della traumatologia e degli ambiti clinici affini ringrazio i dottori Stella Acquarone, Bernard Barnett, Margaret Baron, il professor David Beisel e il professor Rudolf Binino, il dottor Thaddeus Birchard, la dottoressa Sandra Bloom, il professor George Bonanno, il professor Robert Bor, il dottor John Bowlby, il dottor Abrahão Brafman, la professoressa Margaret Brenman-Gibson, Christel Buss-Twachtmann, Donald Campbell, Patricia Coleman, Judy Cooper, Lynne Cudmore, Katy Dearnley, Zack

Eleftheriadou, la dottoressa Susanna Isaacs Elmhirst, la dottoressa Laura Etchegoyen, il professor Reuben Fine, Lucy Freeman, il professor Jesse Geller, il professor Sander Gilman, il dottor Mervin Glasser, il dottor Lawrence Goldie, il professor Melvin Goldstein, il professor Jean Goodwin, il dottor Elif Gürisik, la professoressa Melinda Guttmann, il dottor David Hewison, Stenie Holland, il professor Sheila Hollins, Oliver Howell, Oliver James, la dottoressa Cynthia Janus, il dottor Samuel Janus, la dottoressa Dorothy Judd, il dottor Melvin Kalfus, la dottoressa Pearl King, il professor Robert Langs, la dottoressa Margaret Little, il dottor Joyce McDougall, il professor Ronald Mack, Jeannie Milligan, Marion Milner, la professoressa Juliet Mitchell, Mary Morgan, Elspeth Morley, il dottor Robert Morley, Anna Motz, il professor William Neiderland, Viveva Nyberg, Felicia Olney, la professoressa e dottoressa Uwe Henrik Peters, Jennifer Riddell, il dottor Ismond Rosen, Joanna Rosenthall, il professor Peter Rudnytsky, Jane Ryan, il dottor Charles Rycroft, la professoressa Flora Rheta Schreiber, il dottor Allan Schore, il dottor Sonu Shamdasani, il professor Jerome Singer, il professor David Livingstone Smith, il professor Herbert Strean, Helen Trash, il professor Bessel van der Kolk, Susan Van Dias, Christopher Vincent, il dottor Hisako Watanabe, Kate White e la dottoressa Sarah Wynick.

Ringrazio inoltre i numerosi psicologi, psichiatri, sessuologi, psicoanalisti e psicoterapeuti con i quali non ho mai avuto la possibilità di studiare, ma i cui scritti mi hanno profondamente influenzato: il professor Richard Green, il professor Mortimer Ostow, la professoressa Ethel Spector Person, il dottor Glenn Wilson e molti altri. Rivolgo la mia gratitudine, più che a ogni altro, al professor Robert Stoller, che ho avuto il piacere di incontrare seppur brevemente nel 1983, quando ero ancora uno studente specializzando. La sua Edward Glower Memorial Lecture al Royal Free Hospital Medical School ha lasciato su di me un'influenza tanto duratura quanto incolmabile è stato il vuoto lasciato dalla sua improvvisa scomparsa.

Rivolgo un ulteriore ringraziamento, per piccoli e grandi contributi, alle seguenti persone: Nadia Abisch, Yvonne Anderson, Craig Barbour, Peter Bazalgette, Joe Callaghan, Debbie Catchpole, Robert Crozier,Tess Cuming, Jane Dony, Ben Dowell, Katie Ellis, Elizaabeth Hadland, Beric Livingstone, il dottor Ben Maxwell, la dottoressa Caroline Maxwell, George Maxwell, Isobel Maxwell, John Noel, Lisa Perrin, Penny Potsides, John Priestley, il dottor Jonathan Riddell, Anthony Royle, Jonathan Sacerdoti, Paula Stone, Brandon Storey, Dan Welldon e Matthew Williams.

Il dottor Brendan MacCarthy, presidente emerito della British Psycho-Analytical Society, direttore emerito del Child Guidance Training Centre presso la Tavistock Clinic e della London Clinic of Psycho-Analysis, oltre che mio psicoanalista preferito, è morto il 22 dicembre 2005, appena pochi giorni prima che io completassi la prima stesura di questo libro. Brendan conosceva tutto su questo progetto sulle fantasie sessuali e mi ha fornito saggi consigli nella conduzione della ricerca e nella stesura del presente studio. Le sue innovative ricerche in materia di abuso sessuale sui bambini e il suo lavoro sulla cura dei sopravvissuti all'incesto consente agli psicoterapeuti attuali di intervenire in modo più efficace. Uomo di forza e gentilezza, di fortezza e benevolenza, di rigore e flessibilità, di calore e tolleranza, di umorismo e *gravitas*, rimane il mio principale modello di compassione e ispirazione sia a livello professionale sia personale, e la sua prematura scomparsa mi addolora profondamente.

Come sempre, ringrazio soprattutto la mia famiglia, per il suo amore costante e per molto altro ancora – *tacent, satis laudant*.

Brett Kahr. Centre for Child Mental Health, London, 30 ottobre 2006

Brett Kahr continuerà a condurre un'attività di ricerca clinica ed empirica per indagare la natura delle fantasie sessuali. Chiunque, anche al di fuori della Gran Bretagna, avesse compiuto il diciottesimo anno di età e intendesse dare il suo contributo al progetto in forma anonima e del tutto confidenziale può farlo sul sito:

www.sexualfantasyproject.com

TEA Pratica

Ultimi volumi pubblicati

321 Blanchard, *Il verde va con tutto*
322 Scheffer, *I fiori di Bach nei momenti di crisi*
323 Spada, *Agenda Yoga 2009*
324 Biddulph, *Crescere bambini piccoli*
325 Botwinick, *Il mio divorzio*
326 Panigatti, *La comunicazione vitale*
327 B.G., G.P., Markway, *Il bambino timido e come aiutarlo*
328 Paungger e Poppe, *L'agenda della luna 2009*
329 Becker, Spadafori, *Perché i gatti cadono sempre su quattro zampe*
330 Perel, *L'intelligenza erotica*
331 Becker, Spadafori, *Perché i cani si annusano quando si incontrano*
332 Wilson Schaef, *Meditazioni per donne che hanno troppo da fare*
333 McKenna, *Smetti di fumare subito e senza ingrassare*
334 Ury, *Il no positivo*
335 Marshall, *Ti voglio bene ma non ti amo più*
336 Hicks, *La Legge dell'Attrazione. Chiedi e ti sarà dato*
337 Cheung, *La dieta del limone*
338 Fennell, *Il migliore amico del cane*
339 McKenna, *Posso farti diventare ricco*
340 Dyer, *La voce dell'ispirazione*
341 Halls, *Cat confidential*
342 Huber, *La strategia dell'orso bianco*
343 Hirschberger, *Il grande libro della danza del ventre*
344 Paungger e Poppe, *L'agenda della luna 2010*
345 Ford, *Il primo anno del mio bambino*
346 Reynaud, *L'amore è una droga leggera*
347 Berg, *La Kabbalah e le leggi spirituali per la coppia felice*
348 Paungger e Poppe, *Il codice segreto della data di nascita*
349 E. e J. Hicks, *La Legge dell'Attrazione. 365 risposte per realizzare i tuoi desideri*
350 E. e J. Hicks, *La Legge dell'Attrazione e l'incredibile potere delle emozioni*
351 Fuster, *La vostra salute mi sta a cuore*
352 Andé, *Imperfetti e felici*
353 Nardone, *Paura, panico, fobie*
354 Nardone, Watzlawick, *L'arte del cambiamento*
355 Goddard, *Accetta la sfida*
356 Carter, *Difendersi dai narcisisti*
357 Kabat-Zinn, *Vivere momento per momento*
358 Goldstein, Martin, Cialdini, *50 segreti della scienza della persuasione*
359 Lee, *La Sindrome da superstress*
360 Winterhoff, *Figli o tiranni?*
361 Bay, Sorrentino, *La dieta BaSo*
362 McKenna, *Dormire è facile*
363 Ford, *Perché le persone buone a volte si comportano male*
364 Pohle, *La strategia del topo*
365 Gill, *The Meta Secret*

Finito di stampare nel mese di ottobre 2010
per conto della TEA S.p.A.
da Reggiani S.p.A. - Brezzo di Bedero (VA)
Printed in Italy